Carlos Abella

Murieron tan jóvenes

Planeta 2MIL1

MURIERON TAN JÓVENES

Tragedia y romanticismo de la muerte prematura

Carlos Abella

Planeta

Diagonal, 662-664, 08034 Barcelona (España)

Diseño de la cubierta: Compañía

Primera edición: febrero de 2003
Depósito Legal: B. 5.085-2003
ISBN 84-08-04681-0
Composición: Víctor Igual, S. L.
Impresión: A & M Gràfic, S. L.
Encuadernación: Art Book, S. L.
Printed in Spain - Impreso en España

ÍNDICE

A Ximena, que será una mujer maravillosa

Y a Luis Martí, Salvador y Emilia Gayarre,
Juan Antonio García Díez, Carlos López Peláez
y Luis Claramunt, desaparecidos tan pronto de mi vida.
Y a María Ángeles Álvarez, cuya muerte tanto
me ha conmovido. No os olvidaré

Agradecimiento

A quienes han contribuido de alguna manera a la concepción, elaboración y realización de este libro: Rafael Abella, Yolanda Álvarez, Fernando Eguidazu, Eduardo Chamorro, Cecilia Garcés, Maite García, Juan María Nin, Luis Linde y Carmen Posadas.

Prólogo del autor

La muerte prematura, brutal e incomprensible de algunas personas de mi entorno vital es el origen cercano y próximo de este libro. Su precoz desaparición en plena madurez creativa y afectiva ha provocado una íntima reflexión sobre su permanente presencia en mi memoria.

Este libro quiere acreditar que la muerte prematura de los personajes aquí biografiados les ha permitido alcanzar la inmortalidad y evidenciar que su muerte precoz, trágica en unos casos, romántica en otros, es precisamente la que los ha elevado a categoría de leyenda, cumpliéndose en ellos el anónimo aforismo griego de que «los elegidos de los dioses mueren jóvenes». Pero para que esta mitificación se alcance es necesario además de morir joven, hacerlo en pleno reconocimiento social, cultural y popular. Otra condición para convertirse en leyenda y mito es que su muerte coincida y simbolice un acontecimiento con el que se identifique.

En este sentido, García Lorca es una leyenda de la cultura española porque murió joven, dramáticamente, y porque además era conocido y reconocido y su muerte es siempre evocada como símbolo de la guerra civil española. Por la misma razón el Che Guevara es un mito de la eterna utopía revolucionaria, porque murió joven, luchando por sus ideales y porque es el símbolo romántico por excelencia de la juventud de todo el mundo.

Quienes mueren en plena juventud y su muerte está asociada a un fenómeno cultural o a un hecho histórico tienen garantizada la inmortalidad. Es el caso de Elvis Presley, mito viviente de la historia de la música moderna y en concreto del rock and roll y del movimiento musical surgido en los primeros años cincuenta, cuando por primera vez en la historia la juventud asumió un papel protagonista en nuestra civilización. Igualmente la actriz Marilyn Monroe es, sin lugar a dudas, el mito más grande de la historia del cine, por su belleza, la trágica circunstancia de su muerte y el misterio que aún hoy la rodea. A este respecto ha escrito Eduardo Haro Tecglen:

> Se están celebrando los cuarenta años de la muerte de Marilyn Monroe. Tendría ahora setenta y seis. ¿Cómo sería ahora? Nada. No podría ser. Una dama retirada, quizá una abuela, puede que una intérprete sublime de papeles de viuda. Qué curioso, si no hubiera muerto hoy no sería Marilyn Monroe: un recuerdo...

En el mismo caso se encuentran Rodolfo Valentino, Jean Harlow o James Dean, a los que bastaron unas pocas películas y una muerte prematura e inesperada en pleno éxito para quedar como mitos de una época del cine y en el caso de Dean como un símbolo eterno de la inconformista y rebelde generación de la posguerra.

¿Tendrían Van Gogh, Modigliani o Toulouse-Lautrec el reconocimiento actual y su halo de leyenda si hubieran muerto a los ochenta años? Es precisamente, en mi opinión, su muerte en plena juventud creadora la que ha elevado su pintura a la categoría de leyenda y su personalidad a la de mito. En el caso de los pintores como los citados, se añade un nuevo factor que potencia la inmortalidad: el hecho de que su precoz muerte impide la prolongación de su obra. Cuando la pasión creadora se vuelve pasión sin límites, al protagonista sólo le queda caminar lenta e inexorablemente hacia la muerte prematura. Un actor, en cambio, no muere porque el cine preserva la imagen, la voz, el gesto y la belleza, pero la muerte de un pintor, de un escritor o de un artista hace que su obra quede interrumpida, sin continuidad posible. Y de ahí que la cotización de un cuadro de Van Gogh se haya disparado hasta extremos inimaginables. Y es que hay muy pocos «modiglianis» y no habrá más «vangoghs» que los que pintaron en vida sus autores.

Otro ingrediente básico para aumentar la leyenda y alcanzar la inmortalidad es la conservación de la imagen joven del personaje. Marilyn no ha envejecido, y el cine y las fotografías han conservado su belleza, su lozanía y su sensualidad como a sus treinta años. El paso del tiempo no ha existido. Para todos, la imagen de Natalie Wood o de Jean Seberg es la misma de cuando interpretaron a María en *West Side Story* o a la joven inconformista de *A bout de souffle*.

Como si hubieran logrado un pacto con la eterna juventud, «los cadáveres» de los personajes biografiados en este libro no han sufrido el demoledor impacto del paso del tiempo. Han hecho bueno el dicho de «vive de prisa, muere joven y haz un bonito cadáver». No existe imagen del Che recluido en su casa con sus nietos a los que imaginamos relata su triunfal entrada en La Habana con Fidel Castro o su guerrilla en Bolivia; tampoco podemos imaginar a James Dean interpretando el papel de abuelo de Tom Cruise o a Miguel Hernández sentado en el sillón «M» de la Real Academia, aprobando el uso de la palabra «molar».

En el caso de los personajes de este libro que fueron víctimas de las guerras y que cayeron abatidos por las balas de los enemigos, nos es imposible imaginar la evolución política de España si José Antonio Primo de Rivera no hubiera sido ejecutado y cuál hubiera sido la evolución de la creatividad literaria y poética de Federico García Lorca y de Miguel Hernández durante el largo período «franquista». Incluso no es disparatado pensar que, en algunos casos, la creatividad artística, literaria y musical de alguno de los personajes de este libro hubiera envejecido mal. ¿Hubiera tenido la poesía de Miguel Hernández el mismo hondo sentido social? ¿Hubiera mantenido John Lennon su fecunda creatividad a los sesenta años?

En este libro se relata la vida de una serie de grandes personajes de la música, el cine, la literatura, la política y la pintura, todos ellos mundialmente conocidos y todos ellos muertos en plena juventud. Y no hace falta que razone que en el siglo xx —al que pertenecen la mayoría de los biografiados—, en el que la esperanza de vida ha aumentado notablemente gracias a los avances médicos, hay que considerar tan joven a Antoine de Saint-Exupéry, muerto a los cuarenta y cuatro años, como a James Dean, muerto a los veintiséis. Pero en la biografía de estos personajes he tratado de buscar en todas ellas aquella situación o aquel momento de su vida en la que de manera involuntaria o voluntariamente su vida se precipita hacia un trágico final. Porque si bien las circunstancias de la muerte de algunos de ellos es casual y exclusivamente por causas naturales, como es el caso de Rodolfo Valentino o Amedeo Modigliani, en otros se evidencia una cierta incapacidad para vivir la vida y una búsqueda voluntaria de un final trágico. Esto es más evidente en quienes han acreditado una cierta incapacidad para asumir las exigencias del éxito o el tributo de la eterna búsqueda de un sentido de la vida. En este sentido, las muertes de Van Gogh, Toulouse-Lautrec, Elvis Presley, Janis Joplin, Jimmi Hendrix, Marilyn Monroe y del propio Saint-Exupéry están precedidas de actitudes y decisiones tan premonitorias, que sólo podían conducirlos a una próxima muerte. No obstante, no siempre ha sido posible encontrar ese momento clave.

Nuestra civilización concede un «plus» de inmortalidad a quienes mueren jóvenes, en pleno éxito y como símbolo de un tiempo, una época, un movimiento social o cultural. Su permanente presencia en nuestra vida y en nuestro recuerdo es la mejor prueba de que esa desaparición violenta y súbita es el camino idóneo para alcanzar la soñada inmortalidad. Marilyn no ha muerto porque en sus películas sigue ardientemente sensual; los libros de Saint-Exupéry y García Lorca siguen provocando la fascinación de las nuevas generaciones; los cuadros de Van Gogh y Modigliani son admirados por millones de ciudadanos y las canciones de John Lennon y Elvis Presley nos reafirman en que la música moderna es hoy ya música tan clásica como la de Mozart o Brahms.

Quizá se deduzca de este libro un aliento a la voluntaria desaparición del mundo de los vivos, aunque sólo sea —como me dijo el escritor Eduardo Chamorro— «para dejar de dar la paliza a los demás»; pero desde luego, quien busque llegar a la posteridad debe completar su realización humana en la faceta artística que quiera con un alto grado de aceptación y dejar el mundo de los vivos de la manera más imprevista y trágica posible y en plena juventud.

David Bowie, otro gran mito de la música de los años setenta y ochenta, que ha sobrevivido a la maldición del rock, al éxito y a las drogas, ha dicho recientemente en una entrevista: «La vejez es mucho más divertida de lo que esperaba.» Ninguno de los personajes de este libro podrá comprobarlo, porque todos ellos cumplieron con lo que Karl Jaspers llama «el poder morir en el momento justo constituiría un final apropiado». De la misma forma, Francisco Umbral, evocando la muerte de Jesús Aguirre, escribió:

> Murieron gloriosamente jóvenes. Murieron cuando empezaban a ser alguien. García Hortelano, Juan Benet, Jesús Aguirre y algún otro.

También tiene la muerte prematura un hondo sentido religioso y así en el libro de la Sabiduría podemos leer lo que dice en referencia a la muerte de un joven:

Agradó a Dios y fue amado, y como vivía entre pecadores fue arrebatado para que la maldad no pervirtiera su inteligencia o el engaño sedujera su alma... su alma era del agrado del Señor, por eso se apresuró a sacarle de entre la maldad.

Para concluir, todos los personajes a quienes cito en este libro forman parte de mi peculiar mitología. En unos he admirado su creatividad artística, literaria o poética; en otros mi fascinación por la belleza y el atractivo físico; en muchos de ellos su generosidad vital y su heroísmo y en este sentido ellos han hecho bueno el designio de los héroes que es renunciar, voluntariamente, a la madurez. Los héroes traen o aseguran la civilización pero huyen de ella. Los héroes eligen lo que es más digno de admiración y recuerdo antes de que les corresponda el ejercicio de la responsabilidad. Todos ellos murieron antes de llegar a ser un adulto. En otros de los aquí biografiados he admirado su triste designio vital y su permanente lucha por la búsqueda de la felicidad, en palabras de Ernesto Sábato: «La vida es tan corta y el oficio de vivir tan difícil, que cuando uno empieza a aprenderlo, ya hay que morirse.» Pero en todos ellos se ha cumplido con creces la frase de Corneille: «Cada instante de la vida es un paso hacia la muerte.» Éste no es un libro sobre unas vidas truncadas; es un homenaje a la muerte prematura de alguno de los personajes más atractivos y emblemáticos de los últimos cien años de nuestra civilización.

Madrid, enero de 2001 - Pals, setiembre de 2002.

Víctimas de la política

Aunque la mayoría de los personajes de este libro murieron prematuramente de forma accidental o voluntaria, la evocación de los nombres de Ernesto Che Guevara, Federico García Lorca, Miguel Hernández, José Antonio Primo de Rivera, Antoine de Saint-Exupéry y Víctor Jara nos traslada inmediatamente a trágicos y crueles escenarios del siglo xx, en los que la sinrazón de la guerra y la peor entraña de la condición humana sale a relucir para callar para siempre la voz de un poeta, la utopía de un revolucionario o el talento de un humanista.

La muerte prematura y violenta de estos seis personajes los ha hecho mito y leyenda de nuestro último siglo y sus verdugos no lograron sino hacer inmortales sus poemas, inolvidables sus libros y jóvenes sus esperanzas.

Hoy, las muertes de Federico García Lorca y Miguel Hernández —junto a la de Antonio Machado— son las que mejor simbolizan y mejor identifican la guerra civil española. La potencia de su personalidad, la fortaleza espiritual de su poesía y su trágica muerte les han elevado a categoría superlativa; para algunos incluso por encima del estricto propio valor de su obra. Cuando ambos murieron, ya eran poetas consagrados y admirados; los dos eran jóvenes, en cuyo corazón latía la honda raíz poética; y los dos —tan distintos entre sí— fueron a convertirse en el eterno símbolo internacional de la guerra de España. El silencio de sus voces no ha ido acompañado del olvido y hoy Lorca es leído y admirado en todo el mundo, y sus obras, representadas en todos los teatros del mundo. Si un poeta es el símbolo de un país, el de España es Federico García Lorca. Sus poemas han sido traducidos a todos los idiomas y la evocación de su muerte es la tenaz prueba de la miseria, rencor y crueldad que un día sintieron unos españoles hacia otros. El hecho de que aún hoy se ignore dónde están sus restos es la última gran atrocidad de aquel horror colectivo que fue la guerra civil española.

En palabras de Antonio Muñoz Molina:

> La mayor parte de quienes convivieron con él en aquella oleada generacional del 27 han adquirido una estatura más o menos monumental, un perfil acabado, tan fijo como los volúmenes de sus obras completas. García Lorca no: dejando a un lado las conmemoraciones oficiales, su obra y su figura permanecen entre nosotros con una vitalidad urgente y plural, continuamente revisadas y no agotadas nunca, sometidas a análisis... Y es que ningún escritor español —continúa Muñoz Molina— ha conocido después de su muerte una reivindicación más variada, una conversión más rotunda en leyenda, en alegoría y emblema de las causas más variadas, desde la causa de la II República Española a la de la liberación homosexual.

García Lorca es ajeno al hecho de haberse convertido en un símbolo de todas las barbaridades de este siglo, y de que haya provocado la envidia de quienes, creyéndose mejores poetas que él, no alcanzaron su notoriedad ni el culmen de la posteridad. Lorca ha entrado en la polémica eterna de quienes dejan en el mundo el sugerente interrogante sin respuesta de qué hubiera sido él como hombre, como poeta y dramaturgo, de haber sobrevivido a la guerra civil y de haber tenido que vivir el duro trance de la posguerra, y del que en muchos momentos pareció llegar a ser eterno «franquismo». No hay respuesta, como no podemos imaginar la poesía y el teatro de un Lorca maduro. Por ello, García Lorca —como los restantes protagonistas de este libro— legó a quienes le sobrevivieron el maleficio —«paradójico» en palabras de Muñoz Molina— «de ir comprobando al paso de los años que jamás iban a poder alcanzar la altura de su obra interrumpida».

Igual ocurre con Miguel Hernández, al que se sigue leyendo hoy con el estremecimiento que provoca su descarnada y vital poesía, y cuya figura humana provoca la íntima admiración de quienes sienten respeto por el hombre que afronta con firmeza la lucha por sus ideales. En su miseria, la muerte de Miguel Hernández es también —como la de Lorca— un símbolo aterrador de lo que fueron los años inmediatos al final de la guerra civil española. En las cárceles de España no había acabado la guerra; para quienes perdieron el combate, quedaba el fusilamiento o, como mal menor, la sordidez de la prisión como estigma de perdedor.

A Miguel Hernández, como a García Lorca, se le ha reivindicado desde la leyenda y en algunas ocasiones se ha circunscrito su valía a ser un icono reconocible de ciertos postulados coyunturales; desprovisto de este error, atribuible a la torpeza ideológica de quienes le malinterpretaron, la figura y la leyenda de Miguel Hernández ha recobrado la mínima serenidad para ser admirado por el hondo lamento humano de su poseía, que le llevó a expresar con íntima ternura los mejores sentimientos que anidar puedan en el corazón de un ser humano.

José Antonio Primo de Rivera es otra víctima de la guerra civil española y un símbolo de la misma; pero José Antonio es también víctima de la adulteración póstuma de su mensaje y de la apropiación interesada de su personalidad y sus ideas. Con el paso de los años, la dimensión real y humana de su personalidad se ha hecho presente, y sin que esta evocación sea una prueba de adicción personal a sus ideas, sí es cierto que es su muerte prematura y cruel la que le ha hecho inmortal y testimonio veraz de que la guerra civil española fue por ambos bandos un patético ejercicio de crueldad.

En cuanto a Ernesto Che Guevara, ¿duda alguien que su generosa y auténtica concepción de ser un revolucionario le han convertido en una viva leyenda de los ideales de igualdad y solidaridad? Pero es su voluntaria búsqueda de la muerte y de vivir la vida como un verdadero revolucionario lo que le ha elevado a la categoría de referencia obligada —en todo el mundo— de los ideales revolucionarios. Es su voluntario y utópico deseo de expandir la guerrilla por todo el continente latinoamericano lo que ha hecho de su fotografía el estandarte de cualquier manifestación contra el poder en cualquier escenario conflictivo del mundo. Hoy su póster decora las paredes de las habitaciones de los jóvenes del mundo entero y la bandera con su efigie es el arrebatador símbolo de cualquier signo de protesta. Y no es de extrañar que, medio siglo después de su muerte, permanezca vivo y eternamente atractivo a los ojos juveniles, en tanto la figura de Fidel Castro se empequeñece asimilándose a la de tantos otros personajes de la historia, cuya obra y trascendencia disminuyen con el paso del tiempo, y como consecuencia de que de su ideología perdure su afán por perpetuarse en el poder. El tiempo ha dictado su implacable sentencia: la muerte del Che lo ha hecho inmortal, joven y atractivo. La supervivencia de Fidel Castro ha marchitado su leyenda.

Pero si Lorca, Hernández y José Antonio son el símbolo de la guerra civil, y el Che, de la revolución cubana, la desaparición del gran escritor Saint-Exupéry en plena guerra mundial le ha hecho inmortal, por su obra, por su testimonio humano impresionante y por el hecho tremendo de que, como en el caso de García Lorca, jamás se haya encontrado su cuerpo. Su tumba es el más civilizado de los mares, pero para rendirle un último tributo las generaciones de todo el mundo peregrinan a las librerías de todo el planeta.

Por último, Víctor Jara es el símbolo vivo de los trágicos

acontecimientos que se produjeron en Chile en setiembre de 1973 con el derrocamiento del gobierno de Salvador Allende y la feroz represión llevada a cabo por el régimen del general Augusto Pinochet. A Víctor Jara lo mataron con crueldad y ensañamiento, pero no consiguieron callar la fuerza de su voz, ni el sentimiento noble de sus canciones, que aún hoy suenan vivas como lamentos simbólicos de un tiempo en el que la utopía social y revolucionaria parecieron triunfar en un país, Chile, y en un continente, Latinoamérica, tan necesitados, entonces y aún ahora, de un aliento especial para agitar los fundamentos sociológicos y económicos de sus sociedades.

A la evocación de estos personajes del siglo XX dedicaré las siguientes páginas, tratando de encontrar respuesta al por qué y cómo sus muertes prematuras, y trágicas todas, han contribuido a hacerlos inmortales y símbolos vivos de su tiempo. Los seis han añadido al valor de su obra humana la coincidencia de ser su muerte símbolo de un hecho histórico. Los seis murieron en plena juventud, cayendo su talento abatido por las balas o por la húmeda y lúgubre sordidez de una cárcel.

En todos ellos identificaré el momento de su vida en el que involuntaria o voluntariamente, por error o a conciencia, tomaron una decisión que les llevó a la muerte. Esa involuntariedad no es demérito de su propia conciencia, ni de su propio compromiso con sus principios. Pero como en toda vida humana, hay decisiones exclusivamente individuales que pueden apartarnos de nuestra trayectoria y llevarnos a la senda más inmediata a nuestro destino final: la muerte. En el caso de estos personajes, sus decisiones se produjeron en un clima de violencia, odio y venganza de tales magnitudes, que no había lugar a la rectificación. La sinrazón puso el resto.

Ernesto Che Guevara: mito y leyenda inmortal

Si el Che Guevara hubiera muerto de un infarto en 1962, cuando era ministro de Industria del gobierno cubano, hoy sería uno de los hombres clave de la revolución cubana, pero no una leyenda y un mito. Si el Che Guevara hubiera continuado al lado de Fidel Castro en el gobierno cubano, ocupando otros cargos de responsabilidad, hoy no sería un mito y una leyenda de la revolución en el mundo.

Pero el Che es el gran mito de la revolución en el mundo y la gran leyenda de la revolución cubana, porque a los treinta y cinco años, cuando era ministro del gobierno, estaba en el ejercicio del poder revolucionario, casado por segunda vez y padre de cinco hijos, escogió su destino y decidió poner en práctica su sueño de crear un foco revolucionario en Bolivia, que se extendiera a toda Latinoamérica. Sabía, por su experiencia política, que la realización de ese sueño iba a acometerla en contra de los intereses de las dos más grandes potencias del mundo —aunque por distintas razones—, sin el apoyo de los partidos comunistas del continente y, lo que quizá era más contradictorio, sin el respaldo necesario de la propia Cuba.

Y sabía que podía morir, porque la aventura era difícil, casi imposible. Y sabía que iba a morir: porque un hombre que se adentra en la selva boliviana, con pocos hombres y armas, y sin apoyo exterior, sabe que va a morir. Sólo puede saber que va a morir un hombre que como el Che se despide de sus padres con una carta en la que dice:

Queridos viejos:

[...] Creo en la lucha armada como única solución para los pueblos que luchan por liberarse y soy consecuente con mis creencias.

Muchos me dirán aventurero, y lo soy, sólo que de un tipo diferente, y de los que ponen el pellejo para demostrar su verdad.

Puede ser que ésta sea la definitiva. No lo busco, pero está dentro del cálculo lógico de probabilidades. Si es así, va un último abrazo.

Los he querido mucho, sólo que no he sabido expresar mi cariño, soy extremadamente rígido en mis acciones, y creo que a veces no me entendieron. [...]

Acuérdense de vez en cuando de este pequeño condotiere *del siglo* XX. *[...]*

Un gran abrazo de hijo pródigo y recalcitrante para ustedes.

ERNESTO

Sólo puede ir al encuentro de un destino forzado por él mismo alguien que como el Che sabe que puede morir, y se despide de sus cinco hijos, dejándoles una carta que sólo debían leer después de su muerte.

Sólo un hombre que va al encuentro de la muerte, por sus ideales, es capaz de despedirse de sus amigos regalándoles libros de su biblioteca con su dedicatoria.

Sólo un hombre que sabe que va a morir puede despedirse de su mujer amada diciéndole que daba su bendición a que se casara de nuevo si él moría y dejándole una casete grabada con sus poemas de amor favoritos.

Por estas razones, por esa generosidad y altruismo, por esa utópica y esperanzada visión del mundo, por esa auténtica solidaridad con los seres menos favorecidos del planeta, es el Che el símbolo de cualquier revolución en el mundo y la referencia más justa a las reivindicaciones de cuantos sienten la vibración de la rebeldía.

Y si hoy el Che es uno de los grandes iconos del siglo XX es porque murió solo, en un país extraño, sucio y desaliñado, acribillado a balazos por un soldado que se ofreció voluntario para ejecutarle.

Y si hoy el Che es uno de los mitos de mayor potencia del

siglo pasado es porque renunció a todo, incluida su propia vida, por luchar por sus ideales.

Y hoy, más de tres décadas después de su muerte, cualquier manifestación contra el poder constituido en cualquier país del mundo democrático, se ve encabezada y plagada de banderas con la reproducción de la silueta barbada del Che, con su desafiante y orgullosa mirada.

Y hoy, la foto que Albert Korda le hiciera el 5 de marzo de 1960 durante el acto de despedida del duelo de las víctimas del sabotaje al barco francés *Le Coubre*, perpetrado por la CIA, es el póster que ilustra las candorosas y juveniles paredes de millones de jóvenes de todo el mundo, que anhelan un utópico mundo mejor. Ernesto «Che» Guevara murió a los treinta y cinco años.

La Cuba de 1962

Pero ¿cuál era la situación política de Cuba cuando el Che decide renunciar a todo? ¿Cuáles son las razones que le impulsan a «exportar» la guerrilla a Bolivia? ¿Por qué el Che sueña con hacer realidad el modelo de la revolución cubana?

En octubre de 1961 se había producido en Cuba la crisis de los misiles soviéticos, instalados en la isla. Esta crisis desencadenaría una quiebra en las relaciones entre Fidel Castro y Nikita Kruschev porque, a espaldas del líder cubano, el primer ministro soviético había pactado con el presidente norteamericano, John Kennedy, la retirada de los misiles rusos, a cambio de la simultánea retirada de los que Estados Unidos tenía instalados en Turquía y del compromiso de no invadir Cuba.

Con este motivo y en este contexto, el Che criticó la actuación soviética, diciendo que la URSS debía haber disparado los misiles y, por este y otros motivos, se sentía desengañado de la ayuda soviética y entendía imperfecto el modelo desarrollado por la URSS. Por esta razón, la URSS recelaba del Che y rechazaba sus constantes llamadas a la lucha armada, su oposición a la coexistencia pacífica, su insistencia por entrenar, armar y financiar a grupos comunistas disidentes, a pesar de las protestas de los partidos comunistas. Tal era el recelo que la URSS sentía por él, que a finales de 1962, Moscú había colocado un agente de la KGB entre los colaboradores del Che Guevara, llamado Oleg Darushenkov, que oficiaba de traductor de ruso-español del Che, aunque —como tantos otros agentes rusos— trabajaba como agregado cultural de la embajada rusa en La Habana.

Y recelaban de él porque el Che trataba de enarbolar la «bandera continental» de la revolución y fustigaba sin parar a los soviéticos por no apoyar la guerra de guerrillas y por estar más preocupados por su enfrentamiento con China que con Estados Unidos.[1] Para el Che, la coexistencia pacífica era algo detestable, una frase diplomática destinada a apaciguar el sistema capitalista.

Por el contrario, Fidel Castro, superada la crisis de los misiles, trató de restablecer la relación con la URSS, obsesionado por consolidar el bienestar económico de Cuba y por su propia supervivencia política, y por ello, el 2 de enero de 1964, viajó a Moscú para firmar un importante acuerdo político y comercial que despejaba todas las dudas que hubiera entre ambos países y que ofrecía la identidad de objetivos.

El Che calló por disciplina, pero cada vez se sentía más distante de Fidel Castro. Su obsesión era extender la revolución al continente latinoamericano y por ello no le importó ganarse enemigos en Cuba y en el extranjero, entre ellos el propio hermano de Fidel, Raúl Castro, con el que divergía en la concepción política y en la política industrial.

1. En aquellos años, China acusaba a la URSS de haber capitulado ante Washington.

En el verano de 1964, el Che había resuelto abandonar Cuba y volver al campo de batalla revolucionario. Para él, la revolución cubana estaba consolidada y no había temor a una invasión, y por ello, el Che urdió la creación de una alianza antiimperialista internacional liderada por Cuba, forjando un consejo coordinador de luchas afines en África y Asia, con las de la revolución continental en Latinoamérica.

Pero ¿adónde ir? ¿Adónde exportar la lucha armada? En realidad, desde 1962, Cuba, y gracias a los esfuerzos del Che, se había convertido en una efectiva «central guerrillera» que enviaba recursos humanos y materiales a remotos grupos de revolución armada a lo largo y ancho del hemisferio. El sueño del Che era provocar una nueva oleada de actividad guerrillera en América Latina, propuesta con gran sentido estratégico, porque la creación de focos guerrilleros ayudaría —creía el Che— a desviar las amenazas norteamericanas sobre la isla.

De hecho, el propio Fidel Castro había oficializado esa postura el 4 de febrero de 1962 al declarar la «inevitabilidad de la revolución en Latinoamérica», concretada en que bajo la supervisión del Che se comenzaron a reclutar —durante 1962 y 1963— aspirantes a revolucionarios entre los centenares de estudiantes latinoamericanos que iban a Cuba a estudiar con becas.

En los últimos años, Cuba había apoyado a grupos guerrilleros en Perú, Nicaragua,[2] Venezuela y Guatemala. Pero el sueño secreto del Che era organizar una guerrilla en su país de nacimiento, Argentina, y en concreto en la selva norte cercana a Salta, contando para ello con el concurso del periodista ar-

2. El propio Che Guevara dio 20 000 dólares a Tomás Borge para fomentar la guerrilla en Nicaragua y crear el germen de lo que sería el Frente Sandinista.

gentino Jorge Massetti, al que encargó instalar una base de operaciones con apoyo de campesinos. El propio Che estaba dispuesto a ponerse al frente del ejército revolucionario, pero el proyecto hubo de aplazarse, al convocarse en Argentina elecciones democráticas, que ganó el candidato Arturo Ilia. Massetti reconocería al Che: «Declarar la guerra a un presidente civil elegido democráticamente era muy distinto de hacerlo contra un régimen ilegítimo», pero meses después el Che Guevara volvió a impulsar el proyecto guerrillero en Argentina y en todo ese continente, declarando: «La guerra de guerrillas no es autodefensa pasiva; es defensa con ataque... Debemos tratar de obligar a la dictadura a recurrir a la fuerza, desenmascarando su verdadera naturaleza de dictadura de las clases sociales revolucionarias», concluyendo con esta rotunda sentencia: «La violencia no es monopolio de los explotadores y como tal los explotados también pueden usarla.» Por ello, el Che impulsa que armas y efectivos humanos cubanos participen directamente en una serie de conflictos en Latinoamérica y en África.[3]

En abril de 1964, el Che viajó a Ginebra, a la fundación de la UNCTAD[4] y allí se enteró de que el proyectado Ejército Guerrillero del Pueblo en Argentina había «caído» —infiltrado por dos agentes clandestinos de la DIPA (policía secreta argentina) cuya misión era descubrir su base de operaciones—, siendo capturados y muertos la mayoría de sus hombres. Fue un duro golpe para el Che, que comprendió que para que la revolución triunfara, debía tenerle a él mismo como líder.

En el verano de 1964, Estados Unidos empezó a bombardear Vietnam y poco después el Che recibió autorización de Fidel para volar a Moscú[5] al frente de una delegación cubana que

3. En Angola. Los hombres se entrenaban en Orán.

4. Conferencia de la ONU para el Comercio y el Desarrollo.

5. Fue despedido en el aeropuerto de La Habana por Raúl Castro, el 4 de noviembre de 1964.

debía asistir a los actos conmemorativos del Aniversario de la Revolución rusa. En la capital rusa, Guevara se reunió con Yuri Andropov, al que expuso su deseo de extender la guerrilla al continente iberoamericano como una repetición moderna de la epopeya de liberación liderada por el general San Martín, un siglo antes. Según su exposición, los ejércitos marxistas del norte (Venezuela, Colombia y Ecuador) marcharían hacia el sur —como las tropas de Simón Bolívar— mientras que los del sur (Chile, Perú, Argentina y Uruguay) lo harían hacia el norte —como las tropas de San Martín— y el punto de encuentro de ambos sería Bolivia.

Moscú escuchó con interés su propuesta, pero le manifestó que por respeto a los criterios de los partidos comunistas iberoamericanos no le apoyaría.[6]

A su regreso en La Habana, el Che habló con Fidel Castro y le propuso la extensión de la guerrilla a Latinoamérica, bajo su exclusiva responsabilidad, y para ello dejar el gobierno y todos sus cargos. Fidel aceptó y como primera decisión le propuso que no participara en el Congreso de Partidos Comunistas que iba a celebrarse en La Habana, y en el que oficialmente se firmó una declaración de compromiso: se apoyaba la política exterior del Kremlin, pero también los movimientos guerrilleros en los países donde ni los partidos ni Moscú veían posibilidades de actuar abierta y legalmente.

En diciembre, el Che Guevara viajó a Nueva York, para intervenir ante la Asamblea General de Naciones Unidas[7] y continuó su viaje a Argelia, Tanzania, Egipto, China, Malí, Congo-Brazaville, Guinea, Ghana y Dahomey, entrevistándose, entre otros líderes, con Chu En-Lai, Ben Bella, Nkrumah, Nasser y

6. Poco después de su llegada a Moscú, Nikita Kruschev sería sustituido por Leónidas Brezhnev.

7. En un acto político celebrado esos días en Harlem, el líder negro Malcolm X leyó un mensaje del Che que concluía con «Unidos venceremos». Malcolm X fue asesinado el 21 de febrero de 1965.

Julius Nyerere. A todos ellos les reveló que la clave de la revolución estaba en el Congo y que todos ellos deberían ayudar a que la revolución triunfara allí donde desde hacía unas semanas Fidel Castro había ordenado el envío de tropas.

En Argel, participó en el II Seminario Económico de Solidaridad Anglo-Asiática (celebrado en febrero de 1965) y ante miles de asistentes criticó a la URSS, llamando al Kremlin «cómplice del imperialismo», lo que indignó a los soviéticos.

El Che volvió a La Habana el 15 de marzo de 1965 y nada más llegar se reunió con Fidel Castro durante varias horas. Castro había ido a esperarle al propio aeropuerto y en privado le reprochó su falta de tacto en el Seminario de Argel. En esta larga conversación coincidieron que lo mejor era que el Che se fuera a África a dirigir un importante contingente guerrillero —durante un par de años— que ya se entrenaba en el Congo para entrar en combate, mientras se daban las condiciones necesarias para crear la infraestructura guerrillera en Latinoamérica.

Sólo una semana después, el Che informó a sus compañeros del Ministerio de Industria de su decisión de abandonarlo y de viajar a África para continuar allí la guerrilla, y poco a poco fue desapareciendo de todos los actos públicos. De hecho, la última vez que el pueblo cubano vio vivo al Che fue el día de su llegada al aeropuerto, el 15 de marzo.

Fue a su casa, escribió a sus padres y también una carta a Fidel, en la que decía:

Fidel:

Me recuerdo en esta hora de muchas cosas, de cuando te conocí en casa de María Antonia [en Ciudad de México], de cuando me propusiste venir, de toda la tensión de los preparativos. Un día pasaron preguntando a quién se debía avisar en caso de muerte y la posibilidad real del hecho nos golpeó a todos. Después supimos que era cierto, que en una revolución se triunfa o se muere (si es verdadera). [...]

Hoy todo tiene un tono menos dramático porque somos más maduros, pero el hecho se repite. Siento que he cumplido la parte de mi deber que me ataba a la Revolución Cubana en su territorio y me despido de ti, de los compañeros, de tu pueblo, que ya es mío.

Hago formal renuncia a mis cargos en la dirección del partido, de mi puesto de ministro, de mi grado de comandante, de mi condición de cubano. Nada legal me ata a Cuba. [...]

Haciendo un recuento de mi vida pasada, creo haber trabajado con suficiente honradez y dedicación para consolidar el triunfo revolucionario. Mi única falta de alguna gravedad es no haber confiado más en ti desde los primeros momentos de la Sierra Maestra y no haber comprendido con suficiente celeridad tus cualidades de conductor y de revolucionario. He vivido días magníficos y sentí a tu lado el orgullo de pertenecer a nuestro pueblo en los días luminosos y tristes de la crisis [de los misiles] del Caribe. Pocas veces brilló más alto un estadista que en esos días. [...]

Otras tierras del mundo reclaman el concurso de mis modestos esfuerzos. Yo puedo hacer lo que te está negado por tu responsabilidad al frente de Cuba, y llegó la hora de separarnos.

Sépase que lo hago con una mezcla de alegría y dolor. Aquí dejo lo más puro de mis esperanzas de constructor y lo más querido entre mis seres queridos... Y dejo un pueblo que me admitió como su hijo: eso lacera una parte de mi espíritu. En los nuevos campos de batalla llevaré la fe que me inculcaste, el espíritu revolucionario de mi pueblo, la sensación de cumplir con el más sagrado de los deberes: luchar contra el imperialismo dondequiera que esté; esto reconforta y cura con creces cualquier desgarradura.

Digo una vez más que libero a Cuba de cualquier responsabilidad salvo la que emane de su ejemplo. Que si me llega la hora definitiva bajo otros cielos, mi último pensamiento será para este pueblo y especialmente para ti. [...] Que no dejo a mis hijos y mi mujer nada material y no me apena; me alegro que así sea. Que no pido nada para ellos, pues el Estado les dará lo suficiente para vivir y educarse. [...]

¡Hasta la victoria siempre! ¡Patria o Muerte!
Te abraza con todo fervor revolucionario,

Che.[8]

Para Aleida grabó una casete con sus poemas de amor preferidos y a sus cinco hijos les dejó una carta que sólo debían leer después de su muerte, y que decía:

Si alguna vez tienen que leer esta carta, será porque yo no esté entre ustedes. Casi no se acordarán de mí y los más chiquitos no recordarán nada. Su padre ha sido un hombre que actúa como piensa y, seguro, ha sido leal a sus convicciones.

Crezcan como buenos revolucionarios. Estudien mucho para poder dominar la técnica que permite dominar la naturaleza. Acuérdense que la Revolución es importante y que cada uno de nosotros solo no vale nada. Sobre todo, sean siempre capaces de sentir en lo más hondo cualquier injusticia cometida contra cualquiera en cualquier parte del mundo. Es la cualidad más linda de un revolucionario.

Hasta siempre, hijitos. Espero verlos todavía. Un beso grandote y un gran abrazo de

Papá.

El 1 de abril de 1965 —de madrugada—, el Che salió de su casa, afeitado, con gafas y con la identidad de Ramón Benítez.

El 19 de abril de 1965, el Che llegaba de incógnito a Dar Es Salam, después de haber pasado por Moscú y El Cairo. Ni el propio embajador cubano le reconoció. Atrás dejaba once años de trabajo por la revolución cubana y un hogar feliz. Once años antes también había hecho lo mismo abandonando su Argentina natal, su mujer Hilda y su niña, para dedicarse a la revolución.

8. El Che autorizó a Fidel a dar a conocer esta carta cuando él lo estimara oportuno.

Sólo un día después, cuando en La Habana algunas personas preguntaron a Fidel dónde estaba el Che, el líder cubano rompió su silencio diciendo que se encontraba «donde sería de mayor utilidad a la revolución».

El horror africano

Durante meses, los rumores sobre el paradero del Che fueron constantes; se le ubicaba en lugares muy distintos que La Habana dejó que se propagaran para cubrir su presencia en el Congo. La URSS no creyó que había habido un enfrentamiento entre Fidel y el Che, y fue el propio Fidel Castro quien reveló al embajador soviético en La Habana que el Che estaba en África «para organizar un movimiento revolucionario». El 24 de abril, el Che Guevara y otros trece cubanos desembarcaron en la orilla congoleña del lago Tanganika para unirse a los rebeldes comandados por Kabila; pronto contrajo unas fiebres y conoció la triste noticia de la muerte de su madre.

El 29 de junio entraron en combate y, con fortuna adversa, muriendo cuatro de sus hombres. Además, el diario de uno de ellos cayó en manos de los agentes de la CIA y de otros mercenarios, que así conocieron que había cubanos en el Congo.

Pese a que los rebeldes tenían armas de China y asesores militares búlgaros y soviéticos, el desánimo y el caos cundían entre los cubanos y los congoleños. Kabila no apareció nunca —pese a que estaba previsto— y cuando llevaban ya tres meses en el frente, el Che pidió ayuda a Fidel, armas y medicamentos.

El 24 de octubre, las tropas gubernamentales invadieron su propio campamento y tuvieron que escapar abandonando todo, armas, alimentos y comunicaciones y, finalmente, el 18 de noviembre, volvieron a cruzar el lago, derrotados. La aventura guerrillera en el Congo fue un desastre y el Che salvó la vida de milagro.

Mientras los demás cubanos eran evacuados a Moscú y de allí a La Habana, el Che se quedó en la embajada cubana en Dar Es Salam, reflexionando sobre la derrota y cómo sus planes de combate para varios años se habían terminado en seis meses.[9] Allí permaneció seis semanas, durante las cuales le visitó Alcida, con la que pasó unos días de intensa relación humana y carnal. El Che le reveló que no pensaba volver a Cuba.

Bolivia, la tierra prometida

Pero el Che sí volvió a La Habana, después de vivir varios meses en Europa. Lo hizo en julio de 1966, alojándose clandestinamente en un lugar apartado al este de La Habana, y sólo muy pocas personas conocieron su regreso.

Fidel y el Che se reunieron en secreto y juntos hicieron un repaso a la situación política en Latinoamérica: Guatemala, Perú, Colombia, Bolivia y Venezuela fueron los países sobre los que proyectaron su próxima acción, aunque finalmente fue el propio Che quien decidió que Bolivia era el lugar idóneo e ideal para constituir un grupo guerrillero que, al igual que en Cuba, con el apoyo de los campesinos, tomara el poder.

Como preparación de esta decisión, Fidel había hablado en los primeros meses de 1966 con distintos dirigentes comunistas iberoamericanos, aprovechando la celebración en La Habana de la Conferencia Tricontinental. Y en concreto lo hizo con el dirigente boliviano Mario Monje, quien había recibido instrucción militar en la isla junto con otros comunistas bolivianos, y al que pidió que ayudara al Che cuando éste se incorporara al grupo de guerrilleros. Pero lo primero que hizo Monje al acabar la Conferencia fue volar a Moscú, para confirmar al

9. El 25 de noviembre, Mobutu derrocó al presidente Kasabubu e instauró una dictadura respaldada por Occidente, poniendo fin a la revolución congoleña.

Kremlin que detrás de todas estas instrucciones estaba el Che, el gran ausente de la Conferencia.

En el verano de 1966, los cubanos que estaban recibiendo instrucción para ir a Bolivia, recibieron la visita de un hombre maduro, de calva incipiente, vestido de paisano. Dijo llamarse Ramón y desde ese día vivió con ellos. Era el Che.

Meses atrás, antes de su partida a África y de su desaparición, el Che ya había decidido enviar a Bolivia a una nueva agente, Tania, ex espía de la República Democrática Alemana, con el objetivo de que reconstituyera grupos guerrilleros y de que seleccionara el lugar idóneo desde donde iniciar las acciones militares. Y Tania había hecho su trabajo: había comprado tierras para cultivar y proponía que el punto de partida del combate podía situarse al sureste de Bolivia.

Por otro lado, el periodista francés Regis Debray —de acuerdo con el Che—, se movía a sus anchas por Bolivia, reclutando otras fuerzas y entre ellas a Moisés Guevara, minero disidente prochino. El Che optó por contar con los guerrilleros de Monje y con las tierras compradas para iniciar el asalto.

Aunque no se conoce la fecha exacta, se cree que el Che salió de La Habana a finales del mes de octubre de 1966, después de haberse hecho una operación de cirugía estética y de haberse forzado una calvicie a base de arrancarse los pelos uno a uno, de raíz. Fidel le recuerda, desfigurado. Sí se sabe que se despidieron con un fuerte abrazo y que bajo la personalidad de tío Ramón, el Che se despidió de su familia.

Llegó a La Paz el 3 de noviembre de 1966, haciéndose pasar por Adolfo Mena González, empresario uruguayo y hospedándose en el Hotel Copacabana. Dos días después viajó con tres de sus colaboradores a la zona elegida, revelándoles su identidad.

Al llegar el Año Nuevo, le habían crecido el pelo y la barba. Con él estaban un grupo mayoritario de cubanos, nueve bolivianos, tres peruanos y una alemana (Tania). Los vecinos de la selva creían que eran traficantes de cocaína. Monje fue a visitarles el 31 de diciembre y se empeñó en rivalizar con el Che por la jefatura militar y política del grupo guerrillero, hablando con los bolivianos a los que dijo que debían escoger entre el Partido Comunista o la guerrilla.

Según Aleida, Monje traicionó al Che y le abandonó a su suerte, no haciendo nada para conseguir el apoyo de otros dirigentes. De hecho, a su regreso a La Paz, habló con ellos y les dijo que la guerrilla iba a fracasar. En plena selva, con pocos hombres y sin el apoyo de la URSS y el Partido Comunista boliviano, el Che estaba abandonado a su suerte.

«No dispare. Soy el Che Guevara. Valgo más vivo que muerto»

El Che había dicho a sus hombres que «en Bolivia habría que crear otro Vietnam en las Américas», pero pronto su proyecto iba a encontrar numerosos problemas: el primero, en el mes de marzo, cuando después de una marcha de más de un mes, el Che observó que un avión volaba en círculo encima de ellos: habían sido descubiertos. El segundo, cuando —en su ausencia— varios bolivianos desertaron, revelando que sus compañeros de guerrilla eran cubanos a las órdenes de un tal Ramón.

Le visitaron Regis Debray y Tania y aunque el francés quería luchar, el Che le dijo que sería más útil haciendo una campaña de solidaridad en Europa, propósito que no pudo cumplir ya que el 20 de abril fue detenido, cuando intentaba abandonar el frente.

Mientras tanto, se habían producido algunos enfrentamientos entre el grupo guerrillero y soldados del ejército boliviano, siendo bombardeada la casa de Calamina, que les servía de cuartel general.

El presidente boliviano, René Barrientos, dio instrucciones muy severas de que había que capturar a los guerrilleros castristas y solicitó ayuda a Estados Unidos, que pronto le envió asesores militares, noticia que el propio Che oyó por radio, creyendo que eso significaba un nuevo Vietnam. Con la detención de Debray, el Che se quedó sin conexión con Cuba y sin apoyo alguno. Sólo le quedaba tratar de escapar de aquella ratonera: estaba rodeado, con el enemigo avisado, con sus fuerzas divididas. Pero además, fue el propio Debray quien confió a sus captores que era el Che quien estaba en Bolivia y quien dirigía a los guerrilleros. El otro detenido, Bustos, acabó por revelar dónde estaban el Che y sus hombres. Quienes participaron en el interrogatorio fueron agentes cubanos de la CIA y en cuanto se supo que el Che era el jefe de la guerrilla un grupo de Boinas Verdes viajó a Bolivia para crear un batallón de rangers con el que capturarle.

Con el mismo objetivo, en junio, la CIA envió también a Bolivia a uno de sus hombres mejor preparados: Félix Rodríguez, joven paramilitar anticastrista que ya había estado en Nicaragua en 1964. Nada más llegar, Rodríguez leyó las declaraciones de Debray y el plano que hizo Bustos.

En agosto, el Che llevaba tres meses abriéndose paso en la selva a machetazos. Sólo tenía una veintena de hombres y, desde la caída de Debray, sólo había huido por las montañas. Además, había sufrido también un fuerte ataque de asma y en muchas ocasiones tuvo que viajar en mula. Tan débil estaba que un día se desmayó a causa de una fuerte diarrea y cuando despertó estaba cubierto de sus propios excrementos. El 10 de setiembre anotó en su diario que se había bañado por primera vez en seis meses. A finales de julio habían caído en una emboscada varios de sus seguidores y entre ellos Tania[10] y Moisés Guevara. Sólo salvó la vida uno de los guerrilleros, Paco, que fue interrogado poco después por Félix Rodríguez, al que reveló la situación exacta del Che y las pocas fuerzas que le restaban.

10. El cadáver de Tania no fue descubierto hasta el 8 de setiembre.

El Che maniobraba de forma poco cautelosa: avanzaba al descubierto, sin el apoyo campesino y sabiendo que el ejército le tenía localizado y le pisaba los talones.[11] El 21 de setiembre llegó hasta los dos mil metros de altura, entrando en el pueblo de Alto Seco, donde pasaron la noche y se llevaron las provisiones. Tres días más tarde, la guarnición de Vallegrande instaló una base de operaciones en la aldea de Pucará, quince kilómetros al noroeste del avance guerrillero. El 26 de setiembre, el Che y unos pocos guerrilleros llegaron a La Higuera; desde allí envió una patrulla a explorar el camino que llevaba al siguiente pueblo, Jagüey, y cayeron en una emboscada, muriendo tres de sus hombres. Otros dos aprovecharon para desertar. La emboscada fue obra de los hombres de la guarnición de Vallegrande, a las órdenes del coronel Selich.[12] En Vallegrande estaban también el coronel Joaquín Zenteno Anaya, el jefe de Inteligencia, Arnaldo Saucedo, y el asesor de la CIA, Félix Rodríguez.[13]

Rodeado de montañas, de difícil travesía, el Che optó por descender hacia un desfiladero para intentar seguir avanzando. Llegó allí el 7 de octubre. Eran sólo diecisiete guerrilleros, perfectamente localizados, exhaustos y que sólo aprovechaban la noche para avanzar. La madrugada del 8, los rangers al mando de un joven capitán, Gary Prado Salmón, se apostaron en lo alto de los riscos para dominar el desfiladero, llamado la Quebrada del Churo, de trescientos metros de largo y cincuenta de ancho.

Al entrar en el desfiladero, el Che y sus guerrilleros vieron a los rangers en los riscos y supieron que tendrían que abrirse paso a tiros. A causa del fuego de mortero, murieron varios

11. El presidente había ofrecido 400 000 dólares a quien capturara al Che.

12. Yugoslavo, anticomunista.

13. El propio presidente Barrientos llegó a Vallegrande el 30 de setiembre, con su séquito, para festejar la derrota de los guerrilleros.

guerrilleros y el Che fue herido levemente en la pantorrilla izquierda.

Cuando el Che, ayudado por otro guerrillero, se disponía a remontar el desfiladero, fue apuntado por el fusil del sargento Bernardino Huanca: «No dispare. Soy el Che Guevara. Valgo más vivo que muerto.» Poco después llegó el capitán Prado, que le pidió que se identificara, le ató las manos con su propio cinturón y envió un mensaje a Vallegrande, informando de que había apresado al Che.

«Dispare, dispare, cobarde, sólo va a matar a un hombre»

Tan pronto Selich supo que Guevara estaba detenido, tomó un helicóptero, presentándose en La Higuera. Allí habló con el Che, al que llevaron a la escuela. A las 19.30 horas del 8 de octubre, Selich preguntó a sus superiores qué debía hacer con él, y le ordenaron que le tuviera bajo custodia hasta nueva orden. Esa noche, Selich habló casi una hora con Guevara y los soldados leyeron su diario.

A las 6.15 horas del día siguiente, un helicóptero aterrizó en La Higuera. De él bajaron el coronel Zenteno y Félix Rodríguez. El primero habló con el Che durante media hora, mientras Rodríguez fotografiaba los documentos que le habían intervenido y el diario del Che, cuya última anotación era: «Parece una noticia diversionista. 2 000 mts.» A las 11 de la mañana, Rodríguez había terminado de fotografiar documentos y pidió permiso para hablar con el Che a Selich, que accedió pero exigiendo estar presente en la conversación. Rodríguez y el Che hablaron de la revolución cubana y de la incursión en Bolivia: según él, Che Guevara admitió su derrota, pero se negó a facilitar información sobre Fidel y otros planes guerrilleros.

A las 12.30 horas llegó un mensaje del Alto Mando, en La Paz, para el coronel Zenteno: «Proceder a la eliminación del Sr. Guevara.» Zenteno transmitió la orden a Selich, quien a su vez se la transmitió al comandante Ayoroa, como jefe de la unidad que había apresado a Guevara. Selich y Zenteno regresaron a Vallegrande y cuando llegaron les confirmaron que la orden se había ejecutado.

Según ha revelado Rodríguez,[14] él trató de disuadir a Zenteno de ejecutar al Che, alegando que el gobierno americano quería conservar vivo al guerrillero.[15] Zenteno le dijo que no podía desobedecer una orden y que cuando volviera el helicóptero a las 14.00 horas quería que el Che estuviera muerto.

Rodríguez se quedó a solas con el Che, habló con él y le sacó al exterior de la escuela, fotografiándose con él. Luego volvieron al interior y le dijo que lo lamentaba y que había hecho todo lo posible, pero que la orden procedía del alto mando boliviano. El Che comprendió y le dijo: «Mejor así; no debí permitir que me cogieran con vida.» Rodríguez le preguntó si quería enviar un mensaje a su familia y el Che dijo: «Dígale a Fidel que pronto verá una revolución triunfante en América... Y dígale a mi esposa que vuelva a casarse y trate de ser feliz.»[16]

Rodríguez le abrazó y salió de la escuela para que el soldado, Mario Terán, que se había ofrecido voluntario para matarle, cumpliera con la orden. Cuando le vio, el Che le pidió que no le disparara a la cara sino del cuello para abajo y le dijo: «Sé que viene a matarme. Dispare, cobarde, sólo va a matar a un hombre.»

Terán cumplió la orden y le disparó a los brazos, piernas y

14. Véase Jon Lee Anderson, *Che Guevara*, Emecé, 1997.

15. Según Rodríguez, el gobierno americano tenía un avión preparado para transportar al Che a Panamá.

16. En vísperas de su detención, Che escribió un último poema dedicado a Aleida que concluía con estos versos: *«esto (dar la vida) lo doy convencido y feliz a la revolución. Nada que pueda unirnos tendrá mayor poder».*

en el tórax. Era el 9 de octubre de 1967. El Che Guevara tenía treinta y nueve años.

Una semana después, y una vez Fidel hubo confirmado que Che Guevara había muerto, decretó tres días de luto nacional y estableció que desde entonces el 8 de octubre fuera el «Día del guerrillero heroico».

El 18 de octubre se celebró en la Plaza de la Revolución de La Habana el funeral por el Che, al que asistieron un millón de personas.

Pero ¿qué pasó con el cuerpo del Che? El 9 de octubre fue transportado en helicóptero a Vallegrande y allí expuesto. Un médico le abrió la garganta, inyectándole algún producto químico que garantizase su conservación.

Félix Rodríguez se quedó con uno de los relojes Rolex que llevaba el Che; Selich se apoderó de la cartera y otro Rolex. El capitán Gary Prado se quedó con otro reloj y el verdugo guardó la pipa como recuerdo. El coronel Zenteno se apropió de la carabina y repartió el dinero que el Che llevaba en su poder.

Después le amputaron las manos y las conservaron en formol. El 11 de octubre, su cadáver fue enterrado por Selich y otros militares en una fosa cercana al campo de aviación de Vallegrande.[17] Alguno de los guerrilleros que acompañaban al Che pudo escapar de La Higuera y alguno murió después en otra emboscada. Los que sobrevivieron fueron rescatados tres meses después, en los Andes nevados, por un grupo de socialistas y comunistas chilenos entre los que se encontraba el senador Salvador Allende, que voló a la isla de Pascua y desde allí a La Habana con ellos.

17. El reportero español Miguel de la Quadra Salcedo llegó a Vallegrande cuando el Che acababa de ser enterrado y pudo hablar con el hermano del Che, que no llegó a tiempo de identificar el cadáver.

Regis Debray fue condenado a treinta años de cárcel, pero en 1970 fue puesto en libertad por el nuevo presidente boliviano, el general Juan José Torres. Debray se fue a Chile, donde Allende acababa de ser elegido presidente, y con él permaneció hasta su caída en 1973.

Aleida volvió a casarse —como quería el Che— y sus hijos estudiaron, siguiendo su legado. La hija Hildita —de su primer matrimonio— murió de cáncer en 1995, a la misma edad que su padre, treinta y nueve años.

Pero es curioso constatar que el Che ejerció su maldición con casi todos los que tuvieron que ver con su muerte. Así, el propio presidente Barrientos sufrió un accidente de helicóptero en abril de 1969. El general Juan José Torres, quien sucedió a Barrientos y quien como éste votó a favor de la ejecución del guerrillero, fue asesinado por paramilitares argentinos en 1976, después de su derrocamiento y fuga al exilio. Dos semanas antes, el general —en 1967 coronel— Joaquín Zenteno Anaya fue asesinado en París en una acción reivindicada por una desconocida organización denominada Brigada Internacional Che Guevara.

No tuvo mejor suerte el teniente coronel Andrés Selich, quien en 1971 encabezó la revuelta militar contra el presidente Torres y llevó al poder al general Hugo Bánzer, del que fue su ministro del Interior durante seis meses. Después fue marginado y enviado al exilio como embajador en Paraguay. Desde allí conspiró contra Bánzer, volviendo a Bolivia en 1973, donde fue atrapado y asesinado a golpes por matones militares a las órdenes de Bánzer.

El verdugo Mario Terán vive oculto, obsesionado y convencido de que Cuba le busca para asesinarle.[18]

18. Está encargado de un bar de un casino de oficiales del Cuartel General de la VIII División, en Santa Cruz de la Sierra (Bolivia).

También Félix Rodríguez cree que Cuba quiere asesinarle, y de hecho el servicio de inteligencia americano descubrió un plan en los años setenta para secuestrar el avión en el que debía viajar.[19]

Por último, el único de los que participaron en la detención y ejecución del Che, el capitán Gary Prado, ascendió hasta llegar a coronel y en 1981 en una operación para aplastar una insurrección armada en Santa Cruz, sufrió tan graves heridas que quedó paralizado de cintura para abajo. Se retiró, con el grado de general, para dedicarse a la política y fue nombrado embajador en Londres, y años después en México. Allí fue entrevistado por el periódico español *El Mundo,*[20] declarando que

> la ejecución del Che fue un error político e histórico que dio origen al mito y que ha sido muy bien alimentado para compensar una derrota política y militar del castrismo. [...] Imagínese al Che con más de setenta años ahora. En ese momento, yo no vi ningún mito, sino a un hombre que me dio pena, estaba sucio, herido, desmoralizado.

Años después, el escritor Umberto Eco manifestaba en una entrevista:[21] «El Che se vuelve importante cuando muere. Al principio sólo era un colaborador de Fidel. Muerto se convierte en un icono.»

19. Rodríguez vivió en Vietnam y El Salvador y hoy vive en Miami en una casa en una de cuyas habitaciones hay una foto suya con el Che.
20. *El Mundo*, lunes, 21 de mayo de 2001.
21. *La Vanguardia*, 9 de noviembre de 2001.

Epílogo

En julio de 1997, un equipo de investigadores cubano-argentino encontró la tumba del Che Guevara. Había un esqueleto sin manos. Sus restos fueron enviados a Cuba y recibidos en La Habana el 12 de julio, en una discreta ceremonia, por Fidel Castro, su hermano Raúl y la familia del revolucionario. Finalmente, sus restos reposan en el mausoleo de la Plaza Ernesto Che Guevara, de Santa Clara.

En Vallegrande, en la pared de adobe de la oficina de teléfonos, hay una leyenda que reza: «Che, vivo, como nunca te quisieron.» Hace años, en una calle de Barcelona pude leer esta frase: «Che, tu ejemplo vive, tus ideas perduran.» Es cierto. Su leyenda le ha conservado juvenil, desafiante, valiente. Mientras, Fidel envejece y Cuba sigue preguntándose qué pasará a su muerte.

Federico García Lorca: una vida malograda

El compromiso del poeta

La noche del lunes 13 de julio de 1936, Federico García Lorca tomó el tren en la estación de Atocha de Madrid con destino a Granada. Estaba asustado y horrorizado por los dos crímenes que se habían producido en Madrid los días 12 y 13 de julio, en los que habían sido asesinados el teniente José Castillo y el diputado José Calvo Sotelo. Toda España asistía a la degradación de la convivencia y a la progresiva implantación de una violencia irracional, indiscriminada, que parecía hacer ya imposible el diálogo y la confrontación dialéctica sin el recurso a la venganza, la delación y la aniquilación física del oponente político o simplemente ciudadano.

En estas circunstancias, cualquier español podía ser objeto de agresión o amenaza, por haberse identificado pública o privadamente con las ideas de uno de los dos bandos en los que inexorablemente se estaba dividiendo el país. Y Federico García Lorca, como tantos intelectuales, había participado en los primeros meses de 1936 en numerosos actos de solidaridad con distintas asociaciones y firmado distintos manifiestos a instancias —especialmente— de Rafael Alberti y su mujer, la escritora María Teresa León. Así, el 11 de febrero participó en un acto benéfico de la Asociación Auxiliar del Niño, en el que leyó unos poemas de su *Romancero gitano*. El 15 del mismo mes firmó un manifiesto de apoyo al Bloque Popular, dos días antes de que se celebraran las elecciones generales. El sábado 28 de marzo, García Lorca leyó algunos poemas en un acto de solidaridad, convocado por el Socorro Rojo Internacional, a favor del comunista brasileño Luis Carlos Prestes, encarcelado por el dictador brasileño Getulio Vargas.

Posteriormente, con motivo del primero de mayo, García Lorca colaboró en la revista *Ayuda*, dirigida por María Teresa León y editada por el ya citado Socorro Rojo, con un saludo, en el que decía:

> Saludo con gran cariño y entusiasmo a todos los trabajadores de España, unidos en el Primero de Mayo por el ansia de una sociedad más justa y más unida.

Por último, el 22 de mayo, García Lorca asistió —aunque no intervino— a un banquete de homenaje a los escritores del Frente Popular francés, André Malraux, entre ellos.

Pero, según ha investigado el escritor irlandés afincado en España, Ian Gibson,

> Lorca empezaba a cansarse de las presiones que ejercían o pretendían ejercer sobre él ciertos amigos comunistas para que se afiliara al partido o se declarara marxista.

Este hecho lo corrobora el poeta Juan Ramón Jiménez, que el 28 de mayo de 1936 le dijo al escritor Juan Guerrero que la hermana de Federico, Isabel García Lorca, le había revelado que

> Federico está harto del grupo que acaudilla Pablo Neruda y que no quiere nada con ellos, deseando marcharse una temporada a Granada, para que le dejen tranquilo.

Éste es el primer testimonio de la decisión de Federico García Lorca de ir a Granada, pero pronto habrá más, porque un mes después, el 30 de junio, Federico apareció como firmante del acto de homenaje al escritor Máximo Gorki, aunque no asistió al mismo, en el que intervinieron Dolores Ibárruri *La Pasionaria* y Julio Álvarez del Vayo, y en el que estuvieron presentes varios ministros. Federico habló días después con el dramaturgo Edgar Neville y le reconoció —según el testimonio de Gibson— que

> La otra noche me han organizado una encerrona en el Teatro Español, con ministros, etc. Yo no quiero eso, soy amigo de todos y lo único que deseo es que todo el mundo trabaje y coma.

García Lorca decide ir a Granada

En su decisión de partir a Granada influyó, por supuesto, el cariz que estaban tomando los acontecimientos políticos, y que Fernando de los Ríos resumió en una cena en los primeros días de julio, con estas palabras: «El Frente Popular se disgrega y el fascismo toma cuerpo.» En esa misma cena, el cónsul de Chile en España, Carlos Morla, encontró a Federico como ausente, sin su habitual brillantez y ocurrencia. El pintor José Caballero también recuerda la zozobra que invadía a Federico García Lorca en esos días y que le llevó a esconderse en su casa de la calle de Alcalá n.º 96[1] y a no responder al teléfono. Caballero también recuerda que una tarde que visitó al poeta en su casa, éste le enseñó el impacto de una bala en el dintel del portal.

Otro día, cuando estaban tomando un aperitivo en la Cervecería del Pasaje Matheu, con Santiago Ontañón, Rafael Rodríguez Repún y Jacinto Higueras, oyeron gritos de la gente que decía «están quemando el Teatro Español»; se dirigieron a la calle de Príncipe y comprobaron que lo que ardía era la iglesia de San Ignacio de Loyola, sita entre las calle de Huertas y Prado. Federico exclamó: «¡Qué barbaridad! ¡Me voy a Granada! ¡Esto se va a armar! ¡Me voy a Granada!» Santiago Ontañón le dijo que estaba más seguro en Madrid, a lo que Lorca replicó: «No, yo en Granada tengo amigos. ¡Me voy! ¡Me voy!»

Pocos días después, el sábado 11 de julio, durante una cena en casa del poeta Pablo Neruda, Federico insistió ante los demás invitados en su decisión de irse a Granada, lo que fue rebatido por el diputado Fulgencio Díez Pastor con la frase: «¡Quédate aquí, en ningún sitio estarás más seguro que en Madrid!», y por el escritor Agustín de Foxá, también presente, quien no dudó en exhibir su ironía habitual, diciéndole: «Federico, si quieres marcharte, no vayas a Granada, vete a Biarritz», a lo que Lorca replicó: «¿Y qué haría yo en Biarritz?; en Granada trabajo.»

El domingo 12 de julio, un grupo de falangistas asesinan en la calle Augusto Figueroa de Madrid al teniente de la Guardia de Asalto José Castillo, y en la noche del domingo al lunes, y como represalia por este asesinato, un grupo de compañeros del citado teniente Castillo, al mando del capitán de la Guardia Civil Fernando Condés, secuestra y posteriormente asesina al diputado a Cortes y ex ministro, José Calvo Sotelo.

Ese lunes, el cónsul de Chile en España, Carlos Morla, había organizado una cena en su casa, a la que Federico García

1. Hoy, Alcalá, 102.

Lorca no asistió aunque estaba previsto que lo hiciera. El poeta Luis Cernuda ha recordado que poco después de su llegada a casa de Morla apareció el escritor Rafael Martínez Nadal diciendo que acababa de dejar a Federico García Lorca en la estación de Atocha y anunciando que, por ello, no le esperaran.

¿Qué pasó en las últimas horas de García Lorca en Madrid? ¿Por qué tomó la decisión de irse a Granada en contra del criterio de la gran mayoría de sus amigos? ¿Por qué el poeta desoyó este consejo y viajó a Granada, donde desde el mes de febrero se habían sucedido los enfrentamientos cruentos entre falangistas y comunistas, incendios de iglesias y varias huelgas?

Rafael Martínez Nadal ha contado las últimas horas de Federico en Madrid relatando que le recogió hacia las dos y media de la tarde en su casa y que le había llevado a comer a la suya. Después pasearon por Puerta de Hierro y que fue allí cuando el poeta le dijo: «Rafael, estos campos se van a llenar de muertos. Está decidido. Me voy a Granada y que sea lo que Dios quiera.» Poco después fueron a la agencia Cook a sacar el billete de tren y de allí a la casa del poeta a hacer sus maletas.

Federico ya había visitado por la mañana a su antiguo maestro, Antonio Rodríguez Espinosa, al que pidió prestado algo de dinero, «porque esta misma noche, a las diez y media, me voy a Granada», añadiendo: «Hay visos de tormenta y me voy a mi casa, donde no me alcancen los rayos.» El matador de toros José Amorós me relató una tarde de 1995, saliendo de la Cafetería del Correo, calle Alcalá arriba, cómo días antes de que estallara el 18 de julio, había hecho el mismo recorrido con Federico García Lorca, con el que había compartido tertulia, y que al despedirse en el portal de su casa, le había dicho: «Pepe, estoy asustado y me voy a ir a Granada con mis padres.»[2]

2. Los padres de Federico García Lorca habían viajado a Granada el 5 de julio, para pasar allí el verano.

Federico tuvo tiempo de despedirse de su hermana Isabel y de la hija de Fernando de los Ríos, Laura, que estaban en la Residencia de Señoritas de la calle Miguel Ángel n.º 8, mientras Martínez Nadal le esperaba en el taxi, que después les llevó a la estación.

Al subir al tren, Martínez Nadal recuerda que García Lorca creyó ver al diputado de la CEDA por Granada, Ramón Ruiz Alonso, al que llamó «gafe y mala persona».[3]

La guerra civil en Granada

El periódico *El Defensor de Granada*, del miércoles 15 de julio, publicó en primera página: «García Lorca en Granada.» A su llegada, el poeta encontró una ciudad en vísperas de la rebelión que estallaría tres días después. Pero a Federico García Lorca le inspiraba confianza Granada: era su ciudad natal, donde se había criado, donde tenía tantos amigos de todas las tendencias políticas, donde estaban sus padres, y cuyo alcalde, desde el 10 de julio, era Manuel Fernández Montesinos, su cuñado, casado con su hermana Concha. Y, además —pensaba García Lorca—, allí estaban también los hermanos Rosales, alguno de los cuales eran activos militantes de Falange.[4]

Pero Federico se instaló desde su llegada en la casa familiar de La Huerta de San Vicente, creyendo estar lo suficientemente lejos de Granada para no verse afectado por los enfrentamientos callejeros que a diario ocurrían en la capital. Ignoraba Federico, como muchos, que en la ciudad granadina era donde con mayor minuciosidad habían preparado los su-

3. El poeta no pudo ver a Ruiz Alonso en el tren, ya que éste había sufrido pocos días antes un accidente de coche en Granada y estaba hospitalizado.

4. José Rosales había estado hacía pocos días en Alicante para ver a José Antonio Primo de Rivera en la cárcel.

blevados su dispositivo en las semanas previas a la sublevación militar y que Falange Española había destinado a uno de sus más activos militantes, José Luis Arrese,[5] para organizar los elementos de participación de Falange en la sublevación. Arrese había designado a José Valdés Guzmán como el jefe de los elementos «de orden» que tenían por objetivo la toma de los centros neurálgicos de poder.

Cuando el 18 de julio estalló la sublevación, Federico celebraba su santo en La Huerta de San Vicente. Granada permaneció en calma todo ese día y el domingo 19, pero el lunes 20 de julio, en apenas doce horas, toda Granada había sido ocupada por los sublevados al haberse unido los Guardias de Asalto, un grupo de falangistas, la Guardia Civil y el Regimiento de Infantería. El general Campins, que era el gobernador militar, fue detenido, conducido a Sevilla, donde fue juzgado y posteriormente fusilado, el 26 de agosto. El mismo 20 de julio fue detenido el alcalde de Granada, Manuel Fernández Montesinos, cuyo cadáver aparecería el 16 de agosto. El barrio del Albaicín resistió al ataque de los sublevados pero, objeto de fuertes bombardeos por tierra y aire, cayó el jueves 23 de julio.

Desde la cercana Huerta de San Vicente, Federico García Lorca pasó mucho miedo al oír los fuertes bombardeos sobre Granada, pero el mismo 20 de julio se mostraba optimista al hablar con el arquitecto Alfredo Rodríguez Orgaz, refugiado en su casa: «Esto va rápido. Granada está cercada por los republicanos y la sublevación fracasará pronto.»

Se equivocaba, porque con la última resistencia del barrio del Albaicín, la ciudad entera quedó en el bando de los sublevados y sometida al ansia de venganza personal de todo conflicto fratricida, a las encarcelaciones indiscriminadas y a la brutalidad de los fusilamientos en masa. Tan confiado estaba Federico García Lorca, que cuando el 9 de agosto le avisaron

5. Arrese sería nombrado ministro por Franco años después.

que llegaban a la Huerta de San Vicente un grupo de falangistas, Federico le dijo a Alfredo Rodríguez Orgaz: «Escápate, porque vienen a por ti.» Pero los falangistas buscaban a un hermano del casero de la Huerta, Gabriel Perea, dispuestos a vengar la muerte de dos personas de su pueblo, Valderrubio, ocurrida días antes. Entre los falangistas estaban Enrique García Puertas, apodado *El Marranero*, y dos caciques de ese pueblo, Horacio y Miguel Roldán. El grupo de falangistas maltrató al casero y al propio Federico lo tiraron por la escalera y le pegaron, llamándole «¡Maricón!». El Marranero al verle le dijo: «Aquí tenemos al amigo de Fernando de los Ríos.»

Cuando los falangistas se hubieron marchado, Federico García Lorca se dio cuenta del peligro que sufría y del error que había supuesto viajar hasta Granada. ¿Qué podía hacer? ¿A quién recurrir? Y entonces recordó al joven poeta Luis Rosales, al que había conocido hacía varios años y cuyos hermanos eran convencidos falangistas. Esa misma tarde llamó a casa de los Rosales en Granada e inmediatamente Luis convocó una reunión familiar para juntos estudiar las opciones posibles, que eran: pasar a Federico a la zona republicana,[6] llevarle a casa del músico Manuel de Falla o traerle a su casa, en Granada.

Los presentes optaron por esta tercera solución y así fue como Federico García Lorca, acompañado de Luis Rosales, se instaló en la casa familiar de éste, en el número 1 de la calle Angulo, a escasos trescientos metros del Gobierno Civil de Granada.

Lorca es detenido en la casa de los Rosales

García Lorca llegó a casa de los Rosales la misma noche del día 9 de agosto. Esperanza Rosales recuerda que aunque llegó

6. Luis Rosales reconoció a Ian Gibson que eso ya lo había hecho otras veces con otros amigos.

asustado y nervioso, en los días siguientes se fue calmando, hasta que recibió la noticia de que habían ido a buscarle a la Huerta de San Vicente y de que al no encontrarle amenazaron con llevarse a su padre. Lo que Federico no supo es que alguno de los presentes, asustado y bajo presión, acabó admitiendo que el poeta estaba en casa de los Rosales, en Granada.

Aquí pasó apenas una semana rodeado por las mujeres de la casa, la tía Luisa, la madre y la hermana de los Rosales, porque los chicos —Gerardo, Luis, Miguel, José y Antonio—, no dormían en casa, unos porque estaban ya casados y otros —como Luis— porque como reconoció a Gibson[7] «no fue a dormir a casa en las primeras semanas de la guerra». El padre, Miguel, ocupado con sus almacenes de la plaza Bib-Ramba, sólo iba a dormir.

Pero la mañana del 16 de agosto, Federico se enteró de que su cuñado Manuel Fernández Montesinos había aparecido asesinado en el cementerio de Granada. Aún no repuesto de esta terrible noticia, esa misma tarde, el ex diputado de la CEDA Ramón Ruiz Alonso[8] se presentó en casa de los Rosales para detener a Federico García Lorca, acompañado de un buen número de hombres, que vigilaron que el poeta no escapara. Según ha reconocido años más tarde el propio Ruiz Alonso,[9] la orden de detención se la dio el teniente Velasco, a quien el gobernador civil (Valdés Guzmán) había encargado que cuando él volviera quería a Lorca en el gobierno civil «pero sin que nadie le toque, ni roce». Gibson ha averiguado que la madre de los Rosales, Esperanza Camacho, plantó cara a Ruiz Alonso, diciéndole que Federico no se iba de su casa sin que estuviera

7. Este y otros testimonios han sido extraídos del libro *El asesinato de García Lorca,* del que es autor el escritor Ian Gibson.

8. Acompañado de dos miembros de Acción Popular: Luis García Alix y Juan Luis Trescastro.

9. Vid. obra citada, *El asesinato de García Lorca.*

delante y presente o su marido o alguno de sus hijos. Ruiz Alonso fue a buscar a Miguel Rosales, para que le acompañara a su casa. Federico, tranquilizado por la presencia de éste, accedió a acompañarle; camino del Gobierno Civil, trayecto que pese a su corta distancia hicieron en coche, Miguel Rosales aseguró a Federico que todo se aclararía y a petición de Federico le garantizó que localizaría a su hermano José. Ruiz Alonso informó a Federico de que la denuncia contra él era por ser «un enlace con Rusia» y «por haber hecho más daño con la pluma que otros con la pistola». Según el testimonio del propio Ruiz Alonso, al llegar al Gobierno Civil, García Lorca le dio las gracias y le ofreció un pitillo.

Lo cierto es que la misma noche del 16 los hermanos Rosales, José y Miguel, fueron a ver al gobernador civil —que ya había vuelto— y aunque no pudieron hablar con él, presentaron una denuncia por la detención de su huésped. También en el Gobierno Civil les dijeron que la denuncia contra Federico tenía dos o tres folios y finalmente José Rosales pudo ver al poeta, al que aseguró que al día siguiente saldría de allí. Esa misma noche, Luis Rosales redactó una declaración en la que explicaba por qué había protegido a Federico García Lorca.

Lorca fusilado

A primera hora del lunes 17 de agosto, José Rosales se presentó con una orden de libertad para Federico y se entrevistó con Valdés Guzmán, quien le dijo que Lorca ya no estaba allí, para a continuación amenazarle con «ahora vamos a ocuparnos de tu hermanito Luis», con el que había tenido un roce días antes de la sublevación.[10]

10. Años después, Ruiz Alonso declararía a Gibson que cuando el lunes 17 fue al Gobierno Civil le informaron de que Federico ya no estaba allí.

Pero Valdés y otros funcionarios del Gobierno Civil no decían la verdad, ya que la madre de Federico se ocupó, desde el mismo domingo, de que la niñera de los Fernández Montesinos —en cuya casa vivían los padres del poeta desde su detención— llevara a Federico un cesto con algo de comida y tabaco, y la mujer recordaba haber ido dos veces, el domingo y el lunes, y habérselo entregado en mano.

Lo cierto es que Lorca estuvo en el Gobierno Civil hasta el martes 18 de agosto; la negativa de sus captores a reconocer su estancia allí se debió a que querían ganar tiempo hasta tanto Valdés recibiera instrucciones de más alto nivel de qué hacer con el poeta.

Cuando Valdés recibió la orden superior de fusilarlo, Federico fue conducido por El Pandero, uno de los miembros más destacados de la temida Escuadra Negra, a Viznar, población distante pocos kilómetros de Granada. Allí pasó solo unas horas, en la casa llamada «La Colonia»; después le condujeron a Fuente Grande, donde la noche del 19 de agosto fue fusilado junto al maestro de Pulianas, Dióscoro Galindo, y dos banderilleros: Joaquín Arcollas y Francisco Galadi. Tenía treinta y ocho años.[11]

Antonio Machado, que junto a Federico García Lorca y Miguel Hernández constituyen la gran ofrenda lírica y cruenta de la guerra civil española, escribió sobre la muerte de Federico este hermoso poema:

Se le vio caminando entre fusiles
por una calle larga
salir al campo frío,
aún con estrellas de la madrugada.
Mataron a Federico
cuando la luz asomaba.

11. Federico García Lorca había nacido en Fuente Vaqueros (Granada) el 5 de junio de 1898.

El pelotón de verdugos
no osó mirarle a la cara.
Todos cerraron los ojos;
rezaron: ¡Ni Dios te salva!
Muerto cayó Federico
sangre en la frente y plomo en las entrañas.
Que fue en Granada el crimen
sabed ¡pobre Granada!, en su Granada.

La muerte de Federico García Lorca es el triunfo del odio, la venganza y la impunidad con la que actúan los miserables. Más de sesenta años después de su muerte aún ignoramos dónde está su cuerpo y quién o quiénes fueron el inductor y ejecutor de su muerte. Y estos hechos siguen siendo un misterio, un vergonzante silencio que nos acongoja a todos. ¿Dónde está la tumba de Federico en la que rendir tributo a su poesía, el dramatismo de su teatro o su alegría vital? ¿Dónde está?

El eterno interrogante se responde diciendo que Lorca no ha muerto porque está en nosotros, como individuos y como miembros de una memoria colectiva. Lorca está en esa privilegiada inmortalidad donde reposan los que a una vida plena, de búsqueda y encuentro, añaden una muerte en plena juventud creativa, una muerte precoz, trágica, injusta. Su herencia creativa es tan potente como el enigma de por qué le mataron. Lorca está en la sensibilidad de todas las generaciones posteriores y en el alma de quien se aproxime a la cultura española del siglo XX. Lorca ha superado, con su infeliz muerte, cualquier duda respecto a su genio creativo. Porque Federico García Lorca es una leyenda de la historia de España y de la literatura española; porque su vida y su obra son el mejor ejemplo de una cultura abierta, sincera, universal y romántica; y su muerte, el símbolo trágico e inolvidable de un patético hecho histórico: la guerra civil española.

Miguel Hernández

Miguel Hernández murió en una sórdida y lúgubre cárcel franquista a los treinta y un años de edad, en marzo de 1942. Sesenta años después de su muerte prematura e injusta, el eco de su poesía permanece vivo en la vida cultural española. Ni se ha olvidado el compromiso de su vida, ni el hondo latido humano de sus poemas ni las circunstancias de su destino final.

Como ocurre con García Lorca, el dramatismo de su muerte prematura ha dotado a su personalidad de un póstumo valor añadido, hasta el extremo de alcanzar un reconocimiento histórico, cultural y social superior al de otros muchos poetas, no sólo contemporáneos suyos, que disfrutaron de una mayor entidad poética, pero que no tuvieron un último destino tan notoriamente simbólico. Porque, digámoslo ya: si Lorca es el símbolo de la atrocidad de la guerra civil, Miguel Hernández lo es de la sórdida posguerra. Nadie mejor que él es la seña de identidad de los miles de españoles que no sólo perdieron la guerra, sino también la dignidad humana y la propia consideración humana. Miguel Hernández, en las postreras horas de su vida, fue tratado como un vencido al que había que dejar morir porque el aliento emotivo y humano de su voz podía denunciar, de seguir vivo, la atrocidad histórica que estaban viviendo sus compatriotas, sus camaradas, sus hermanos.

Pastor y poeta

Poco se ha estudiado la biografía de Miguel Hernández, hecho sorprendente pero a la vez sintomático. Aun así, se conocen los episodios más significativos de su avatar humano y —desgraciadamente— poco todavía de las circunstancias de su primera excarcelación, de su segunda detención y de las peripecias y miserias vividas —y padecidas— en la cárcel de Alicante, donde murió.

No hay absoluta certidumbre tampoco sobre la fecha de su nacimiento, ya que si bien la mayoría de los conocedores de su obra[1] afirman se produjo en Orihuela (Alicante), el 30 de octubre de 1910, su biógrafo, Darío Puccini, sostiene que fue el 10 de octubre. Creció en una familia de varios hermanos,[2] formada por el padre, Miguel, pastor y autoritario, y su madre, Concepción, seca y retraída. De niño simultaneaba los estudios primarios con el aprendizaje del pastoreo y del hondo conocimiento de la naturaleza.

Pero las penurias económicas de la familia le obligaron a dejar sus estudios en 1924, para dedicarse al reparto domiciliario de leche y a la conducción del ganado. Pero pronto Miguel descubrirá la vocación de su vida y, en la mejor tradición del autodidacta literario, visitará la Biblioteca de Orihuela o el Círculo de Bellas Artes para leer la poesía de Garcilaso de la Vega, Rubén Darío, Antonio Machado, Góngora, Juan Ramón Jiménez, Verlaine y Paul Valéry.

Escribió en secreto sus primeros poemas, que sólo dio a conocer a su amigo Carlos Fenoll, también poeta, con el que tímidamente ofrecía recitales en la Casa del Pueblo o en el Círculo Católico, invitados por el canónigo Luis Almarcha.

Poco después, en 1929, conoce al que sería uno de sus mejores amigos, Ramón Sijé,[3] intelectual católico y persona decisiva en su vida, ya que él fue quien influyó para que tanto la vida como la poesía de Miguel Hernández estuvieran impregnadas hasta 1935 de la inspiración mística y religiosa de la creencia cristiana.

1. Es el caso de Juan Cano Ballesta, Leopoldo de Luis y José Luis Puerto.

2. Tres hermanos murieron de niños: Concha, al nacer, y Montserrat y Josefina con pocos años de edad. Sobrevivieron Vicente, Elvira y Encarnación.

3. Su verdadero nombre era José Marín Gutiérrez. Darío Puccini, en su *Vida y poesía de Miguel Hernández*, dice que se llamaba José Martín.

El 13 de enero de 1930 publicó sus primeros poemas en las páginas de *El Pueblo de Orihuela*, y pocos meses después, en julio del mismo año, es presentado en Alicante como poeta en un acto de homenaje al poeta local Salvador Sellés. Durante este año continúa publicando poemas en revistas y periódicos locales, ámbito del que se anima a salir —impulsado por Ramón Sijé—, viajando a Madrid, por primera vez, en diciembre de 1931. Poco antes del mismo escribió una candorosa carta a Juan Ramón Jiménez, en la que se evidencian sus esperanzas de gloria y su afán de evadir el mundo provinciano. Resultan especialmente reveladores los párrafos:

> No le extrañe lo que digo, admirado maestro: es que soy pastor. No mucho poético como los que usted canta, pero sí un poquitín poeta. Soy pastor de cabras desde mi niñez y estoy contento con serlo, porque habiendo nacido en casa pobre, pudo darme mi padre otro oficio y me dio este que fue de dioses paganos y héroes bíblicos.

Y continúa Hernández más adelante:

> Usted tan refinado, tan exquisito, cuando lea esto ¿qué pensará? Mire: odio la pobreza en que he nacido, yo no sé... Por muchas cosas... Particularmente por ser causa del estado inculto en que me hallo que no me deja expresarme bien y, claro, ni decir muchas cosas que pienso.

La carta termina con un tierno interrogante: «¿Podrá usted, dulcísimo don Juan Ramón, recibirme en casa y leer lo que le lleve?»

No consta a autor alguno que Juan Ramón Jiménez contestara a esta carta, ni que accediera a recibir en su casa al pobre poeta. Pero sí consta, en cambio, que pocos días antes de su partida, un abogado de Orihuela, José Martínez Arenas, le ofreció algo de dinero y una carta de recomendación para Concha Albornoz, hija del entonces ministro de Justicia y amiga de escritores y poetas.

Primer viaje a Madrid (1931-1932)

El 7 de diciembre de 1931 tomó el tren para Madrid, con un equipaje muy liviano: sus poemas y su pobreza. En la capital de España se hospedó en el n.º 6 de la Costanilla de Los Ángeles y pronto fue a ver a Concha Albornoz, quien tuvo la buena ocurrencia de presentarle al director de *La Gaceta Literaria*, Ernesto Giménez Caballero, con el fin de que le ayude a encontrar algún empleo y le presente en su revista. Lo primero no fue posible pero sí lo segundo, y en el número correspondiente al 15 de enero de 1932, *La Gaceta Literari*a publicó una entrevista con él, presentándole como poeta *naïf.*

En febrero, se publicó otra entrevista con Miguel Hernández en la revista *Estampa*, en la que su autor, Francisco Martínez Corbalán, le definió como «quien tiene lo que no se compra, sólo le falta lo que se puede adquirir». En la revista, Hernández reconocía que Gabriel Miró era el escritor que más le gustaba y el que más había influido en él.

Pero esto fue lo único positivo de su primera estancia en Madrid, ya que fue prácticamente desdeñado por los ambientes culturales. Sí pudo palpar su atmósfera literaria y conocer la poesía de la Generación del 27. Madrid le desagradó profundamente y además pronto se le acabó el dinero, no llegándole las ayudas prometidas del Ayuntamiento de Orihuela. El 22 de marzo escribió a Ramón Sijé una carta en la que escribe con amargura de la crueldad de Madrid, en estos términos:

> Acabo de llegar a casa perdido, con los pies destrozados. Desde las dos de la tarde andando con estos zapatos, los únicos, y

rotos, llenos de agujeros... A la estación de Atocha a recoger dos cajas de naranjas, que me ha mandado mi madre y mi hermana para la señora Albornoz; con ellas a hombros me he encaminado hasta este sitio (si hubiese tenido al menos quince céntimos, hubiese evitado la distancia desde la estación a la casa; la hubiese salvado en un tranvía... pero no tenía esa miseria).

Vivía entonces Miguel Hernández en un pequeño hotel de la calle Cardenal Belluga, pero ante la escasez de medios no tiene otro remedio que regresar a Orihuela el 15 de mayo de 1932, tomando el tren para Alicante con un billete gratuito y la cédula de identificación personal de otra persona. Nada hubiera ocurrido si la Guardia Civil no hubiera aparecido por primera vez en su vida en Alcázar de San Juan, pidiéndole su identificación. Su pobre indumentaria, las razones que dio de la posesión de los documentos, y el celo de los «civiles», le llevaron a la cárcel —también por primera vez en su vida— de la que salió dos días después, gracias a la mediación de Ramón Sijé.

De regreso en Orihuela, se reafirmó en su deseo de dedicarse a la creación literaria y —en contra del criterio de su padre— dejó el pastoreo, para entrar a trabajar como empleado en la tienda de tejidos El Globo y meses después como pasante en la notaría de don Luis Maseras.

Pero, además de garantizarse un medio de vida, Miguel Hernández escribió los poemas que en enero de 1933 se publicarían en la Editorial La Verdad de Murcia como *Perito en lunas*, del que se tiraron trescientos ejemplares y cuya edición fue costeada por los ya citados Luis Almarcha[4] y José Martínez Arenas.

4. La edición costó 425 pesetas y el libro fue incluido en la Colección Sudeste, dirigida por Raimundo de los Reyes.

También en 1932 escribe y publica en varios periódicos poemas como «La palmera levantina», «Luz en la noche» y «Limón». Pero en pleno proceso creativo conoce a una muchacha de Orihuela, Josefina Manresa, hija de un guardia civil, de la que se enamora perdidamente y a la que ofrece un poema como muestra de amor en su primer paseo por la calle Mayor de Orihuela. Este amor tendrá una presencia obsesiva y determinante en la obra poética de Hernández, y sus distintas etapas aparecen reflejadas con nitidez en sus poemas. Su relación se enfriará algo en 1935, influido —como toda su visión de la vida y de la poesía— por su amistad con Pablo Neruda y por el ambiente político, social y cultural que encontró en su segunda visita a Madrid, realizada en 1934.

Antes de esto, escribe un auto sacramental titulado *Quién te ha visto y quién te ve y sombra de lo que eras*, obra en la que exponía los misterios de la eucaristía, de la gracia, de la redención y el perdón, matizados por un fuerte aire humanizador y por lo que ha definido con acierto Juan Cano Ballesta: «El auto hernandiano aúna lo teológico y lo social.»

A finales de 1932, Miguel Hernández había conocido a Federico García Lorca, en Murcia, con motivo de la visita de la compañía de teatro «La Barraca» a la capital de la huerta. Como tantas veces ocurre en la vida, el poeta de Orihuela —un novel todavía— albergó la ilusión de que Lorca —poeta consagrado— elogiara su obra y le ayudara a divulgar su poesía entre sus amigos y escritores, pero por el contenido de una carta que Hernández le escribió a Lorca en abril de 1933, sabemos que se quejaba del silencio con el que había sido recibido *Perito en lunas*.

Admirado poeta amigo.

Le escribí hace mucho pidiéndole elogios, aunque se los había oído para mi Perito en lunas. *Y aquí me tiene usted esperándolos —en otras cosas—. He pensado, ante su silencio, que usted me tomó el pelo a lo andaluz en Murcia, ¿recuerda?...*

Perdone. Pero se ha quedado todo: prensa, poetas, amigos, tan silencioso ante mi libro, tan alabado mentirosamente, como dijo, por usted la tarde aquella murciana, que he maldecido las putas horas y malas en que di a leer un verso a nadie...

Ved los periódicos de Madrid pronto, he quedado en ridículo porque de toda la prensa madrileña, sólo Informaciones *se desvirgó hablando de mis poemas por el pico de Alfredo Marquerie, diciendo cuatro burradas...*

Y concluye Hernández con amargura:

Aquí, en mi huerto, en un chiquero, aguardo respuesta feliz suya; aquí, pegado a un cartel a esta tapia detrás de la cual viven padres pobres, con tantos hijos y tan poca cosa, que, para que los ricos no vean los orígenes de su fabricación, el comienzo de sus hermanos, se salen al callejón a reanudar las noches más empinadas.

Un abrazo.

García Lorca contestó a Miguel Hernández, en estos términos:

Mi querido poeta: No te he olvidado... Me acuerdo mucho de ti porque sé que sufres con esas gentes que te rodean y me apeno de ver tu fuerza vital y luminosa encerrada en el corral y dándose topetazo por las paredes. Pero así aprendes. Así aprendes a superarte en este terrible aprendizaje que te está dando la vida. Tu libro está en el silencio como todos los pequeños libros, como mi primer libro que tanto encanto y tanta fuerza tenía. Escribe, lee, estudia, ¡lucha! No seas vanidoso de tu obra. Tu libro es fuerte, tiene muchas cosas de interés y revela a los buenos ojos pasión de hombre, pero no tiene más cojones como tú dices que los de casi todos los poetas consagrados. Cálmate. Hoy se hace en España la más hermosa poesía de Europa. Pero por otra parte la gente es injusta. No se merece Perito en lunas *ese silencio estúpido, no. Merece la atención y el estímulo y el amor de los buenos. Eso lo tienes y lo tendrás porque tienes la sangre de poeta y hasta cuando en tu carta protestas, tienes en medio de cosas brutales (que me gustan) la ternura de tu luminoso y atormentado corazón. Yo quisiera que pudieras superarte de la obsesión, de esa obsesión de poeta incomprendido por otra obsesión más generosa, política y poética...*

Esta carta le reconforta y le estimula lo suficiente para trabajar en una próxima serie de poemas, que constituirán la primera versión de *El silbo vulnerado*, y para volver a plantearse regresar a Madrid con un doble objetivo: el de abrirse paso dentro del mundo literario y el de ganarse la vida. En efecto, en el mes de marzo de 1934, Miguel Hernández vuelve a tomar el tren con destino a Madrid, donde pronto conoce a José Bergamín, quien acepta publicar su auto sacramental *Quién te ha visto...* en los números de julio, agosto y setiembre de la revista *Cruz y raya*. Su aparición provocó algunos elogios, pero no llegó a estrenarse.[5]

Influencia y amistad de Pablo Neruda y Vicente Aleixandre

Recupera la amistad de Concha Albornoz y a través de ella conoce a Pablo Neruda y a su esposa, Delia del Carril, que a su vez le permiten conocer a Rafael Alberti y su compañera María Teresa León, Luis Cernuda, María Zambrano y Luis Felipe Vivanco.

El primero de sus objetivos estaba a punto de conseguirlo; el segundo, lo alcanzará en el verano de 1934, cuando José María de Cossío, director literario de Espasa Calpe, le ofreció trabajo como secretario de la monumental obra *Los toros*, con la tarea de recoger datos y redactar textos.

5. Bergamín le pagó 200 pesetas por los derechos.

Desde Madrid escribió cartas de amor a Josefina Manresa, relatándole la dureza de las intrigas y mezquindades de la literaria vida madrileña, lo que no fue impedimento para que sus secretos poemas de amor se reunieran en un libro, *Imagen de tu huella*, que años después constituirán *El silbo vulnerado*, y que alumbrarán como versión definitiva *El rayo que no cesa*.

También escribió una obra de teatro, *El torero más valiente*, y en diciembre pasó unos días en Orihuela desde donde escribió una carta a Pablo Neruda, que acredita el grado de afecto establecido ya con el gran poeta chileno.

Desde Orihuela —¿quién le ha dicho que me he venido, querido Pablo?— me despido de usted. Una carta desesperada o mi bolsillo casi acabado me hizo precipitar mi viaje. He sentido bastante no verle matrimoniar nuestras manos y divorciarlas con su «adiós te encomiendo».

Desde aquí, mi pueblo, mi casa, mi limonero de huerto soleado por un sol inacabable lleno de limones que lo enjoyecen finamente, atiendo a su voz, su persona y su amistad políticas y humanas. Aquí espero que me diga, lo antes posible, qué fue de aquello que me dijo la otra noche —lunes— en que invitó a una cena para la otra noche —miércoles—. Gracias. ¿Qué hay, Pablo? ¿Se queda en Madrid? ¿Va a ir —dolor— a ir a Barcelona? ¿Hará la revista?[6] *¿Me llamará generosamente a su lado?*

Escríbame, que lo oiga su voz dolorida que duele. Alívieme esta soledad de palma sin compañía; dígame algo aunque no me diga nada de lo que importa.

Le abraza siempre

¡Ah! Invite a Federico a que se interese lo más posible del estreno de mi El torero más valiente. *Gracias.*

6. Se refiere a la revista *Caballo verde* que aparecerá en 1935 y en cuyo primer número, Miguel Hernández publicará «Vecino de la Muerte».

En 1935, y por la influencia del ambiente de Madrid —sobre todo de Pablo Neruda y de Vicente Aleixandre—, Miguel Hernández sufrió una aguda crisis espiritual, religiosa y humana que le hará apartarse de la órbita de Ramón Sijé y enfriar su amor por Josefina Manresa. De la dimensión de su crisis es este fragmento de una carta escrita en junio de 1935 a Juan Guerrero:

> ... estoy harto y arrepentido de haber hecho cosas al servicio de Dios y de la tontería católica... estaba mintiendo mi voz y a mi naturaleza terrena hasta más no poder, estaba traicionándome y suicidándome tristemente.

En el enfriamiento de su amor por Josefina influyó la relación que —según Puccini— mantuvo en Madrid con la pintora Maruja Mallo.

En cuanto a su obra, la influencia de los dos poetas antes mencionados se dejó sentir en sus siguientes poemas, dotados ya de ingredientes surrealistas, como «Oda entre sangre y vino a Pablo Neruda», «Vecino de la muerte» y «Mi sangre es un camino». Al leerlo, Ramón Sijé le escribió:

> Quien sufre mucho eres tú. Algún día echaré a alguien la culpa de tus sufrimientos humano-poéticos actuales. Transformación terrible y cruel. Me dice todo esto la lectura de tu poema...

Sijé se llevó a la tumba el dolor, porque murió el 25 de diciembre de 1935, provocando en Miguel Hernández una impresión tan fuerte que le inspiró la hermosa y legendaria «Elegía», cuya primera estrofa es:

> *Yo quiero ser llorando el hortelano*
> *de la tierra que ocupas y estercoles*
> *compañero del alma, tan temprano...*

Esta «Elegía» fue publicada dentro de *El rayo que no cesa* y por sí sola justifica la presencia de Miguel Hernández entre los poetas más profundos y hondamente dramáticos de la historia de la poesía española.

Pero la proximidad de Neruda y Aleixandre y su toma de conciencia social se evidencian también en la obra teatral escrita en el verano de 1935, *Los hijos de la piedra*, inspirada en los sucesos trágicos ocurridos en 1934 en la cuenca minera asturiana; esta nueva conciencia se verá estimulada por el clima social y político de la España de aquellos meses y por un nuevo incidente padecido en enero de 1936, en los alrededores de Madrid, cuando fue detenido por la Guardia Civil —por su aspecto desaliñado— que le maltrató en el cuartel por no llevar la cédula de identificación, incitándole a que revelara si había ido a San Fernando de Henares a robar o tirar bombas.

Miguel Hernández pudo por fin llamar a Pablo Neruda, cónsul de Chile en España, y ser puesto en libertad. En una carta posterior a Josefina Manresa, Miguel Hernández le relató esta episodio, concluyendo con esta frase: «...comprenderás que desde aquel día tengo odio a la Guardia Civil, menos a tu padre, Josefina...»

Con ser este incidente importante en la vida de Miguel Hernández, mayor trascendencia tuvo el hecho de que enterados del mismo, un grupo de intelectuales envió una protesta pública al diario *El Sol*, comprobando así el poeta la cierta notoriedad que ya ocupaba en la sociedad española y la solidaridad de la cultura española que, por cierto, ya se disputaba sus colaboraciones para la *Revista de Occidente* y *Caballo verde*, entre otras.

El 24 de enero de 1936 se publicó *El rayo que no cesa*,[7] obra dedicada a Josefina Manresa, que tuvo una gran resonancia y libro en el que según Darío Puccini se encuentra la experiencia humana y de la madurez ideológica del poeta.

7. Se imprimió en los talleres de Manuel Altolaguirre.

Más asimilados los primeros éxitos y digerido el reconocimiento público de los ambientes culturales de la capital, Hernández reanudó sus relaciones con Josefina Manresa y durante los meses de marzo y abril de 1936 recorrió varias provincias españolas, participando en una serie de «Misiones pedagógicas», en prueba de su cada vez mayor compromiso político.

Poeta del pueblo

Miguel Hernández conoció el estallido de la guerra civil en Madrid, pero en cuanto pudo salió para Orihuela, para despedirse de los suyos. El padre de Josefina Manresa fue asesinado en Elda el 13 de agosto, y poco después se alistó voluntario en el V Regimiento, en las tropas del bando republicano.

Pero pronto, por una gestión del poeta Emilio Prados, fue nombrado agregado cultural del comisario político Pablo de la Torriente —un cubano que moriría después en el frente—, en el Batallón de El Campesino, en la 1.ª Compañía del Cuartel General de Caballería. Combatió en el frente de Madrid, en defensa de la capital, en las pequeñas poblaciones de Pozuelo, Boadilla del Monte, Cubas de la Sagra y Ciempozuelos. A mediados de noviembre estuvo en Alcalá de Henares, donde sufrió un fuerte bombardeo de aviones alemanes.

Pero la actividad bélica no limitó su producción literaria y así en estos primeros meses de la guerra escribió el drama en verso *El labrador de más aire* y los primeros poemas de lo que será el libro *Viento del pueblo.*

En 1937 fue destinado en el *Altavoz del Frente* en Andalucía y esto le permitió participar en la batalla por la ocupación del Santuario de Santa María de la Cabeza. El 9 de marzo se casó por lo civil con Josefina Manresa en Orihuela y juntos viajaron a Jaén, pero al poco de llegar, ella tuvo que regresar a Orihuela, ya que su madre había caído enferma, falleciendo poco después.

En julio de 1939 participó en Valencia en el II Congreso Internacional de Intelectuales Antifascistas, en el que participaron André Malraux, César Vallejo y Nicolás Guillén, entre otros. Poco después, padeció un fuerte agotamiento y volvió a su casa para reponerse. El 21 de agosto recibió en el Ateneo de Alicante el homenaje de sus paisanos y una vez repuesto viajó a la URSS, invitado al V Festival de Teatro Soviético, permaneciendo allí hasta el mes de octubre. Visitó Leningrado, Moscú y Kíev.

A su regreso, publicó en Valencia su libro de poemas *Viento del pueblo*, dedicado a Vicente Aleixandre y editado por el Socorro Rojo Internacional. Poco después se publican sus libros *Teatro en la guerra* y *El labrador de más aire*, incorporándose de nuevo al frente en Teruel, donde participó en la toma de la ciudad. Allí conoció el nacimiento —el 19 de diciembre de 1937— de su primer hijo, Manuel Ramón; poco días más tarde, los médicos diagnosticaron que Miguel Hernández padecía una anemia cerebral, motivo por el cual tuvo que volver a su casa de Cox durante algunas semanas, en las que escribió «El Pastor de la Muerte», que sería premiado en el Concurso Nacional de Literatura, con un accésit de 3 000 pta.

El 19 de octubre de 1938 murió su hijo, sumiéndole en una enorme tristeza de la que son reflejo los poemas elegíacos escritos al pobre niño y reunidos posteriormente en su *Cancionero y romancero de ausencias*. Pero Josefina Manresa estaba embarazada de nuevo y dio a luz a un nuevo hijo, al que llamarán Manuel Miguel, y que nació el 4 de enero de 1939.

En los últimos meses de la guerra, la perspectiva de la victoria militar de las tropas «nacionales» le produjo un gran desconcierto y pesar. Había luchado por sus ideas con la República y ésta estaba a punto de ser derrotada. Compuso en estas últimas semanas de 1939 los poemas que integrarán *El hombre acecha* y que, aunque impresos, no llegarán a encuadernarse por el inminente final de la guerra.

El poeta vencido

¿Qué hizo Miguel Hernández al caer Madrid? Sus movimientos, sobre los que los autores no tienen un criterio común, acreditan sobre todo la soledad en la que se encontraba. También su desesperanza y desconcierto. Pero así como otros escritores, intelectuales o científicos eminentes de la República buscaron pronto la vía del exilio para salvar la vida, Miguel Hernández aparece sin amparo alguno, como un solitario en busca de un destino fatal. Se sabe que huyó de Madrid, que estuvo en Orihuela y desde allí viajó a Sevilla, donde sólo recientemente se ha sabido[8] que estuvo protegido unos días en el Real Alcázar por el escritor Joaquín Romero Murube. En la capital hispalense le ofrecieron viajar a Portugal, frontera que cruzó sin problemas. Cuando ya parecía que todo iba bien, el poeta se perdió en el campo y divisó un pueblo en la lejanía, al que se dirigió confiado. Pero cuál no fue su sorpresa, cuando al solicitar auxilio comprobó que se encontraba nuevamente en España, en el pueblo de Rosal de la Frontera, provincia de Huelva. Allí fue denunciado y entregado a la policía española. En apoyo de esta versión, el ex director de la Real Academia Sevillana de Buenas Letras, Eduardo Ybarra, ha citado los testimonios de los herederos de Romero Murube y un libro editado hace muchos años y titulado *Miguel Hernández prisionero en Rosal. Miguel Hernández poeta de la libertad*, escrito por Augus-

8. El *ABC* del 16 de noviembre de 2001 daba cuenta de que el ex director de la Real Academia Sevillana de Buenas Letras, Eduardo Ybarra, había revelado en una conferencia celebrada en el Real Alcázar la protección de Romero Murube y los datos de su posterior marcha a Portugal.

to Tacio, que vivió aquellos años en la zona de Rosal de la Frontera.

Puccini, en su documentada biografía[9] sobre el poeta aporta otra versión de su detención:

> Cuando Miguel Hernández ya iba a coger el tren para Lisboa, la policía portuguesa lo detuvo y sin atender a su condición de refugiado político lo entregó a los guardias civiles de la guarnición de Rosal de la Frontera.

Y añade:

> Ya había (Miguel Hernández) cometido la ingenuidad de vender su mono azul de miliciano a un portugués; de aquí la denuncia a la policía y su entrega a la Guardia Civil.

En Rosal permaneció ocho días, siendo apaleado hasta hacerle orinar sangre. Detenido, fue conducido a Sevilla y después a Madrid, donde el 18 de mayo fue ingresado en la cárcel de Torrijos. Como hicieron tantos otros españoles en circunstancias similares, Miguel Hernández trató de conseguir avales[10] para salir de la prisión, y, mientras, compuso varios poemas para su futuro *Cancionero...*

Liberado de la cárcel pero detenido de nuevo

El 12 de setiembre de 1939 escribió a Josefina una carta en la que ofrece la explicación de una de sus más hermosas últimas poesías, la famosa «Nana de las cebollas»:

9. Darío Puccini, *Miguel Hernández. Vida y poesía*, Losada, 1970.
10. Recurrió a Pablo Neruda, que se había ido a vivir a Francia.

> ... el olor de la cebolla que comes me llega hasta aquí y mi niño se sentirá indignado de mamar y sacar zumo de cebolla en vez de leche. Para que lo consueles te mando esas coplillas que le he hecho ya que para mí no hay otro quehacer que escribiros a vosotros o desesperarme... Entre sarna, piojos, chinches y toda clase de animales, sin libertad, sin ti, Josefina, y sin ti, Manolillo de mi alma, no sabe a ratos qué postura tomar, y al fin, toma la de la esperanza que no se pierde nunca.

Pero de pronto, a mediados de setiembre es puesto en libertad condicional y sin ser procesado. ¿Por qué? Aunque como en otros pasajes de su vida no hay certeza absoluta, Puccini hace tres hipótesis de su excarcelación. La primera, que pudo ser debida a un simple error burocrático, nada infrecuente en aquellas circunstancias. La segunda, porque se le aplicara un decreto del gobierno «por el que se ordenaba rectificar las condenas de los presos ya procesados y poner en libertad a los que no habían sido condenados en firme». Y tercera, que hubiera sido propiciada por la petición del cardenal francés Baudrillart, quien, a petición de Pablo Neruda, había intercedido por él ante el propio Franco, al que evocó el pasado católico del poeta.

De esto último existen pruebas, a través de las cartas del propio Miguel Hernández a Josefina y de una de Neruda al poeta, que éste recibió en la cárcel el 18 de julio.

Lo cierto es que conseguida la libertad condicional, y consciente ya del peligro que suponía seguir en España, el poeta se dirigió a la Embajada chilena para solicitar asilo político. En la Embajada se encontraban otros diecisiete refugiados españoles, pero el encargado de Negocios, Carlos Morla Lynch, le rehusó el asilo político y el visado.[11]

11. Según Neruda, la negativa pudo estar motivada porque se tratara de persona más conocida y comprometida.

Entonces, Miguel Hernández, desesperado, cometió el mismo error que García Lorca: viajar a su casa en Orihuela para reunirse con los suyos. Es un error humano y comprensible después de tanto sufrimiento. Como Federico García Lorca, tampoco Miguel hizo caso de los muchos amigos que le aconsejaron que no se acercara a Orihuela, ya que el peligro real estaba precisamente en volver junto a los suyos.

Y en efecto, nada más llegar, el 29 de setiembre, Miguel Hernández fue detenido de nuevo y encerrado en el Seminario de Alicante, convertido en cárcel. En diciembre fue trasladado a Madrid y encarcelado en la prisión de Toreno. A mediados de 1940 se le hizo un consejo de guerra, en el que todavía no está claro si se le juzgó por la Ley de Responsabilidades Políticas o por la Ley contra la masonería y el comunismo. Formaron parte del tribunal un oficial del ejército, un funcionario de la Magistratura y un miembro de Falange. Se le condenó a muerte, pero inmediatamente algunos intelectuales como José María de Cossío, José María Alfaro y Rafael Sánchez Mazas[12] le visitaron en la cárcel y trataron de convencerle de que hiciera una velada declaración de adhesión al nuevo Régimen, a cambio de su libertad. Pero Miguel Hernández se negó en rotundo. Aun así, la influencia de los tres personajes era de tal entidad que se le conmutó la pena de muerte, imponiéndosele una condena de treinta años de cárcel.

En setiembre de 1940 es trasladado a la prisión de Palencia, donde pasó un tremendo frío y donde sufrió un primer vómito de sangre, premonitorio del mal que había contraído y que se le declararía un año más tarde: tuberculosis pulmonar. También debido al mal estado del agua que bebía, en junio de 1941 contrajo el tifus en el Reformatorio de Adultos de Alicante, adonde había sido trasladado y donde al menos podía ver de vez en cuando a su esposa e hijo.

12. Sánchez Mazas era ministro de Franco.

A principios de enero de 1942, aquejado de una crisis aguda de su tuberculosis, ingresó en la enfermería de la prisión con fiebre altísima. Su estado era de extrema gravedad y exigía otros cuidados médicos para evitar la infección de la pleura, lo que finalmente ocurrió. El poeta pidió ver a su esposa, permiso que le denegó el director de la cárcel, alegando que no estaban casados por la Iglesia. Finalmente, el 4 de marzo, Miguel y Josefina se casaron por la Iglesia.

En la madrugada del 28 de marzo de 1942, Miguel Hernández murió. Tenía treinta y un años. Algunos de sus biógrafos le atribuyen estas últimas palabras: «Adiós, hermanos, camaradas, amigos; despedidme del sol y de los trigos.» Por su parte, Puccini asegura que sus últimas palabras fueron: «Josefina, ¡qué desgraciada eres!»

Fueran unas u otras, sus últimas palabras fueron un mensaje de humildad y amor a la poesía y de compromiso con unos ideales. Miguel Hernández fue enterrado en el cementerio de Nuestra Señora del Remedio de Alicante. A sus funerales no asistió su padre.

El régimen de Franco se había cobrado otra de sus muchas ilustres víctimas. Lorca asesinado, Machado muerto en el triste exilio y Hernández en una patética cárcel en la posguerra. Pero el peso de su leyenda sobrevivió a la de sus verdugos y alcanzó la inmortalidad de la sensibilidad. La poesía de los tres grandes poetas ha ilustrado a las generaciones posteriores para orgullo de éstas y para oprobio de quienes hicieron enmudecer la fuerza vital de su palabra.

José Antonio Primo de Rivera: víctima de su tiempo y de la posteridad

El éxito editorial de la novela escrita por Javier Cercas *Soldados de Salamina* ha permitido recuperar la memoria histórica de un episodio de la guerra civil española del que es protagonista uno de los más destacados seguidores de las ideas de José Antonio Primo de Rivera: Rafael Sánchez Mazas. Y como si hubiera pasado el tiempo suficiente para que su personalidad adquiriera un notable interés —que siempre lo ha tenido—, el conocimiento de que un falangista tan notorio iba a ser fusilado por unos milicianos ha provocado un cierto efecto balsámico sobre una época de nuestra historia reciente. Sin duda Sánchez Mazas no es José Antonio Primo de Rivera, como tampoco lo eran Pedro Laín Entralgo, Dionisio Ridruejo o Antonio Tovar, todos ellos falangistas de la primera hora «joseantoniana», colaboradores iniciales del general Franco y con el paso del tiempo testigos críticos y activos de la degradación del Régimen de Franco. Como intelectuales que eran, Sánchez Mazas, Ridruejo, Laín o Tovar evolucionaron a posiciones críticas del concepto mismo de la dictadura personal de Franco y se ganaron el respeto moral y el aprecio intelectual de la sociedad española. Como también ocurrió, entre otros muchos, con el pintor Antoni Tàpies, el novelista Gonzalo Torrente Ballester o Juan Antonio Samaranch.

El paso del tiempo y la propia evolución de la sociedad española permitió el «reciclaje» de falangistas que fueron estrechos e íntimos colaboradores del primer José Antonio. Otros, entendiendo que la lealtad a José Antonio era la lealtad a Franco siguieron pensando durante más de cuarenta años que las esencias del Régimen de Franco eran las mismas y herederas de las del fundador de la Falange. Hoy son un reducto de una nostalgia, sin virtualidad política.

Nadie de mi generación desconoce que la guerra civil española fue un horror y con independencia de nuestros ideales históricos, todos sabemos que aquello fue un monumental error colectivo. Aunque la historia ha consagrado buenos y malos, quienes hemos vivido más de la mitad de nuestra vida bajo el franquismo sabemos bien cómo se tergiversó la historia, pero no sólo en referencia al bando contrario sino también respecto a su propio germen. De la misma manera, bajo el general concepto de «republicanos» se esconden posiciones y actitudes personales y políticas de difícil cuando no imposible homologación.

No pretendo justificar la trayectoria política de José Antonio, con el que no tengo ninguna afinidad ideológica. Tuve la fortuna de vivir mis primeros años en una ciudad, Barcelona, y una escuela —el Colegio Alemán— alejadas ambas de las imperantes prácticas educativas y ambientales de otros niños de mi generación. No he cantado el *Cara al Sol*, ni he visitado nunca un campamento de la OJE (creo que eran las siglas de la Organización Juvenil Española). En la universidad —ya en Madrid— supe que existía el SEU, porque había una agencia de viajes que ofrecía viajes para estudiantes a precios económicos. Y por último, la tumultuosa etapa estudiantil en la Facultad de Económicas de Madrid —años 1965-1971— me cogió siempre más cerca de los que protestaban que de los que daban palos. Y como muchos de mi generación encontré en la transición española el vehículo idóneo para vivir la vocación política con la que conseguir la reconciliación de los españoles. Milité en el Partido Socialdemócrata de Fernández Ordóñez y después en la UCD, con la que compartí su último destino en las elecciones de 1982, después de haber sido durante poco más de año y medio director general en el Palacio de La Moncloa.

Tampoco voy a justificar los errores políticos de José Antonio ni su ideario. Pero sí creo perfectamente legítimo evocar su figura humana y su condición de víctima de la sinrazón política en un libro dedicado a quienes como él murieron en plena juventud y que por ello han alcanzado la categoría de leyenda, aunque durante tantos años ésta haya sido tan duramente manipulada. El socialista Julián Zugazagoitia —secuestrado en Francia por la Gestapo en 1940 y condenado a muerte y fusilado en España— ha dejado escrito en *Guerra y vicisitudes de los españoles* este ilustrador párrafo:

> La justicia hecha en la carne de Primo de Rivera ha desembarazado a Franco de un seguro competidor. El que testimonie a su recuerdo una admiración que no consigue ser fervorosa, no significa que deje de preferirle eternamente ausente a molestamente presente. De la misma manera que ha tropezado con sus discípulos hubiera tropezado con él.

Los testimonios ya conocidos de su visión de los primeros meses de la guerra civil permiten afirmar que, desde la cárcel, José Antonio llegó a atisbar que lo que se avecinaba no era lo que él había alentado y desde luego su propósito de mediación habla claramente de su intención de acabar cuanto antes con la sangrienta contienda.

José Antonio es, como Lorca y Miguel Hernández, una víctima de la guerra civil. Pero a diferencia de éstos, cuya leyenda ha recibido la secreta admiración de las siguientes generaciones, la figura de José Antonio fue monopolizada por el vencedor con astucia. Muerto Franco y la gran mayoría de sus seguidores, vencida la memoria de su tiempo e instalada con sólidos cimientos la democracia, es momento de hablar de José Antonio, de acercarse a él sin el fardo del peso de su exclusiva vinculación con lo que se llamó el «Alzamiento» y de bucear en algunas de las causas de su leyenda.

Caído el Muro de Berlín, como símbolo de un totalitarismo que aún tiene defensores históricos, desvelado el terror de Stalin —del que tantas crédulas generaciones fueron ignorantes— y asimilada nuestra historia reciente —el franquismo— como un período que en sus inicios fue terrorífico y que en su postrer etapa sembró la base del desarrollo económico, suficiente para que la transición aportara la liberación democrática, es posible hablar de José Antonio sin que se nos presuma adicción, como ya ha sido posible hacerlo de Azaña, Largo Caballero, Besteiro, Indalecio Prieto, Dolores Ibárruri o Santiago Carrillo, personajes todos ellos contemporáneos de José Antonio, llevados de nuestra curiosidad por su trayectoria política e interés por su peripecia humana.

José Antonio sin acta de diputado

Como en otros personajes biografiados en este libro, también hay en la vida de José Antonio Primo de Rivera varios momentos clave y decisivos para entender o encuadrar su trágico final. En su caso, y estando su figura tan unida a los pujantes fascismos del primer tercio del siglo XX, no es extraño que su vocación política estuviera unida a la violencia que vivía España y Europa en general. En ese contexto violento, de feroz enfrentamiento entre los movimientos revolucionarios de inspiración comunista, anarquista y libertario por un lado y fascistas por otro, la dedicación a la política entrañaba unos riesgos inevitables y en la España de las vísperas de la guerra civil se mataba en nombre de las ideas y, lo que es peor, en aras de la venganza, la delación y la revancha personal.

Un momento clave de la última peripecia personal es la elaboración de las listas electorales de cara a las elecciones de febrero de 1936. En noviembre de 1935, José Antonio había lanzado la propuesta de crear un Frente Nacional, para contrarrestar el Frente Popular que formaban socialistas, comunistas y republicanos, pero su oferta tenía algunas condiciones: «Al Frente Nacional —dijo José Antonio en la clausura de la Junta Política— se podrán sumar sólo aquellos que reúnan ciertas condiciones. Nada de propósitos reaccionarios; nada de nostalgias clandestinas, de formas terminadas o de vuelta a sistemas sociales y económicos reprobados.»

La Junta Nacional de Falange Española había hecho también una propuesta de desarticulación del capitalismo rural mediante la reforma agraria; del capitalismo financiero, a través de la nacionalización de la Banca, y del capitalismo industrial mediante intervenciones correctoras del Estado.

Como es lógico, esta propuesta no fue del agrado de ninguno de los partidos de derecha; tampoco lo era la figura de José Antonio, que había sido muy crítico con los monárquicos y la CEDA durante el último período de sesiones. Estos dos factores dificultaron e hicieron finalmente imposible la creación del citado Frente Nacional y, lo que fue peor para el destino de José Antonio, su inclusión en alguna de las candidaturas de los partidos de la derecha, con el fin de lograr el acta de diputado que le permitiera conseguir la inmunidad parlamentaria ante el proceso pendiente ante el Tribunal Supremo por tenencia ilícita de armas, incoado meses antes. A este respecto José María de Areilza calificó de

> ... lamentable y bochornoso boicot de febrero de 1936 en que no se quiso encontrar un hueco para dar albergue a su nombre en toda la geografía electoral hispana y protegerlo con la inmunidad parlamentaria de la inevitable persecución hasta la muerte, que se produciría en el caso de la victoria del Frente Popular.

Hasta el último momento se negociaron las listas tratando de llegar a un acuerdo, que evitara la presentación de Falange en solitario y que fuera presentada ante los electores como la responsable de la merma de votos de las coaliciones derechistas. Los propios falangistas eran conscientes de que su presentación en solitario les iba a excluir del Parlamento.

Convencido de que las elecciones de febrero de 1936 llevaban inevitablemente a la creación de un Frente Popular revanchista de los dos últimos años anteriores, José Antonio alentó personalmente los contactos con determinados militares para animarles a la insurrección. Primero fueron José María Alfaro y

Raimundo Fernández Cuesta los que sondearon al general Moscardó, que les dijo —después de hablar con Franco, a la sazón jefe del Alto Estado Mayor— que el plan era conforme pero prematuro. Después fue el propio José Antonio quien se entrevistó con Franco —en febrero o marzo de 1936— en casa del padre de Ramón Serrano Suñer. La relación entre ambos no era buena. Hablaron —supongo que quien lo hizo fue José Antonio— de Falange Española y del Ejército, y José Antonio le reiteró que Falange era el único valladar civil capaz de frenar la revolución marxista y que para combatirla necesitaba el apoyo de las Fuerzas Armadas. Franco se comportó con su habitual cautela, pidiéndole que estuviera en contacto con el teniente coronel Yagüe. Y José Antonio salió de la entrevista decepcionado, afirmando:

> Mi padre, con todos sus defectos, con su desorientación política era otra cosa. Tenía humanidad, decisión, nobleza; pero esta gente...

José Antonio se presentó en nueve circunscripciones y la campaña fue precaria en medios, con la novedad de haber estrenado el *Cara al Sol*, en un mitin en el cine Europa de Madrid, fruto de la inspiración de los poetas de Falange, Dionisio Ridruejo, Jaime de Foxá, José María Alfaro y el propio José Antonio. En Cáceres insistió en afirmar que la gran tarea de nuestra generación consiste en «desmontar el sistema capitalista», y en Madrid pidió a los empresarios ayuda para implantar

> un orden nuevo como único medio de evitar que la revolución comunista se lleve por delante los valores religiosos, espirituales y nacionales de la tradición.

Las elecciones de febrero de 1936 dieron un amplio triunfo a las fuerzas del Frente Popular, que obtuvieron 278 escaños, por 124 de la derecha (88 de la CEDA) y 51 del centro republicano. Falange obtuvo muy pobres resultados y José Antonio no consiguió su anhelada acta de diputado. Ante la derrota electoral, Gil Robles intentó que se declarase el estado de guerra, gestión en la que consiguió el apoyo de Calvo Sotelo, y recuperó sus pasados contactos con militares para que dieran un golpe de fuerza.

El 17 de febrero tuvo lugar una entrevista clave en el futuro político y personal de José Antonio. El todavía jefe de gobierno Manuel Portela Valladares le citó en el Ministerio de la Gobernación para pedirle que sus hombres (las milicias falangistas) dejaran de actuar con las pistolas, advirtiéndole que le haría responsable de cuantos desórdenes pudieran provocar y recomendándole que tuviera serenidad y aceptara la derrota. Por cierto que el propio José Antonio fue beneficiado por la amnistía decretada por el nuevo gobierno.

Pero si la República no fue capaz de contener a anarquistas, milicianos y comunistas de tantos desmanes, tampoco José Antonio tuvo control alguno sobre la «sangre caliente» de muchas de sus huestes, que entre febrero y julio de 1936 protagonizaron numerosos y muy dolorosos acontecimientos de índole violenta; y ello a pesar de que en su circular del 21 de febrero a todos los jefes nacionales y territoriales les pedía evitar dar muestras de hostilidad al nuevo gobierno y de solidaridad con las derrotadas fuerzas derechistas; también les pedía que se negaran a participar en conspiraciones y proyectos de golpe de Estado y les exigía precaución ante la avalancha de nuevos militantes, procedentes de partidos de la derecha.

La justificación de esta moderada circular —que pronto quedaría superada por los acontecimientos— se encontraba en la admiración personal e intelectual que José Antonio sentía por el nuevo presidente de la República, Manuel Azaña, al que en un principio consideraba capaz de frenar el avance de la izquierda revolucionaria. Poco duraría esta esperanza, tanto como pistoleros falangistas y grupos de milicianos obreros empezaron a matarse. Los falangistas fueron objeto de ataques y así el 6 de marzo dos de sus militantes fueron asesinados y éstos a su vez mataron a varios obreros. En Madrid cayó muerto un estudiante falangista, Juan José Olano —en la calle Alberto Aguilera— y en represalia un comando falangista quiso asesinar —aunque fracasaron— al catedrático y diputado socialista Jiménez de Asúa en la confluencia de las calles Goya y Velázquez de Madrid, resultando muerto su escolta. Los días 10 y 11 de marzo, las huestes revolucionarias incendiaron y asaltaron iglesias, conventos y el periódico de derechas *La Nación*, en el que José Antonio había publicado sus primeros artículos.

Pero incapaz de frenar el ímpetu revolucionario de algunos de sus partidarios, el gobierno de la República optó por atajar el que protagonizaba la Falange y así, el 13 de marzo, el nuevo ministro de la Gobernación, Amós Salvador, dio orden a la Dirección General de Seguridad de que detuviera a los principales dirigentes nacionales de Falange Española: José Antonio Primo de Rivera, Rafael Sánchez Mazas, Raimundo Fernández Cuesta y David Jato. Sancho Dávila y José María Alfaro consiguieron escapar. La acusación era pura formalidad: se les acusaba de haber quebrado el precinto policial de su sede nacional, en la calle Nicasio Gallego. En la DGS fueron maltratados —su orden de detención decía «por fascista»— y José Antonio acrecentó su fama de colérico al encararse con uno de los guardias, que le replicó, crecido: «Se han acabado las chulerías del señorito flamenco ¡y va a saber lo que le cuesta!» José Antonio ya está en la cárcel, destino que estuvo siempre en su pensamiento desde el momento en el que decidió asumir su compromiso político en la España de 1930. Y testimonio de ello es la larga evocación que Josep Pla nos ha dejado en sus «Darrers escrits»,* en los que recuerda con gran nitidez la tertulia que antes del almuerzo se celebraba en el diario *El Sol*, y de la que eran miembros perma-

* Obra Completa, volumen 44, Ediciones Destino, Barcelona, 1996. Traducción de Carlos Abella.

nentes Miguel de Unamuno, José Ortega y Gasset, Ramiro de Maeztu, Salvador de Madariaga (cuando estaba en Madrid) y a veces Américo Castro y Ramón Pérez de Ayala, y a la que Pla llama «la masa encefálica de la nación».

Recuerda Pla:

> En esta tertulia, que era reducida, encontré alguna vez a José Antonio Primo de Rivera. Un día me dijo:
>
> —Usted es catalán. Todo lo que sé lo aprendí leyendo en la Biblioteca de Catalunya, siendo mi padre capitán general de su país...
>
> No supe qué decir. En Barcelona se ha hecho una biblioteca pública. Muy bien. Todo esto que hemos ganado, gracias al señor Prat de la Riba.
>
> —Le habrán dicho —continuó— que yo quiero hacer un partido como el fascista italiano o el nacionalsocialista alemán. Todo esto es falso. Yo pretendo hacer un partido de este país, patriota, unido y eficaz. Éste sería mi ideal.
>
> —¿Y cómo va su partido?
>
> —Va regular. En esta península todo es regular.
>
> —¿Vamos hacia la república?
>
> —Seguro que vamos. Vamos hacia la república y se utiliza la palabra «democracia», que no existió nunca en España.
>
> —¿Cuál es su máximo problema en este momento?
>
> —Creo que yo no debiera dirigir el movimiento que se está formando. Yo soy muy pobre, un abogado sin pleitos y un fracasado sentimental, pero creo que el movimiento lo debería dirigir una persona que no fuera hijo de un general, que no tuviera un apellido y un título nobiliario. Carceller hubiera podido se este hombre. Se lo propuse y se negó.
>
> —Carceller tiene la obsesión del petróleo y será muy rico. Es uno de los creadores de la Española de Petróleos, los Estados Unidos le fascinan, es gran amigo de don Francisco Recasens, cuya inteligencia es excepcional. No creo que la política entendida a la española le interese.

—Este movimiento debería ser dirigido por una persona de aspecto más vulgar y de una astucia más clara. Le estoy hablando con gran sinceridad.

—Aznar me ha dicho que usted es muy sentimental. Cuando le dan un disgusto o lo da, queda usted muy pasmado y debilitado. En esta clase de política hay que pasar por encima, pasar...

—¿Tiene usted interés en mi política?

—Muy poco, escaso. Su movimiento es vitalista, ilusionista, iluminista, complejo, febricitante. Yo soy un pequeño propietario rural, lo seré cuando mueran mis padres. Lo que me obsesiona es la contribución que cada trimestre pone el Estado, que es un Estado sin eficacia. Yo soy partidario de la época boba que implantó Cánovas después de la locura liberal y anárquica y del carlismo del siglo pasado. A mí me convendría la paz, la calma, la humanidad.

—Cánovas, en su inanidad murió asesinado. Yo seré detenido y... (una pausa).

—Diga, diga....

—No. Es hora de ir a cenar con esos intelectuales tan académicos, agudos e insignificantes.

El señor Primo de Rivera es una de las personas que conocí en Madrid más elegantes, cultivadas, apasionadas y desplazadas. Siempre que hablé con él, me produjo un efecto extraordinario. La «masa encefálica de la nación» (frase de Ortega) me dio siempre la impresión de lo que en Madrid llaman un «camelo inflamado».

La cita, larga y prolija del gran escritor ampurdanés, nos ilustra hasta qué punto José Antonio —en 1930— intuía con serenidad cuál podía ser su final.

El 17 de marzo, el magistrado de la Audiencia Nacional decretó el procesamiento de los jefes falangistas «por asociación ilícita» y su ingreso en prisión preventiva en la Cárcel Modelo, con los presos políticos. José Antonio ya no saldría de la cárcel.

De este procesamiento resultó absuelto el 30 de abril, así como de otros dos que se le habían incoado por infringir la Ley de Imprenta por un manifiesto redactado en los calabozos de la DGS la noche de su detención y por desacato e injurias a la autoridad. En ambos casos fue el Tribunal Supremo el que revocó la inicial condena de la Audiencia a dos meses y un día.

Pero del cuarto proceso, por «tenencia ilícita de armas» —había caducado su permiso para llevarlas— fue condenado a cinco meses y cuando escuchó la sentencia gritó: «¡Viva España!» El presidente del tribunal pidió que esa expresión no constara en acta y entonces José Antonio increpó a los jueces, llamándoles granujas y cobardes, rasgando su toga de abogado, destrozando el birrete y diciendo que «si ésta es la justicia española renuncio a servirla». Poco después se enfrentó al oficial del juzgado, que tampoco se contuvo al decirle que era «tan chulo como su padre», y al que acabó golpeando. Este penoso incidente le costó dos nuevos procesamientos.

Nuevo intento en Cuenca de ser diputado

La situación de José Antonio era preocupante: en la cárcel, con la Falange clandestina y con una trama de conspiraciones en marcha contra la República, desbordada por un escenario lleno de violencia, revanchismo y de permanente desorden.

En este contexto, se produce un nuevo momento clave en la vida política de José Antonio que tendrá decisiva influencia en su fatal desenlace. La Junta Electoral acordó repetir las elecciones en Cuenca y Granada y José Antonio ve la oportunidad de presentarse a las mismas, para librarse de la cárcel y de la marginación del quehacer político. Para ello, encargó a su hermano Fernando, a Serrano Suñer y a Antonio Goicoechea que gestionaran con la CEDA su inclusión en la candidatura por Cuenca. El 19 de abril el acuerdo era claro: la candidatura estaba encabezada por Goicoechea y en ella figuraban Fanjul, José Antonio y Gosálvez. Pero Serrano Suñer fue más allá y en su afán de complacer a Franco —que acababa de ser nombrado comandante militar en Canarias— propuso que Fanjul cediera su puesto para que el general figurara en la candidatura.

Y entonces José Antonio montó en cólera, porque creía —con razón— que era un grave error estratégico ofrecer al electorado la impresión de que los partidos de derechas estaban al servicio de los militares. Pero además José Antonio ofreció un segundo argumento de peso contra la candidatura de Franco, que sería profético: la muy limitada facilidad de Franco para hablar en público. Obviamente, estos argumentos contrarios llegaron a oídos del general que sólo tres meses después iba a protagonizar el levantamiento militar contra la República, con un fin personal que ignoraban los demás conspiradores: perpetuarse en el poder hasta la muerte. Como la CEDA ya había dado su consentimiento a la propuesta de Serrano Suñer, éste —a instancias de José Antonio— tuvo que viajar a Canarias para pedirle a su cuñado que se retirara y, como le conocía bien, le adujo que era mejor retirarse ya que una posible derrota mermaría su prestigio.

Pero finalmente la Junta Electoral no aprobó la candidatura de José Antonio al considerar que estas elecciones eran una segunda vuelta de las primeras y que sólo podían presentarse a las mismas los candidatos que hubieran superado en aquélla el 8 por ciento. El Frente Popular obtuvo una gran victoria, doblando incluso el número de votos logrados dos meses antes.

Toda España conspira

Aunque José Antonio estaba seriamente preocupado por la extrema violencia de sus seguidores, no fue capaz de acabar con ella, como tampoco lo hizo el gobierno con los desmanes de anarquistas y milicianos. El 13 de abril, las milicias falangistas subieron un peldaño más la estrategia de la violencia y decididos a amedrentar a los jueces tirotearon al magistrado de la Audiencia Nacional Manuel Pedregal, ponente del caso del intento de asesinato del diputado Jiménez de Asúa. Al día siguiente hubo en Madrid un desfile en conmemoración del aniversario de la República y en él cayó herido de muerte un alférez de la Guardia Civil, Anastasio de los Reyes. Los posteriores sepelios fueron nuevos escenarios de violencia con nuevo resultado luctuoso: seis muertos —uno de ellos Andrés Sáenz de Heredia— primo de José Antonio.

Entre abril y julio, Falange Española vio cómo cuarenta de sus militantes caían asesinados pero, empeñados en el ojo por ojo, llegó a asesinar a otros tantos militantes de izquierdas u obreros e incluso a planificar el asesinato de Francisco Largo Caballero, aprovechando que cada tarde visitaba a su esposa gravemente enferma en un hospital; pero José Antonio, consultado por un médico simpatizante sobre el plan, lo desautorizó.

Desde la cárcel, José Antonio recibía alguna información de las distintas conspiraciones militares en marcha y que en mayo concluirían con la decisión de otorgar el mando de las operaciones al general Mola. Proyectos en marcha anteriores —previstos para el 20 de abril— fueron desmantelados por el Gobierno, que sospechando de la trama golpista decidió deportar a algunos de los sublevados a otros destinos, alejándolos del poder: Orgaz y Varela, que en el plan urdido debían tomar Madrid, fueron deportados a Canarias y Cádiz, respectivamente. Franco fue enviado a Canarias, Mola a Pamplona y Goded a Baleares.

Pero lo que estaba claro era que para los complotados Falange Española tenía un papel totalmente secundario. Por ello, en su reclusión y con las condiciones de inevitable aislamiento en que se encontraba, José Antonio quiere hacer oír su voz y a finales de abril redacta una «Carta a los militares de España», sacada clandestinamente de la cárcel y que entre otras cosas dice: «...ha sonado la hora en que vuestras armas tienen que entrar en juego para poner a salvo los valores fundamentales, sin los que es vano simulacro la disciplina...», y concluye: «...a última hora —ha dicho Spengler— siempre ha sido un pelotón de soldados el que ha salvado la civilización». La misiva tuvo un gran impacto en los cuarteles militares y permitió que desde entonces los cerebros del golpe negociaran la aportación de Falange, materializada en la oferta que en nombre de José Antonio llevó a cabo Goicoechea con Mola, y por la que Falange ponía al servicio del levantamiento cuatro mil milicianos, a cambio de que fuera Falange quien tuviera el monopolio político tras el éxito del golpe. En una palabra: José Antonio quería que los militares dieran un golpe para darle a él el poder político. Por ello se oponía a que los falangistas se pusieran a las órdenes de los militares. El tiempo y la historia han acreditado que los militares y sobre todos Franco no tenían el mismo proyecto de golpe de Estado que José Antonio, que en una última ingenuidad deseaba un pronunciamiento clásico: los militares tomaban el poder por las armas para dárselo a continuación a los civiles.

El principio del fin: José Antonio es trasladado a la prisión de Alicante

El penúltimo momento clave en la trayectoria humana y política de José Antonio es su traslado a la prisión de Alicante, ordenado por el gobierno el 5 de junio y justificado por éste porque había rumores de que había un plan para asesinar en la Cárcel Modelo a los dirigentes falangistas allí encerrados. Este traslado coincide con la vista del recurso de casación presentado por la Fiscalía del Estado contra la sentencia anterior del Tribunal

Supremo por la que declaraba legal la actividad política de Falange Española. El tribunal rechazó el recurso y volvió a declarar que Falange Española era una asociación política legal, con plena capacidad para actuar en la vida pública y cuyo programa político estaba dentro de la ley.

Pero José Antonio no pudo celebrar esta victoria jurídica. Primero, porque el gobierno retrasó intencionadamente la aplicación de la sentencia; y en segundo lugar porque ante las noticias antes comentadas procedió a una inmediata dispersión de presos. Y aquí se jugó José Antonio su fatal destino porque se le trasladó a Alicante, ciudad que permaneció leal a la República después del 18 de julio. Si hubiera sido trasladado a Vitoria como Sancho Dávila y Agustín Aznar o a Huelva como su primo Miguel, hubiera sido —como éstos— liberado después del Alzamiento. Poco hubiera importado su pasado judicial; menos sus antecedentes como conspirador. Pero la historia tiene estas paradojas y, sin temor a hacer política ficción, la historia de España hubiera sido otra con José Antonio vivo. Quizá los últimos sesenta años de nuestra peripecia histórica hubieran visto a un José Antonio enfrentado a Franco por su concepción eterna y personalista del poder. Son demasiados «hubiera» para aventurar otra cosa que a la vista de lo que se sabe hoy nada hubiera sido igual.

La decisión de traslado enfureció a José Antonio, que en un nuevo rapto de cólera amenazó al director de la cárcel con palabras tan duras como éstas: «A por usted. Vendrán mis escuadras, instalarán en el patio un cadalso y le colgarán y tirarán de sus pies.»[1] «Me sacan de aquí para asesinarme», gritó José Antonio cuando le conducían al vehículo policial; también denunció que el traslado era una aberración jurídica porque se hacía sin orden judicial y con dos procesos pendientes en Ma-

1. Efectivamente, el director de la cárcel, Elorza, fue asesinado en Valladolid pocos días después del 18 de julio por militantes falangistas.

drid y como había el rumor de que le trasladaban para aplicarle la ley de fugas, José Antonio exigió que le esposaran y que le escoltara la guardia civil, petición ésta que no fue atendida porque finalmente lo hicieron dos guardias de asalto y un comisario de policía. Como anécdota, que relata su camarada Raimundo Fernández Cuesta,[2] en el transcurso del viaje, los dos guardias aceptaron la propuesta de José Antonio de conducirle a la frontera con Portugal, pero finalmente el comisario se mantuvo leal a su misión.

En la prisión de Alicante el régimen interno era más severo que en la Modelo, pero aun así su director Teodorico Serna fue tolerante con las visitas, tanto que el gobierno le sustituyó por otro que fue más estricto.[3] Desde ella, José Antonio siguió en contacto con sus seguidores en libertad y condicionando su adhesión al golpe a que se respetaran sus demandas, negándose a someter a Falange al acuerdo que parecía evidente entre los militares y Calvo Sotelo, con el que estaba tan disgustado que escribió un artículo contra él en la publicación clandestina *No importa*, en la que entre otras cosas advertía: «... no seremos ni vanguardia, ni fuerza de choque, ni inestimable auxiliar de ningún movimiento confusamente reaccionario».

Su enfrentamiento con los monárquicos era notorio, pero al mismo tiempo José Antonio se daba cuenta de su debilidad política y de la escasa alternativa que se ofrecía a la Falange, de forma que a finales del mes de junio —el 24— envió una circular a todos los jefes y militantes en la que insistía en su «admiración y estima profunda por el Ejército» aprobando los contactos con altos mandos de éste, pero ordenándoles que «se negaran a aceptar cualquier invitación a participar en cons-

2. Raimundo Fernández Cuesta: *Testimonio, recuerdos y reflexiones*, Ediciones Dyrsa, 1985.

3. Teodorico de la Serna fue asesinado también al comienzo de la guerra civil por milicianos no falangistas.

piración o levantamiento sin orden expresa de la jefatura nacional».

Pero sólo cinco días después rectificó esta circular con otras dos en las que ya abiertamente se daba por vencido en su planteamiento de que sus milicias no obedecieran a los mandos militares insurrectos y aceptaba la subordinación de Falange Española al ejército. Había perdido, pero probablemente ya no podía hacer otra cosa sino sumarse a la imparable velocidad que había cogido la trama rebelde, de la que sin duda le informaron los jefes fuera de la cárcel, partidarios de sumarse al levantamiento cuanto antes. También es sabido lo mal que había sido recibida por Mola su circular del 24 de junio, en la que condicionaba su apoyo a que sus falanges sólo obedecieran órdenes de sus jefes y no de los militares. Prueba de esto es que sus órdenes tenían ya una fecha límite, el 10 de julio, y que a los militantes de Madrid les animaba a emplearse en el «adiestramiento para una misión no lejana y decisiva» y autorizaba a los jefes a «concretar pactos para un posible alzamiento inmediato», ofreciéndoles incluso una contraseña —«Covadonga»— para relacionarse con el militar de mayor graduación al que debían subordinarse.

Madrid se baña de sangre: los asesinatos de Calvo Sotelo y del teniente Castillo precipitan la sublevación

Domesticada la voluntad de la Falange, a los sublevados, al mando de Mola —con Franco en la sombra— les quedaba aún cerrar el apoyo de los carlistas lo que les obligó a aplazar la sublevación al 14 y posteriormente al 20 de julio, de acuerdo con José Antonio. Pero el sábado 11 de julio los militantes falangistas valencianos, ansiosos de entrar «en combate», asaltaron sin consultar con nadie la emisora Unión Radio, dando lectura a un comunicado enfervorizado en el que anunciaban: «Españoles, dentro de breves días se llevará a cabo la Revolución Nacional Sindicalista que nos redimirá a todos. ¡Arriba España!» La «machada» quedó en anécdota, porque al día siguiente caía asesinado en Madrid, cerca de su casa de la calle Augusto Figueroa, el teniente de la Guardia de Asalto y militante socialista José Castillo, que era quien había mandado las fuerzas que disolvieron el sepelio del alférez De los Reyes, el último 16 de abril, con un elevado saldo de muertos y entre ellos el primo de José Antonio, Andrés Sáenz de Heredia. La muerte se atribuyó a falangistas.

La represalia se produjo sólo horas después. La madrugada del día 13 de julio, varios guardias de asalto y un capitán de la Guardia Civil entraron en casa del diputado José Calvo Sotelo y se lo llevaron al Retiro madrileño para asesinarle.

El impacto en toda España fue brutal. Todo el mundo se dio cuenta de que el país se deslizaba por una acelerada pendiente y que ya nadie podía llevar cordura a quien sólo quería sangre. Pero además de dolor y sufrimiento, estos dos asesinatos precipitaron la sublevación, facilitando que tanto la CEDA como los carlistas aceptaran poner sus huestes a las órdenes de los militares. También Franco acabó por aceptar que el momento era ya idóneo y con el caldo de cultivo imprescindible para iniciar el levantamiento militar.

Aunque la República tenía indicios de que los militares tramaban algo y pruebas de la conjura gracias a la detención en Alcañiz de dos militantes falangistas, a los que intervinieron la última circular de José Antonio e instrucciones para los militares, sus medidas más inmediatas fueron detener a Fernando Primo de Rivera y de nuevo a Fernández Cuesta —que estaba en régimen de prisión atenuada y que se había entrevistado sólo una semana antes con el general Muñoz Grandes para pactar la colaboración de más de tres mil militantes de Falange—, quedando ambos ingresados en la Modelo junto con Ruiz de Alda.

Al día siguiente del asesinato de Calvo Sotelo, el conde de Mayalde —diputado de la CEDA— visitó en la cárcel a José Antonio y éste le entregó una carta para el general Mola en la que le invitaba a no dilatar el golpe más de tres días. El miércoles 15, José Antonio supo por su pasante Garcerán que la sublevación era inminente y le entregó un manifiesto, fechado el 17 de julio, que concluía con las ya históricas frases de: «¡Que Dios nos ayude! ¡Arriba España!»

Fracasa la liberación de José Antonio, que ofrece un plan de paz

Avisado de cuándo se iba a producir la rebelión, José Antonio pidió a Fernández Cuesta que tuviera preparada una avioneta para trasladarse inmediatamente a Madrid, confiando en que las autoridades militares de Alicante se sumarían al levantamiento, pero éstas se mantuvieron leales a la República y en ningún momento recibieron órdenes de liberarle. Al contrario, las milicias del Frente Popular reforzaron la vigilancia y la obediencia de todas las unidades y aunque hubo algunos tiroteos y escaramuzas, el día 17 de julio Alicante se mantuvo del lado republicano.

Un segundo intento previsto para el día 18 fue rechazado por el propio José Antonio, al que Mayalde había proporcionado dos pistolas durante su última visita. Tampoco las milicias falangistas que desde distintos puntos de la provincia tenían órdenes de entrar en la cárcel y liberarle tuvieron éxito, siendo detenidos, por lo que en seguida José Antonio se percató de que su suerte estaba echada y por sus enlaces supo que la sublevación había fracasado también en Barcelona y Madrid. Estaba claro que el golpe no había triunfado como él esperaba y que lo que podría ser un golpe con cambio de gobierno se iba a convertir en una guerra. Eso es lo que quería Franco, al que los demás compañeros de armas otorgaron todo el poder meses después cuando comprobaron que sólo su cuerpo de Ejército era capaz de tomar Madrid, nombrándole «Generalísimo de las fuerzas nacionales de tierra, mar y aire», gracias a una astucia final de su hermano Nicolás.

Mientras, en la ya llamada zona nacional, Falange se llenó de oportunistas, desechos de los demás partidos y de una buena caterva de matones que practicaron una cruel escabechina en las ciudades que iban siendo conquistadas por las tropas de Franco.

En la cárcel, José Antonio empezó a tener dificultades con el correo —desde el 2 de agosto lo tenía intervenido— y con las visitas, por la protesta de los presos comunes. De la vigilancia interior se habían hecho cargo varios milicianos cenetistas, coincidiendo con el rumor de que querían trasladarle a Cartagena, para asesinarle en el camino. El gobernador civil hizo llegar al presidente de la República un informe confirmando que no tenía control alguno sobre la cárcel de Alicante y Azaña habló con Indalecio Prieto, que intercedió ante el llamado Comité de Orden Público para que a José Antonio no se le trasladara.

> Llamé por teléfono —recuerda Prieto— a Antonio Cañizares, prestigioso líder proletario, venido con usted ahora en el *Guinea*, y le pedí que hiciese lo posible para ahorrar a la República semejante bochorno. Cañizares, echando sobre los componentes del Comité toda la fuerza de su limpia historia política y sindical, logró persuadirles de que no debían interponerse en la acción de la justicia. Si no la vida de José Antonio Primo de Rivera, ejecutado luego en cumplimiento de fallo legal, se salvó la de su hermano Miguel y la de su cuñada Margot.[4]

4. Testimonio de Indalecio Prieto en *Convulsiones de España*. Carta a Agustín Mora, 20 de junio de 1942.

Pero en la cárcel, la inquietud de José Antonio no es solamente cómo salir de ella y ser liberado; a principios de agosto contempla preocupado que aquello que él y tantos han alentado y anhelado ya no es una sublevación para derrocar a un gobierno, sino una guerra que va a llenar España de muertos. Y para tratar de impedirlo redactó un posible plan de paz y se ofreció como mediador para encontrar una salida negociada a la guerra. Enterado de que el 9 de agosto, el presidente de las Cortes, Diego Martínez Barrio, estaba en Alicante, le envió una carta solicitándole una audiencia. Martínez Barrio, habló con el jefe de Gobierno, José Giral, que dio su conformidad al encuentro pero poniendo como condición que éste se celebrara con una persona de menor categoría, proponiendo al subsecretario de Agricultura, Martín Echevarría, que visitó a José Antonio en la cárcel el 14 de agosto para entrevistarse con el que en la zona nacional llamaban El Ausente. José Antonio le propuso su plan de mediación: iría en avión a Burgos —donde estaba la Junta de Defensa— para hablar con el general Mola y pedirle el cese de los combates, presentándole un plan de paz. Como rehenes, José Antonio ofrecía dejar en Alicante a sus hermanos y tía.

El plan de paz contenía doce puntos: la amnistía general, reposición de los funcionarios, disolución y desarme de todas las milicias, levantamiento del estado de alarma, revisión de las incautaciones, declaración de inmovilidad de todos los funcionarios públicos, supresión de toda intervención política en la administración de justicia, implantación inmediata de la reforma agraria, autorización de la enseñanza religiosa, redacción de un programa de política nacional reconstructora y pacificadora, clausura de las Cortes durante seis meses y autorización al gobierno para legislar dentro de las líneas del programa aprobado y por último creación de un gobierno, presidido por el propio presidente de las Cortes, Diego Martínez Barrio, en el que figuraban personalidades de distintas posiciones políticas, como Indalecio Prieto (Obras Públicas), Ortega y Gasset (Instrucción Pública), Gregorio Marañon (Trabajo y Sanidad), Manuel Portela (Gobernación), Miguel Maura (Marina), Sánchez Román (Estado), Ventosa (Hacienda), Melquíades Álvarez (Justicia), Ruiz Funes (Agricultura) y Viñuales (Industria y Comercio).

Como era de esperar, ni José Antonio pudo ir a Burgos a ver al general Mola ni su plan de mediación pasó de ser examinado por sus interlocutores republicanos, que lo descartaron. A José Antonio ya sólo le quedaba la esperanza de que alguien de los dos bandos intentara o liberarle por la fuerza o canjearle por otro ilustre prisionero. La literatura al respecto es ya abundante, aunque tantos años después sigue latiendo la duda de si todas las propuestas eran reales o mera formalidad. Porque lo cierto es que ni unas ni otras surtieron efecto alguno. Las de canje —entre agosto y octubre— tropezaron con inconvenientes: se le intentó canjear por treinta rehenes republicanos y varios millones de pesetas, pero cuando todo parecía conforme, incluso para los de la Junta de Defensa de Burgos, Prieto adujo que jamás los cenetistas alicantinos le soltarían. También se intentó su canje por el hijo de Largo Caballero, pero fue entonces el Consejo de Ministros el que dividió sus opiniones al respecto, y por la esposa e hijos de Miaja, también sin resultado.

Simultáneamente, algunos comandos falangistas —por tres veces liderados por Agustín Aznar— con distintos apoyos de barcos alemanes intentaron desembarcar en Alicante, pero no consiguieron su propósito. Y es que a la dificultad estratégica de la operación, tanto de canje como de comando, se unió un hecho circunstancial: las tropas republicanas atrincheradas en Alicante y los guardianes de la prisión tomaron a José Antonio como rehén para evitar que la ciudad fuera bombardeada por los aviones nacionales, que ya empezaban a dominar el aire bélico.

Después de los frustrados intentos de canje y de liberación de agosto y setiembre, la situación de José Antonio pasó a ser de extrema precariedad. Primero porque, sin que él lo supiera, entre julio y agosto habían sido asesinados Onésimo Redondo, su abogado Melquíades Álvarez y su hermano Fernando —el 23 de agosto— y Ruiz de Alda en la cárcel Modelo. A finales de octubre fueron fusilados Ramiro Ledesma y el escritor Ramiro de Maeztu. Otros dirigentes falangistas y amigos como Rafael Sánchez Mazas, Ramón Serrano Suñer, Fernández Cuesta, su hermana Pilar Primo de Rivera y Sancho Dávila habían conseguido huir de Madrid y pasar a la zona nacional.

Y en segundo lugar —y más grave— porque el gobierno de la República había promulgado un decreto el 25 de agosto, por el que se creaban tribunales populares dedicados a juzgar casos de civiles sospechosos de conspiración y rebelión contra la República. Los procesos se regirían por el Código de Justicia Militar y por procedimiento sumarísimo. La suerte de José Antonio estaba echada. En Alicante, este tribunal se creó el 1 de setiembre y a partir del 6 de ese mes se juzgaron y condenaron a muerte a los 68 falangistas que en julio habían intentado liberarle de la cárcel.

Pocos días después, el 3 de octubre, el citado tribunal abrió sumario contra él y su hermano Miguel, acusados de conspiración y rebelión militar. Para el juicio, el Tribunal Supremo designó al magistrado de la Audiencia Nacional Federico Mejuto, que en el plazo de un mes practicó las diligencias previas de interrogatorios de testigos y acusados, y entre éstos a José Antonio, que se defendió a sí mismo, rechazando la acusación clave de si en algún momento antes de llegar a la cárcel Modelo, José Antonio había tenido noticia de que se preparaba una sublevación. Su defensa fue política y humana y constituye una sólida pieza de argumentación jurídica y política. Para evitar que se le aplicara el decreto con carácter retroactivo, José Antonio reconoció que ya en ella había oído el rumor de que había en marcha un levantamiento militar, y precisó que «no militar y falangista».

El 14 de noviembre, el magistrado firmó el auto de procesamiento y el 16 comenzó la vista del proceso. El fiscal consideró probado que José Antonio era un enemigo declarado del régimen republicano y le acusaba del delito de rebelión militar. La deliberación de los magistrados duró más de dos horas y la posterior del jurado otras cuatro, que José Antonio aguantó con firmeza, pero con pocas esperanzas. A las dos y media de la madrugada los miembros del jurado regresaron de la sala contigua donde habían deliberado y pronunciaron su veredicto: consideraban que los delitos de José Antonio se debían pagar con la pena de muerte. El fiscal pidió la pena capital como autor de un delito de rebelión militar y los magistrados redactaron la sentencia. En un último y desesperado intento, José Antonio pidió que la pena de muerte le fuera conmutada por la cadena perpetua, pero los miembros del jurado votaron por mayoría rechazar su propuesta. Eran las tres de la madrugada del 18 de noviembre de 1936.

Abrumado y hundido, José Antonio volvió a su celda y pidió despedirse de sus familiares, un sacerdote para confesarse y un notario para hacer testamento. El sacerdote con el que confesó era también un preso de la cárcel. Hizo testamento, que posteriormente fue requisado por las autoridades de la cárcel.

Quedaba una última posibilidad: el indulto. José Antonio envió un telegrama a Largo Caballero, denunciando que el sumario recogía un dato erróneo, relativo a una visita en la cárcel que no se había producido. Mientras, y como era preceptivo, el tribunal envió copia de la sentencia al Ministerio de la Guerra para que su asesor jurídico la informara, y por su parte el gobernador civil habló con las fuerzas políticas y sindicales de Alicante para recabar su opinión respecto a un posible aplazamiento o incluso conmutación de la sentencia, al que se negaron.

El día 18 por la tarde, José Antonio se recluyó en su celda y escribió un testamento ológrafo, que sustituía al dictado al notario la víspera. Mejor que mi relato, dejemos que sea el recuerdo de Indalecio Prieto el que nos evoque la impresión que le causó la lectura de ese documento:

> Tócame hoy analizar la última voluntad de José Antonio Primo de Rivera, cuyo nombre se utilizó para la sublevación, sirviéndola de estandarte el programa de Falange Española, de la que fue fundador y era caudillo. Para hacerlo me hallo en excepcionalísimas condiciones pues fueron a dar a mis manos, y los conservo, cuantos papeles guardaba en su celda de Alicante José Antonio, figurando entre ellos su testamento escrito el 18 de noviembre de 1936, al día siguiente de ser condenado a muerte.

Y más adelante continúa Prieto relatando que el testamento de José Antonio eran cuatro páginas, tres de ellas manuscritas por ambas caras, y que en la cuarta figuraban las quince líneas finales.

En la parte política del testamento, José Antonio escribió:

> Me asombra que, aun después de tres años, la inmensa mayoría de nuestros compatriotas persistan en juzgarnos sin haber empezado ni por asomo a entendernos, y hasta sin haber procurado ni aceptado la más mínima información. Si la Falange se consolida en cosa duradera, espero que todos perciban el dolor de que se haya vertido tanta sangre por no habérsenos abierto una brecha de serena atención entre la saña de un lado y la antipatía del otro. Que esa sangre vertida me perdone la parte que he tenido en provocarla, y que los camaradas que me precedieron en el sacrificio me acojan como el último de ellos.

Más adelante escribió la frase que más se ha divulgado del citado testamento:

> Ojalá fuera la mía la última sangre española que se vertiera en discordias civiles. Ojalá encontrara ya en paz el pueblo español, tan rico en buenas calidades entrañables, la Patria, el Pan y la Justicia.

Y concluía:

> Creo que nada más me importa decir respecto a mi vida pública. En cuanto a mi próxima muerte, la espero sin jactancia, porque nunca es alegre morir a mi edad, pero sin protesta.

En la parte personal del testamento, José Antonio incluía algunas cláusulas: deseaba ser enterrado como católico, designaba herederos universales a sus hermanos, nombraba albaceas testamentarios a Fernández Cuesta y Serrano Suñer, pedía que se coleccionaran sus artículos y discursos para que en el futuro den testimonio de su actuación y por último pedía que se destruyeran los papeles más personales y sus textos de carácter literario.

El 19 de noviembre, el gobernador civil, Jesús Monzón, recibió un oficio de la Comisión de Orden Público reclamándole la entrega de José Antonio para su inmediato fusilamiento. Aunque el Consejo de Ministros aún no se había reunido en Valencia, el gobernador firmó el conforme. Esa tarde José Antonio escribió doce cartas de despedida, a sus hermanos Rosario,[5] Pilar y Fernando —del que ignoraba que había sido fusilado el 23 de agosto—, a Julio Ruiz de Alda —del que tampoco sabía que también había sido asesinado—; a su prima hermana Carmen Primo de Rivera, a su tía Carmen —hermana mon-

5. Rosario Urquijo era la esposa de su hermano Fernando.

ja de su padre— a su tío Antonio Sáenz de Heredia, a Rafael Sánchez Mazas, Raimundo Fernández Cuesta, Ramón Serrano Suñer, Sancho Dávila, Manuel Valdés Larrañaga, Julián Pemartín y a sus tres pasantes, Garcerán, Cuerda y Sarrión, todas ellas de honda intensidad humana.

A Rafael Sánchez Mazas le escribe:

> ... te confieso que me horripila morir fulminado por el trallazo de las balas, bajo el sol triste de los fusilamientos, frente a caras desconocidas y haciendo una macabra pirueta. Quisiera haber muerto despacio, en casa y cama propias, rodeado de caras familiares y respirando un aroma religioso de sacramentos y recomendaciones de alma, es decir, con todo el rito y la ternura de la muerte tradicional.

A sus hermanos les dice:

> ... No me lloréis demasiado, aunque temo que esta recomendación sirva de poco, porque sé cómo me queréis y lo buenos que sois. Pero podéis creerme: en medio de la tristeza de morir joven me consuela y os debe consolar el tener en cuenta que tal vez en otra ocasión me cogiera peor preparado para la eternidad...

A Julio Ruiz de Alda, del que no sabe que ha muerto, le reconoce:

> ... Espero la muerte sin desesperación, pero ya te figurarás que sin gusto; creo que aún podía ser útil mi vida y pido a Dios que se me conserve. Si Él lo dispone de otra manera, moriré confortado con el ejemplo de tantos que cayeron más jóvenes que yo y más humildes y silenciosamente.

Las últimas horas: el fusilamiento

A las seis de la mañana del 20 de noviembre, en presencia del director de la prisión y de unos milicianos armados, se despidió de su hermano Miguel, al que se abrazó pidiéndole que le ayudara a morir con dignidad. Se puso una chaqueta gris encima del mono carcelario y un abrigo claro. Uno de los milicianos le dijo con destemplanza que se diera prisa y según testimonio de su hermano Miguel,[6] José Antonio le contestó: «Como sólo se muere una vez, hay que morir dignamente.» Después salieron al patio de la prisión donde esperaba el piquete de ejecución, compuesto por seis milicianos de la FAI y seis comunistas. José Antonio hizo una última petición: que lavaran su sangre para que no la viera su hermano Miguel. Y preguntó al pelotón si eran buenos tiradores. A continuación, se quitó el abrigo y tomó un crucifijo entre las manos. El pelotón de fusilamiento disparó doce tiros y José Antonio cayó muerto. Tenía treinta y tres años. Con él fueron también fusilados unos requetés de Novelda.

El cadáver de José Antonio fue llevado en una ambulancia al cementerio de Alicante y allí enterrado en una fosa común. Mientras, a unos pocos kilómetros, en Valencia, el Consejo de Ministros celebraba su reunión con el expediente de la sentencia sobre la mesa. En su biografía sobre José Antonio, Julio Gil Pecharromán —cuyo libro ha servido de hilo conductor de este relato del último año de su vida—[7] recoge el testimonio del entonces presidente del Consejo, Francisco Largo Caballero, según el cual se recibió un telegrama comunicando que se había fusilado a José Antonio:[8]

6. Alfredo R. Antigüedad, *José Antonio en la cárcel de Alicante.*

7. Julio Gil Pecharromán, *José Antonio Primo de Rivera. Retrato de un visionario*, Temas de Hoy, 1996.

8. Francisco Largo Caballero, *Mis recuerdos.*

... El Consejo no quiso tratar una cosa ya ejecutada, y yo me negué a firmar el enterado para no legalizar un hecho realizado a falta de un trámite impuesto por mí a fin de evitar fusilamientos ejecutados por la pasión política. En Alicante sospechaban que el Consejo le hubiera conmutado la pena. Acaso hubiera sido así, pero no hubo lugar.

José Antonio, víctima póstuma de la guerra civil

Franco ganó la guerra civil y con la complicidad de algunos de los propios camaradas de José Antonio construyó los cimientos de un régimen dictatorial, sin reconciliación posible entre españoles, imponiendo una terrible posguerra que se prolongó gracias a una represión sistemática y sin parangón histórico. Miles de españoles tuvieron que huir de España para no ser purgados; el exilio español fue de todas las clases y a todos los países. Hubo quienes acabaron en Matthausen, otros murieron —como Machado, nada más cruzar los Pirineos—; otros muchos encontraron en la cálida acogida de los países americanos una segunda patria donde dejar el poso de su cultura y conocimientos. Y millones de españoles siguieron trabajando por su país en las fábricas y los campos, recordando al hijo muerto en la guerra o al familiar exiliado en México o Venezuela.

Con la complacencia inicial de los mejores falangistas, Franco se apropió de lo que le interesaba del ideario falangista —Decreto de Unificación de 19 de abril de 1939—[9] y distribuyendo puestos y canonjías a unos —falangistas— y otros —monárquicos, tecnócratas, antiguos cedistas, etc.— y esta-

9. El heredero de José Antonio, Manuel Hedilla, se opuso a la unificación de Falange y de las demás fuerzas nacionales, impuesta por Franco, y fue juzgado y condenado a muerte, aunque se le conmutó la pena por varios años de cárcel.

bleció una casta dominante a su servicio. Y también se apoderó de la memoria de José Antonio, al que rindió honores póstumos que están aún en la memoria de quienes como yo éramos niños en los primeros años cincuenta. Como el niño de la serie de televisión «Cuéntame», yo también me preguntaba por qué en 1959 sus restos eran trasladados desde el panteón de El Escorial a la cripta del Valle de los Caídos. Años después, con la avidez permanente por toda lectura sobre la guerra civil, leí —gracias a la excelente biblioteca de mi padre sobre aquella contienda— en el libro *Convulsiones de España* del socialista Indalecio Prieto el siguiente y esclarecedor párrafo:

> No puedo creer que José Antonio Primo de Rivera, al que no eximo de responsabilidad en la hecatombe de España, fuese capaz de disponer, aprobar o consentir salvajadas como la de Pozu Fumeres. Era hombre de corazón, al contrario de quien será su compañero de túmulo en Cuelgamuros, que ciertamente no merece, en el Valle de los Caídos. Se le deshonra asociándolo a ferocidades y corrupciones ajenas.[10]

Ramón Serrano Suñer, centenario cuando escribo estas líneas y uno de los mejores amigos de José Antonio y su albacea testamentario, que vivió momentos de esplendor al lado de su cuñado —el dictador— ha relatado con enorme tristeza y desazón a mi padre, que es quien me lo ha contado, que quien durante años se sirvió de la memoria de José Antonio y aparentemente de algunos de sus ideales, no dejaba de recordarle a su «cuñadísimo» —con una hiriente sonrisa— como José Antonio se había «arrugado» en el momento de ser conducido al pelotón de fusilamiento. Así se escribe la historia.

10. Prieto alude a un macabro y cruel asesinato de mineros asturianos, arrojados a una sima llamada Pozu Fumeres y posteriormente rociados con gasolina.

Antoine de Saint-Exupéry: muere el hombre, nace la leyenda

Antoine de Saint-Exupéry ya era una gran personalidad de Francia cuando el 31 de julio de 1944 su avión desapareció en el Mediterráneo. Había sido uno de los grandes pioneros de la aviación francesa; todo el mundo conocía sus hazañas como piloto y desde 1929 era un escritor admirado, autor de libros de tanto éxito como *Correo del Sur* o *Vol de nuit*, por el que le fue concedido en 1931 el prestigioso premio literario Fémina. Además, desde su aparición en abril de 1943, su libro *El principito* había cautivado a todo el mundo por la ingenua profundidad de sus ideas.

Cuando Saint-Exupéry muere, sin que su cuerpo haya aparecido hasta nuestros días, es una notable figura de un país y un mundo fascinados por su polifacética personalidad, por el hondo sentido humanista de su pensamiento y por su compromiso moral con el hombre.

Pero la grandeza final de Saint-Exupéry y la que le ha elevado a la categoría de mito y leyenda del siglo XX, es su expreso deseo de volver a pilotar un avión de combate para participar —a sus cuarenta y dos años— en la liberación de su querida Francia, ocupada por las tropas alemanas. Este valeroso gesto final de su biografía, su propia obra y el hecho de que jamás se hayan encontrado sus restos, han elevado a Saint-Exupéry a la categoría de inmortal y de leyenda viva y eterna de un tipo de hombre de su tiempo, capaz de narrar como nadie la gran soledad del hombre ante sus ideales, de relatar con sencilla fascinación la mirada de un niño y de dar ejemplo con su acción individual de su grado de compromiso.

Porque, desde el año 1940, Saint-Exupéry se encontraba en Estados Unidos alejado del frente de guerra, dedicado a escribir sus libros —en 1942 escribió *El principito*—, a dar conferencias y a digerir en la distancia la gran derrota de la democracia europea ante el horror nazi. Después de haber participado en varias acciones aéreas de guerra en el frente norte de Francia para evitar la invasión alemana y, una vez producida ésta, había sido evacuado, primero a Burdeos y después a Argel. El armisticio, firmado el 22 de junio de 1940, le produjo una tremenda decepción y con profunda tristeza tomó la decisión de abandonar Francia y viajar a Estados Unidos.

Pero el 8 de noviembre de 1942, cuando las tropas norteamericanas desembarcan en el norte de África, Saint-Exupéry decide olvidar su exilio e inicia los trámites para, pese a su edad, volver a ser movilizado. Para ofrecer su testimonio en público, el 20 de noviembre de 1942, Saint-Exupéry escribe un artículo en el *New York Times Magazine*, titulado «D'abord la France» (Ante todo, Francia), en el que entre otras cosas pide «la reconciliación de los franceses», declara solemnemente que «el grupo al que me incorporo no es el de un partido ni el de una secta: es mi país» y en la que afirma con rotundidad: «La noche alemana ha acabado de envilecer nuestro territorio. Francia no es más que silencio.»

Este mensaje es mal interpretado por la opinión pública francesa más afín al general De Gaulle, y Saint-Exupéry, dolido por las críticas y el rencor de algunos de sus compatriotas, acelera y urge a las autoridades aliadas para que le reincorporen a su unidad de combate, consiguiendo por fin, en marzo de 1943, la imprescindible hoja de ruta, por la que le reintegran al grupo aéreo 2/33. El 20 de abril del año siguiente, Saint-Exupéry embarcó en Nueva York en el *Stirling Castle* y después de dos semanas de navegación, llegó a Argel, única ciudad francesa no ocupada. Antes de partir había escrito a Consuelo, su mujer:

> Me voy a la guerra. No puedo soportar estar lejos de los que tienen hambre y no conozco otro medio de estar en paz con mi conciencia que sufrir lo más posible.

Saint-Exupéry, a pesar de la edad y de sus muchos problemas físicos —secuela de sus muchos accidentes de aviación— está lleno de entusiasmo y se reincorpora a su unidad para aprender a volar los nuevos aviones Lighting P38, mucho más sofisticados que los que él pilotaba a principios de la guerra.

En junio de 1943 fue promovido a comandante, realizando días después su primera misión, volando por encima de Francia. Pero en una de las siguientes misiones de reconocimiento dañó su avión en el aterrizaje y por ello fue pasado a la reserva. Por esta razón, en el invierno de 1943, Saint-Exupéry se dedicó a escribir *Citadelle*, su siguiente libro, y tuvo tiempo para disfrutar de la amistad y la tertulia con otros escritores, como André Gide, Raymond Aron y Albert Camus, refugiados también en Argel.

Pero su obsesión es volver a volar y por ello habla con el comandante en jefe de las fuerzas aéreas en el Mediterráneo, general Eaker, y con humildad le pide que le dé una nueva oportunidad y le permita reintegrarse a su unidad, lo que se produce efectivamente en mayo de 1944, pero con destino en Alghero (Cerdeña).

Se le adjudicaron cinco misiones a título excepcional, pues se le consideraba muy mayor para pilotar los Lightings; en su nuevo destino está a las órdenes de los generales Gavoille y Mast, quienes sienten por él una gran admiración y están preocupados por su empeño en seguir volando, y por una confidencia que Saint-Exupéry ha hecho a la esposa del general Mast: «Un día no volveré...» Por esta razón, el general se reunió con Gavoille y ambos coincidieron que Saint-Exupéry ya ha arriesgado su vida bastante y como el fin de la guerra está próximo, debe sobrevivir.

Su primera misión la realizó el 14 de junio sin problema alguno, pero el 29, de regreso a la base, se le averió un motor en pleno vuelo, debiendo hacer muchas millas a baja altura, por lo que se le indicó aterrizar en Bastia y no en Alghero. Pero cuando los mecánicos revisaron el avión, comprobaron que a Saint-Exupéry se le había olvidado parar la cámara fotográfica automática y gracias a ello pudieron reconstruir su ruta: había sobrevolado Turín, Génova y también varios aeródromos alemanes, a muy baja altura, asumiendo riesgos por encima de lo conveniente. Gavoille le preguntó cómo había podido volar desde los Alpes a Bastia con un solo motor y también cómo había escapado de los cazas alemanes. Saint-Exupéry le dejó hablar y a continuación le dijo que no podía soportar la idea de no continuar volando y que tenía perfectamente asumido que iba a desaparecer en una misión de guerra, porque estaba escrito en su destino. Gavoille le dejó volver a volar, aunque siguió pensando cómo podría convencerle para que no arriesgara más su vida.

El 17 de julio, Saint-Exupéry realizó una nueva misión sobre las costas francesas, en concreto sobre lugares susceptibles de ser el escenario de un futuro desembarco aliado. Y días más tarde, en concreto el 30 de julio, compartió con sus compañeros la tristeza por la desaparición de uno de los pilotos de la escuadrilla, un americano llamado Meredith, abatido por un caza alemán. Esa noche, todos reunidos, evocaron al compañero muerto y ya de madrugada Saint-Exupéry se retiró a su habitación, donde escribió dos cartas: una a su amante, Nelly de Vogue, a quien confesaba: «Si soy abatido no me arrepentiré de nada... porque he estado a punto de morir cuatro veces; por ello me es indiferente.» Y otra a su amigo Dalloz, en la que le decía: «La verdad es pasearse desnudo en avión y es enseñar a leer a los niños.» Después preparó su maleta y guardó en ella todos sus manuscritos, cartas y efectos personales y se la dio al general Gavoille, encargándole —con lágrimas en los ojos— que si le ocurría algo, se la entregara a Nelly de Vogue.

Gavoille ya había urdido un plan para evitar que Saint-Exupéry volara. Pensaba revelarle al día siguiente la fecha del desembarco en Provenza y así, como poseedor de un secreto militar, convencerlo de que no debía arriesgarse a ser capturado por los alemanes. Pero lo que no sabía Gavoille era que a Saint-Exupéry le iba a corresponder volar al día siguiente en sustitución del piloto muerto. Por ello, no le reveló su secreto. Al día siguiente, al comprobar las hojas de ruta, vio que a las 8 de la mañana Saint-Exupéry había despegado en uno de los aviones para una misión de reconocimiento sobre Lyon, Grenoble, Annecy y Chambery.

El avión de Saint-Exupéry tenía una autonomía máxima de seis horas y por ello todos esperaban su retorno a partir de la una de la tarde. Cuando a las dos de la tarde aún no había regresado, todos empezaron a preocuparse. Saint-Exupéry no regresó nunca. Un par de horas después, el parte de la escuadrilla envió el siguiente mensaje: «Pilot did not return and is presumed lost» (El piloto no regresó y está previsiblemente perdido).

¿Qué pasó? Se dijo que había caído al mar, abatido por unos Focke-Wulf alemanes, que habían sido vistos por la zona; también que el piloto podía haber sufrido asfixia, debido a la gran altitud a la que debía volar para cumplir su misión de reconocimiento. No faltó quien atribuyera su desaparición a algún error del propio piloto, y también hubo quien insinuó en los medios de comunicación que Saint-Exupéry podría haberse suicidado. Finalmente, en el colmo de la insidia, algunos insinuaron que Saint-Exupéry se había pasado a las tropas alemanas.

Cualquier hipótesis sobre su muerte o desaparición no hizo sino aumentar el mito, la leyenda y el aura de Saint-Exupéry, cuyo íntimo testamento quedó escrito en tantas de sus reflexiones públicas, como la que escribió en su «Carta al General X», uno de sus últimos testimonios:

> Si yo muero en la guerra, poco me importa... si vuelvo vivo de este trabajo necesario e ingrato, no tendré otro objetivo que ¿qué hay que decirle a los hombres?

El general Gavoille pudo haberle salvado la vida, pero el destino le deparó el honor de cumplir el último deseo del gran escritor y piloto, y se hizo cargo de la maleta donde figuraba el manuscrito de *Citadelle* y las dos cartas ya citadas.

Desde entonces, muchos han sido los intentos de aventureros del mar e historiadores por averiguar dónde cayó el avión de Saint-Exupéry. Poco importa. El fondo del mar es una celestial tumba para quien tanto se maravilló con el cielo, y quien tantas veces habló de la paz y belleza de la noche estrellada, desde las alturas desde donde tan bien pudo ver al hombre.

Saint-Exupéry, piloto

Antoine de Saint-Exupéry nació el 29 de junio de 1900, en el seno de una familia acomodada y aristocrática. Era hijo de Jean de Saint-Exupéry, vizconde de Saint-Exupéry, y de Marie de Fonscolombe, música y pintora; su padre murió muy joven, a los cuarenta y un años, cuando Antoine tenía sólo cuatro. Por esta razón, la viuda —con sus cinco hijos— se trasladó a vivir a casa del padre de ella, y a la muerte de éste, a casa de una tía, Gabrielle de Lastrange, condesa de Tricaud, en el castillo de Saint Meurice de Remans.

Desde muy joven, Antoine acreditó dotes y facilidad para la música y la escritura; pero muy pronto un hecho fortuito marcará su existencia. Un día, en 1912, Antoine visita con su hermana Gabrielle el aeródromo de Amberieu, donde se fabrican aviones, y queda tan fascinado que pocos días después recibe su bautismo del aire en un Bertaud-Wroblewskie.

Durante la primera guerra, Antoine es enviado a estudiar a Villefranche-sur-Saône y luego a Friburgo, donde además de los libros obligatorios descubre a Balzac, Dostoievski, Baudelaire y Mallarmé, insinuando ya cuál va a ser la doble pasión de su vida: la aviación y la literatura. De hecho, a los catorce años recibe un premio de redacción por su historia «La odisea de un sombrero».

En 1917 muere su hermano menor François, justo cuando Antoine está en París preparando su ingreso en la Escuela Naval, pero como se le dan muy mal las matemáticas, es suspendido dos veces. Durante su estancia en París frecuenta las casas de dos familias amigas, los Saussin —con cuya hija Rinette mantendrá una gran amistad y una larga correspondencia— y los Valmorin. Se inscribe entonces en la Escuela de Bellas Artes, sección arquitectura, pero en realidad pasa el día escribiendo versos, cartas y pequeños relatos en los bistrots parisinos, y sobre todo viendo a su prima Yvonne de Lestrange, a la que amará siempre y quien estimulará desde el primer momento su vocación literaria, ofreciendo en su casa cenas con personajes como André Gide o Gaston Gallimard. Un año entero durará esta vida de bohemia, hasta que, el 9 de abril de 1921, Antoine debe incorporarse al 2.º Regimiento de aviación, con sede en Estrasburgo, para cumplir su servicio militar.

Aunque se siente atraído por la aviación, Antoine todavía no está persuadido de que ése sea su destino. Eso sí, al poco de llegar a Estrasburgo, Saint-Exupéry obtiene el título de piloto civil y poco después las autoridades militares le destinan a Marruecos para su perfeccionamiento. En África descubre el placer de sobrevolar el desierto y también su poca afición a la vida militar. En diciembre de 1921 obtiene el título de piloto militar y de vuelta a Francia añora los meses pasados en África. En enero de 1923 sufre en el aeródromo de Le Bourget su primer accidente de aviación, cuyas secuelas le harán padecer durante años. Al ser desmovilizado, sus superiores informarán que «ama pilotar con pasión».

De vuelta a la vida civil, Antoine medita cuál puede ser su futuro, asiste a la boda de su hermana pequeña con Pierre d'Agay, y se enamora profundamente de su prima Louise de Valmorin, apodada *Loulou*, con la que comparte aficiones literarias. Pero la familia de ella no le consideraba buen partido, pese a que Antoine encuentra trabajo como empleado de Tejidos Boiron, primero, y después como representante de la empresa de camiones Saurer, empleo este último que abandona en 1925, sin haber conseguido vender un solo camión.

En vano ha tratado de demostrar a la familia Valmorin que es capaz de ganarse la vida, y como el rechazo permanece, rompe con ella, se queda sin trabajo y durante semanas vaga por las mesas de La Closerie des Lilas, La Rotonde, la Brasserie Lipp y Les Deux Magots. Como es frecuente en estos casos, poco después, su prima Louise se casa con un multimillonario americano, Henry Leigh Hunt, y Antoine, desmoralizado, escribe a su madre: «Tengo que encontrarme como soy en lo que escribo y que eso sea el resultado escrupuloso y reflexivo de lo que pienso y veo.»

Sólo su otra prima, Yvonne de Lestrange, confía en él, animándole a que deje de escribir poesía y se dedique a la prosa; al mismo tiempo, y dado que tiene el título de piloto civil, Saint-Exupéry entra a trabajar en la Compañía Aérea Francesa, dedicándose a pasear turistas por los cielos de París, hasta que meses después oye hablar de la compañía Latecoere, que es la que está empezando a desarrollar las líneas aéreas francesas, como servicio postal.

Consigue una entrevista con el director general de Latecoere, Beppo de Massini, quien queda seducido por la pasión que Saint-Exupéry demuestra por volar, y quien le recomienda al jefe de explotación de Latecoere, Didier Daurat, para que le haga una prueba en las instalaciones de la compañía en Toulouse, adonde Saint-Exupéry llegó el 14 de octubre de 1926.

Daurat pone a prueba la pasión de Saint-Exupéry, obligándole a trabajar como mecánico, porque cree que todo buen piloto debe conocer la máquina que lleva en sus manos. En el hotel Grand Balcon de Toulouse, Saint-Exupéry conoce a los que serían sus dos grandes amigos en la compañía, los pilotos Jean

Mermoz y Henry Guillaumet, y en Toulouse encuentra por fin el ideal de su vida: volar. Después de un duro test de pilotaje, Daurat le imbuye la idea de servicio que significa la aviación comercial y le repite mil veces que hay que sacrificarlo todo por el correo, cueste lo que cueste, pase lo que pase. Allí también conoció Saint-Exupéry el sentido de la disciplina y sólo dos meses después de su llegada realizó su primer vuelo, Toulouse-Alicante; previamente, la noche anterior, Guillaumet, más veterano, le había explicado con una guía Michelin las referencias clave del vuelo.

Durante los siguientes seis meses, hará con regularidad la ruta Toulouse-Casablanca y Casablanca-Dakar, sufriendo en su primer viaje a África un aterrizaje forzoso en las arenas del desierto y viéndose obligado a permanecer junto a su avión toda la noche, armado con una pistola para defenderse de un posible ataque de las tribus nómadas, acostumbradas a saquear a los pilotos y a pedir mucho dinero por su rescate.

Esa noche, Saint-Exupéry conoce la verdadera soledad, atento a los mil ruidos de una noche estrellada, y este episodio le dejará profunda huella, reflejándola posteriormente en dos de sus libros: *Correo del Sur* y *Tierra de hombres*.

Durante un año, Antoine de Saint-Exupéry llevó el correo a lo largo de la costa africana, aterrizando en Port Etienne, Cabo Jubi, Villa Cisneros y Dakar; a su término, Daurat le nombró jefe de explotación de Cabo Jubi, protectorado español en Mauritania, donde estableció estrecho contacto con las tropas militares españolas allí destacadas, evitando que las tribus moras disidentes disparen contra los aviones de línea, les capturen y pidan rescate por los pilotos, lo que no impidió que en una ocasión fuera él mismo capturado.

Pese a la precariedad de medios, Saint-Exupéry es feliz: ha descubierto el sentido de su vida y además se ha dado cuenta de que su pasión por la aviación es compatible con su vocación literaria.

A principios de 1926, en casa de su prima Yvonne de Lestrange, Saint-Exupéry ha conocido a Jean Prevost, secretario de redacción de la revista *Navire d'Argent*, quien le pide unos cuantos artículos, y a Gaston Gallimard, el gran editor, quien conocedor de sus inquietudes literarias le ofrece un primer contrato para una novela.

Saint-Exupéry no ha olvidado esa oferta y pese a la dureza de su trabajo como piloto y de las condiciones del barracón donde vive en Cabo Jubi, ha encontrado tiempo entre escala y escala, para escribir por las noches un libro, que viaja con él a Francia, en marzo de 1929, cuando se dispone a disfrutar de unas semanas de permiso.

Gallimard lee entusiasmado el manuscrito y le anuncia su próxima publicación. *Correo del Sur* apareció en julio de 1929 y en él narra las peripecias, aventuras y reflexiones de una serie de pilotos enfrentados al reto de la aviación.

Lógicamente, en la compañía se recibe con satisfacción que uno de sus más aventajados pilotos se recree con la literatura, pero nadie imagina que Saint-Exupéry piensa abandonar la aviación por la pluma. Tampoco lo piensa Saint-Exupéry cuando en setiembre de 1929 acepta la invitación de Mermoz y Guillaumet, y se embarca para Buenos Aires, donde sus amigos están destinados para establecer la línea aérea con América del Sur. En el puerto le despide su fiel admiradora Yvonne de Lestrange, quien le anima a escribir una nueva novela y que le cuenta el éxito que está teniendo *Correo del Sur*.

Pero al llegar a Buenos Aires, el reencuentro con Mermoz y Guillaumet lo fue también con las esencias de su misión y su trabajo: abrir las líneas entre los dos continentes y desde Buenos Aires a otras ciudades del continente americano. Antoine se instaló cómodamente en un apartamento del centro de Buenos Aires, ciudad que en principio no le gustó nada, y gracias a su elevado sueldo —25 000 francos al mes— pudo empezar a enviar dinero a su madre.

Después de que Mermoz cubriera por primera vez la distancia transatlántica entre Dakar y Buenos Aires, es Saint-Exupéry quien extiende la línea a Comodoro Rivadavia y Punta Arenas, realizando muchos vuelos de reconocimiento e inspección. Nunca había volado tanto, pero entre vuelo y vuelo se siente solo y vuelve a encontrar en la literatura su íntimo refugio. Sus cartas de entonces están llenas de nostalgia y de búsqueda de una mujer que colme sus ilusiones y esperanzas. A su madre le escribe: «Ahora escribo un libro sobre el vuelo de noche, pero en mi sentido íntimo es un libro sobre la noche.»

El 13 de junio de 1930, el Potez de Guillaumet capota en los Andes, en un vuelo de reconocimiento de la futura ruta de Mendoza a Santiago de Chile; para su rescate, Saint-Exupéry correrá grandes riesgos, volando por encima de las terribles cumbres andinas en condiciones climatológicas extremas. Cinco días después de su accidente, unos pastores encuentran a Guillaumet vivo aunque exhausto: ha caminado en la nieve sin parar para no morir de frío, y a su vuelta en Mendoza es recibido como un héroe. Meses después, su epopeya será narrada con tremenda fidelidad y dramatismo por Saint-Exupéry en su novela *Tierra de hombres*, con lo que el nombre de Guillaumet entrará en la leyenda de la aviación francesa.

A finales de 1930, Antoine de Saint-Exupéry conoce en Buenos Aires a Consuelo Suncin, mujer polifacética, pintora y escultora, pero de carácter voluble y caprichosa, viuda de su recientemente fallecido esposo, el escritor argentino Enrique Gómez Carrillo, que había sido cónsul de su país en París. Además, Consuelo había sido también la amante de varios personajes ilustres y era evidentemente una mujer de mundo. Y Saint-Exupéry se enamoró de ella de forma tan apasionada que a las pocas horas de conocerla le ofreció volar por encima de Buenos

Aires, y en pleno vuelo le declaró su súbito e irrefrenable amor. Le encantó su aparente fragilidad, su dulzura centroamericana, su inquietud cultural y sin dudar creyó haber encontrado el «osito de peluche» con el que tantas veces había soñado. Y además le divertía su vida bohemia. Este amor *fou* tendrá el veto inicial de la madre de Saint-Exupéry, que encuentra en Consuelo algunas virtudes evidentes pero también cierto sentido de la independencia y duda que esté dispuesta a renunciar a algunas facetas de su personalidad para seguir a Antoine allá donde vaya. Sabe que no va a ser fácil ser la esposa de un hombre que al nomadismo de su profesión une el hobby de la literatura, con la exigencia de aislamiento y sigilo que requiere la escritura. No se equivocaba.

En enero de 1931, Saint-Exupéry disfrutó de unas semanas de permiso, que aprovechó para continuar su idilio con Consuelo en Almería y la costa mediterránea hasta la casa familiar de Niza. El 12 de abril de 1931 se casaron en la capilla de Agay, propiedad de su cuñado Pierre d'Agay.

En sus primeros encuentros con los amigos de Antoine, éstos extrañaron la actitud y ciertas opiniones de Consuelo; pero el más crítico fue sin duda André Gide, que llevado de su admiración por Saint-Exupéry, escribió en su diario: «Saint-Exupéry ha traído de Argentina un nuevo libro y una novia. Leído uno y vista la otra, le he felicitado pero sobre todo por el libro.»

En efecto, en Buenos Aires, Saint-Exupéry ha escrito un nuevo libro, que titulará *Vol de nuit* (Vuelo nocturno), y cuyo manuscrito entregó a Gaston Gallimard después de que Gide lo hubiera leído previamente y que, entusiasmado, le hubiera ofrecido escribir el prólogo.

Vol de nuit apareció en otoño de 1931 y sólo dos meses después obtuvo el Premio Fémina, que tras el Goncourt es el más prestigioso premio literario de Francia, despertando la envidia de muchos escritores que no entendían cómo podía escribir libros un hombre que por su profesión tenía todos los días las manos llenas de aceite. Pero este libro suscitó también la indignación de sus propios compañeros de vuelo, que opinaban que Saint-Exupéry había roto en sus páginas la confidencialidad y el anonimato exigido por el código profesional del gran patrón de la compañía, Didier Daurat.

El éxito de *Vol de nuit* es tan fulgurante que inmediatamente es traducido al inglés y los estudios de Hollywood adquieren los derechos cinematográficos para el rodaje de una película, que interpretarán Clark Gable y Robert Montgomery.

Pero Saint-Exupéry no es feliz del todo: la animosidad de los demás pilotos de la Aeropostale le mortifica y de ello es prueba la carta que escribió a su leal Guillaumet, quejándose de la impresión que todos tienen de él y diciendo: «He sido condenado a la miseria y a la iniquidad... Toda la vida es un fracaso si mis camaradas tienen esa imagen de mí.»

Testigo comprometido de su tiempo

Pero el escritor no olvida que su pasión es el pilotaje de aviones y en 1932 retorna al servicio de la Aeropostale, cubriendo la ruta entre Marsella y Argel, y posteriormente Marruecos, recuperando el placer de las travesías solitarias. También voló en pruebas un hidroavión con el que sufrió un grave accidente en la bahía de Saint Raphael al capotar su avión y quedar la carlinga sumergida en el agua. Consiguió salir de ella, pero estuvo a punto de morir ahogado. Este accidente, del que tardará meses en recuperarse, puso fin a su carrera como piloto comercial, aunque seguirá volando por puro placer. Pero además, su retirada también vino acompañada del rechazo de su candidatura a formar parte de la nómina de pilotos destinada a integrar la plantilla de pilotos de la nueva compañía —Air France— producto de la fusión de varias pequeñas compañías aéreas, y entre ellas la Aeropostale. Saint-Exupéry se incorporó a Air France como jefe del departamento de relaciones públicas y propaganda, dedicándose a los raids aéreos, como el que con destino a Saigón emprendió en julio de 1934 y que concluyó con otro amerizaje de emergencia en el río Mekong.

Un mes después regresó a París y al poco tiempo pudo comprobar que el precio de llevar esta doble vida ha sido la falta de armonía con Consuelo, que harta de la bohemia mundana del escritor, de su obligación de atender a cientos de compromisos y a las constantes escapadas para volar aquí o allá, ha decidido vivir también su vida, enamorándose primero de un joven admirador, Friederich Sierburg, y después del arquitecto Bernard Zehrfuss, con el que mantendrá una larga relación.

En uno de sus compromisos sociales parisinos, Saint-Exupéry conoce a Nelly de Vogue, mujer de la alta sociedad francesa, vinculada a una de las grandes industrias del país y dotada de gran sensibilidad artística y literaria, y cuyo nombre ha sido ocultado en muchas biografías y libros sobre Saint-Exupéry con el seudónimo de E. Nelly se convierte en la mujer madura, libre e independiente que, en lugar de querer ser el centro de la vida de Saint-Exupéry —como pretendió Consuelo—, prefiere estimular al hombre y al escritor para que potencie toda su capacidad creativa para ser uno de los escritores más importantes de Francia. Nelly le ama con generosidad y además tiene en sus manos abrir todas aquellas puertas que harán de Saint-Exupéry un hombre clave de su tiempo.

En efecto, a finales de abril de 1935, Nelly consigue que el redactor jefe de *Paris Soir*, Pierre Lazareff, confíe a Saint-Exupéry la misión de viajar a Moscú para escribir varios reportajes sobre la ceremonia del primero de mayo, que son publicados en el periódico entre el 13 y el 22 de mayo, y en los que con gran criterio y lirismo narra los aspectos más relevantes del sistema soviético y de sus contradicciones; también relata su experiencia de volar en el mayor avión del mundo, el *Máximo Gorki*, que, por fortuna para él, se estrelló al día siguiente de su vuelo, pereciendo 51 personas.

Poco antes de las Navidades de 1935, Saint-Exupéry recorre todo el Mediterráneo a bordo del avión que Nelly le ha regalado, ofreciendo conferencias en Túnez, Trípoli, El Cairo, Alejandría, Bengasi, Damasco, Beirut, Estambul y Atenas, y a su vuelta a París se inscribe en la aventura del raid aéreo París-Saigón, dotado con 150 000 francos. Consuelo, que es un poco «bruja», le previene de algún mal y no se equivoca. El segundo día de vuelo, 30 de diciembre, a las dos de la madrugada, su Simoun choca con una colina en pleno desierto de Libia y se estrella. Saint-Exupéry y su mecánico, Jean Prevost, abandonan el avión, dejando escrito en la arena el siguiente mensaje: «Hemos partido Nord. Est. SOS.» Durante varios días ambos vagarán por el desierto, muertos de sed y de agotamiento y cuando creían morir, fueron rescatados por una caravana de beduinos, que les llevaron a El Cairo y después a Alejandría. Toda Francia siguió angustiada la desaparición de Saint-Exupéry, y cuando éste llegó al puerto de Marsella —después de una travesía de un mes a bordo del buque *Kawsar*—, le esperaba una recibimiento multitudinario.

Su nombre y su pluma se cotizan, y por ello el periódico *El Intransigente* le firma una exclusiva para que relate su aventura aérea, y meses después, nada más estallar la guerra civil española, le pide que viaje a España y cuente a los lectores el drama de los españoles. Saint-Exupéry llegó a Barcelona en agosto de 1936, visitando los distintos frentes y comprobó con horror que la guerra de España era una guerra ideológica en la que se enfrentaban hermanos. Sus artículos causan gran impacto en Francia y en general en Europa, porque a diferencia de otros corresponsales o escritores de prestigio, su testimonio tiene una profunda reflexión humanista y está desprovisto de tópicas visiones políticas. Como hombre inquieto y comprometido con la verdad, Saint-Exupéry denunció el horror de los dos bandos y buscó relatar lo que veía y sentía con objetividad. Y eso, en aquel tiempo —como aún hoy— fue mal entendido, porque los hombres y mujeres comprometidos con el comunismo internacionalista y con la izquierda europea se limitaban a denunciar el horror causado por las tropas de Franco, las matanzas en la retaguardia, la violencia falangista, pero silenciando otros aspectos y situaciones de la guerra civil, como eran el matonismo de algunas organizaciones anarquistas, el saqueo religioso de otros y el clima libertario y de venganza que también se vivía en la retaguardia republicana.

Saint-Exupéry volvió a España en 1937 como colaborador de *Paris Soir* y esta vez fue Madrid el escenario de su vivencia; los artículos fueron publicados entre finales de junio y principios de julio de ese año. En la capital española conoció a Joseph Kessel y a Ernest Hemingway y visitó el frente de Madrid, siendo testigo directo de distintas acciones de combate, de un embarque clandestino de armas y de la preparación de un ataque de las tropas republicanas. Uno de sus artículos se hizo famoso en aquel tiempo, por su titular «Aquí se fusila y se degüella» y porque entre otras cosas decía:

> España, quemando sus tesoros de arte y vaciando el universo de conventos, ha decidido dar prioridad —aunque sea por un instante— a la estupidez sobre la civilización.

Al contrario que otros escritores y observadores internacionales, Saint-Exupéry denunció las atrocidades de ambos bandos y, como siempre ocurre, en lugar de concederle el reconocimiento de su objetividad, los sectores más izquierdistas lo tildaron de «franquista», acusación de la que Saint-Exupéry se defenderá afirmando: «Lo importante es el hombre.»

A su regreso en Francia, Saint-Exupéry recibe con profunda tristeza la noticia de la muerte de su amigo, el gran aviador Jean Mermoz —desaparecido en pleno Atlántico—, sobre cuya personalidad escribió un magnífico artículo en la revista *Marianne*, en el que evocaba con sensibilidad y admiración la vitalidad, arrojo y encanto de Mermoz, sobre cuya figura lanzaba un augurio en parte incumplido: «Temo que Mermoz desaparezca no de nuestros corazones, pero sí de nuestra memoria.»

El gusto por el riesgo

Pero Saint-Exupéry, siempre inquieto y abierto a nuevas vivencias, no renuncia a simultanear su vida literaria y mundana con el gusto por la aventura y el riesgo; por ello, se entusiasma cuando le proponen un nuevo raid aéreo, esta vez entre Nueva York y Punta Arenas, en Chile. En la primera semana de enero, se embarcó en el transatlántico *Île de France* con destino a Nueva York, desde donde el 14 de febrero debía arrancar el raid de 14 000 km, de los cuales más de la mitad por encima de los Andes. Para la aventura, Saint-Exupéry ha preparado especialmente el Simoun rojo que le ha regalado Nelly de Vogue y con la que el año anterior ha compartido un viaje de placer por toda Alemania. La primera escala le llevó a Guatemala sin problemas, pero al despegar de Guatemala City, el avión —demasiado cargado de combustible— no consiguió remontar el vuelo y se estrelló, sufriendo Saint-Exupéry muy graves fracturas y permaneciendo varios días en coma. Consuelo, de la que estaba separado, fue avisada inmediatamente y voló a Guatemala para estar a su lado. Su recuperación fue muy lenta y nunca definitiva, pues aunque salvó su brazo izquierdo de la amputación, siempre sufrirá secuelas en el omóplato y en la pelvis.

Durante su convalecencia en Nueva York, Saint-Exupéry empezó a escribir *Tierra de hombres*, animado por sus editores norteamericanos, que le han convencido de que dedique su talento al relato de sus muchas experiencias de viaje. Gallimard se reservó los derechos de la edición francesa. De regreso a

Francia, no consiguió arreglar su situación con Consuelo, a la que sin embargo y hasta el final de su vida escribirá cartas de amor, desesperadas y llenas de deseo de reconciliación. Pero no pueden vivir juntos: cuando no están juntos se añoran, cuando se encuentran se rechazan. Saint-Exupéry se concentró en la redacción final del libro, que apareció en junio de 1939, obteniendo el reconocimiento de libro del mes y el premio de la Academia Francesa.

Después viajó de nuevo a Nueva York para entregar el manuscrito de *Tierra de hombres* (en inglés, *Wind, Sand and Stars*) y supervisar la traducción. En este libro hay unas emotivas páginas de homenaje y recuerdo a Jean Mermoz.

Cuando la edición americana está concluida y su éxito en Francia es notable, Saint-Exupéry vuelve a sentir la necesidad de volar, de vivir la vida desde la acción y la aventura y por ello convence a Gillaumet para que le acompañe a cruzar el Atlántico. El viaje fue un éxito y los dos pilotos cubrieron la distancia entre Biscarosse y Nueva York en un tiempo récord. A su llegada, les ofrecieron varios homenajes, en uno de los cuales conoció a la esposa del mítico Charles Lindbergh, con la que mantuvo una estrecha relación y a la que accedió a prologar un libro.

Mientras la vida de Saint-Exupéry se enriquece con su éxito literario y un reconocimiento público y social, su inquietud política crece ante los tambores de guerra que amenazan a Europa y Francia; le preocupa la división de los franceses, la debilidad política de la República y la creciente bipolaridad de la clase política francesa, síntomas inequívocos de la situación que se vivirá tras la invasión alemana y la derrota militar del ejército francés.

Durante años, Saint-Exupéry ha venido denunciando el abuso de los totalitarismos fascistas y el peligro para las democracias occidentales del expansionismo no democrático del comunismo soviético. Pero en setiembre de 1939 ya no es momento de denuncias ni de alarmismos y como hombre comprometido con su país, y a pesar de su edad —treinta y ocho años— y de su práctica ineptitud para volar por las secuelas de sus accidentes, Saint-Exupéry recurrió a sus influencias para ser enviado al frente, siendo destinado al grupo aéreo de reconocimiento 2/33.

Fue movilizado el 4 de setiembre de 1939 y en su condición de capitán de reserva y enviado inicialmente a Toulouse como profesor de navegación aérea, aunque pocas semanas después se le ofreció entrar en los servicios de información, opción que rechazó porque prefería mantenerse activo. Su siguiente destino le llevó en noviembre a la base de Orconte, en el departamento de Haute-Marne. Allí pasa el duro invierno, adaptándose con humildad a las condiciones de la vida militar, pero lamentándose de no intervenir más en misiones de combate, con los modernos aviones Potez 63-7, cuyo manejo ha aprendido con facilidad. Ejecuta sus misiones con perfección, desmintiendo su fama de piloto torpe.

En febrero de 1940 es destinado a Marsella para probar un nuevo avión —el Bloch 174— y en mayo vuelve a volar con frecuencia, contemplando cómo un total de diecisiete tripulaciones —de las 33 existentes— caían derribadas por los cazas alemanes. En sus informes al mando militar denunció la falta de medios y las nulas instrucciones que recibían las escuadrillas. En una de sus últimas misiones sobrevoló la población de Arras para comprobar el imparable avance alemán, impresionándole los miles de tanques alemanes preparados para lanzar su ofensiva sobre París. Y también vio con sus propios ojos el tremendo éxodo humano de compatriotas que huían hacia el sur, llevando consigo sus más imprescindibles pertenencias. Su última misión de guerra tuvo lugar el 9 de junio de 1940 y poco después el grupo 2/33 fue evacuado, primero a Burdeos y luego a Argel. Saint-Exupéry cruzó el Mediterráneo tripulando un veterano Farman, cargado de hombres y de material, confiando en que aunque fuera desde allí seguiría combatiendo. No fue así: el 22 de junio de 1940 se firmó el armisticio. Francia se había rendido.

Saint-Exupéry en el exilio

El 11 de julio, Saint-Exupéry es desmovilizado, entre la decepción de quienes, como él, creían que los franceses debían seguir luchando.

En esta circunstancia y con Francia dividida y ocupada, Saint-Exupéry reflexiona sobre el destino colectivo de las sociedades occidentales y sobre el suyo propio, y con dolor decide abandonar territorio francés y marcharse a Estados Unidos, como otros muchos franceses. En octubre debe viajar a Vichy para obtener su visado americano. Como las autoridades españolas le niegan el permiso para aterrizar en España —como represalia por los artículos escritos sobre la guerra civil—, Saint-Exupéry viajó a Nueva York vía Lisboa, y es allí donde le dan la noticia de que su entrañable amigo Guillaumet ha caído abatido en el Mediterráneo. Días después, en una conferencia ofrecida en la Escuela Francesa de la capital lisboeta, le rinde homenaje con sentidas y emocionadas palabras, en las que afirma: «Éramos de la misma sustancia. Me siento un poco muerto en él. Yo he hecho de Guillaumet uno de los compañeros de mi silencio.»

El 21 de diciembre embarca en Lisboa en el buque *Siboney*, en el que coincide con el cineasta Jean Renoir, que como él ha decidido dejar Francia y con el que hará una gran amistad durante la travesía. Su propósito inicial, al llegar a Nueva York, era permanecer solamente un mes y dedicarlo a hacer campaña a favor de la entrada de Estados Unidos en la guerra, convencido que ésta era la mejor solución para acabarla cuanto antes.

A su llegada, descubre que la abundante y cualificada colonia francesa residente en Nueva York está —como toda Francia— profundamente dividida entre gaullistas y contrarios al general De Gaulle; y es precisamente a causa de esta división que Saint-Exupéry no se ha alineado con la posición del general De Gaulle, creyendo que en lugar de fomentar esa división entre buenos y malos franceses, lo que todos deben hacer es permanecer unidos frente a la adversidad del enemigo común: el nazismo.

Como le pasa a todos los que buscan —buscamos— la verdad y el rigor, unos y otros creen que Saint-Exupéry está con ellos, pero a quien le quiera entender, le reiterará que «no me gusta Vichy, que es bastante permisivo con los fusilamientos, ni De Gaulle, demasiado aprovechado». Su actitud irritará a André Breton, al que Saint-Exupéry replicará con una carta en la que afirmará con dureza: «La mitad de mis amigos están muertos; los suyos están todavía vivos.» También Dalí le acusará de colaborador de Vichy, respondiéndole Saint-Exupéry: «Usted es el hombre de los campos de concentración espirituales.» Finalmente, también los gaullistas acabarán por considerarlo un mal francés, al saberse que el Gobierno de Vichy, sin su consentimiento, le ha incluido en un Comité de Salvación Nacional que sustituirá a los partidos políticos.

Muchas puertas se cierran, pese a que Saint-Exupéry reafirma su patriotismo en sus conferencias y artículos, y su deseo íntimo de que Francia salga del espanto de la división.

En la primavera de 1941, Saint-Exupéry viajó a Hollywood por invitación de Jean Renoir, interesado en rodar una película con él, proyecto que finalmente no salió adelante. En Hollywood aprovechó para alejarse de los politizados ambientes franceses de Nueva York, también para operarse de las secuelas de su accidente de Guatemala y para, durante la larga convalecencia, escribir *Piloto de guerra*, cuyo manuscrito entregó a sus editores americanos. De nuevo en Nueva York, donde se instaló en un apartamento en el 240 de Central Park, rodeado de árboles y de rascacielos, reanudó su vida social, y dio los últimos retoques a su libro, del que son protagonistas los muchos aviadores franceses que dieron su vida por Francia tratando de frenar el ataque alemán.

Piloto de guerra apareció en febrero de 1942, dos meses después de la entrada de Estados Unidos en la guerra, con el título inglés de *Flight to Arras*, y obtuvo un gran éxito entre los lectores americanos, mereciendo el reconocimiento del premio al mejor libro del mes.

En cambio, en Francia la acogida fue fría: se hizo un tirada de sólo dos mil ejemplares, que fueron pronto retirados de la venta, al ser acusado de apología del judaísmo, con la excusa de que el personaje central del libro era un piloto llamado Jean Israel. A este propósito, en la revista comunista *Notre Combat*, aparecida el 13 de marzo de 1943, se publicó un artículo con el título «Heroísmo judío» en el que podía leerse:

> En el mismo momento en el que Saint-Exupéry, aristócrata, aviador y novelista *frontpopu*, exalta con una emoción tan pura el heroísmo de su pequeño amigo Jean Israel, buen cristiano como su nombre indica, una decisión americana prescribe que los judíos del norte de África estarán dispensados del servicio militar. La piel de los hijos de Abraham es preciosa. Conviene preservar esta pura y fuerte raza, de la que saldrán mañana los futuros presidentes de las repúblicas africanas, en las que sueñan Roosevelt, Churchill y el Gran Rabino.

El libro fue también mal recibido por la prensa colaboracionista, que también le reprochó sus amistosas relaciones con un judío. Por su parte, los gaullistas le atacaron por el tono derrotista de la última frase de *Piloto de guerra*: «Mañana, para los testigos, seremos los vencidos. Y los vencidos deben callar...»

Estas críticas adversas afectaron a Saint-Exupéry, aunque

entendía el ingrediente político de las mismas y su coyuntural sentido; en cambio, para su satisfacción, de *Piloto de guerra* se hicieron dos ediciones clandestinas, que se publicaron en Lyon en 1943 y en Lille en 1944.

«El principito»

Durante los primeros meses de su estancia en Nueva York, Saint-Exupéry estuvo solo, pero después de una larga y profunda reflexión epistolar con Consuelo, ésta decidió abandonar la comuna artística que junto con su amante Bernard Zehrfuss había creado en Oppede, para reunirse con él, instalándose no en su mismo apartamento sino en otro dentro del mismo edificio; allí, Consuelo recibirá habitualmente a los grandes surrealistas que viven en Nueva York, como Salvador Dalí, André Breton, Joan Miró, Ives Tanguy, Marx Ernst y Marcel Duchamp. En el suyo, Saint-Exupéry comparte sus inquietudes con André Maurois, Pierre Lazareff y su mujer, Helena, pero sobre todo escribe la obra maestra de la literatura que le hará mundialmente famoso: *El principito*.

Desde hacía muchos años, el escritor había demostrado su habilidad para el dibujo, ilustrando cartas, hojas sueltas y dedicatorias con un pequeño personaje con alas y a veces sin ellas, que es sin duda su propio espíritu, y en cualquier caso la imagen de él mismo de niño. Un poco cansado de relatar la aventura de su propia vida y de otros aventureros del cielo, como él, Saint-Exupéry propuso a su editor escribir un libro para niños y le sugirió el nombre de su amigo, el dibujante Bernard Lamotte —el mismo que ya había hecho los dibujos de la edición americana de *Flight to Arras*— para la ilustración del libro. Pero después de ver los primeros bocetos, el escritor opinó que los de Lamotte carecían de la ingenuidad deseada, por lo que decidió ser él mismo quien hiciera los dibujos.

Saint-Exupéry compró un montón de lápices de color y acuarelas y durante el verano de 1942 empezó a ilustrar y escribir la que será su obra emblemática. Como el sofocante calor de Nueva York no le permite trabajar y avanzar en el proyecto, le pidió a Consuelo que buscara una cabaña en un lugar fresco y tranquilo; pero Consuelo, fiel a su fantasiosa y caprichosa mentalidad, se entusiasmó con una mansión de más de veinte habitaciones a unos pocos kilómetros de Nueva York, llamada Berin House. Allí trabajará Saint-Exupéry a gusto, haciendo algunos descansos para jugar al ajedrez con el joven filósofo Dennis de Rougemont, último admirador de Consuelo.

El principito fue escrito cuando el escritor se encontraba bajo de moral y en un cierto estado de decaimiento físico; pese a ello, Saint-Exupéry consiguió expresar con nitidez y sencillez sus ideas sobre el mundo, sobre las actitudes de las personas, así como todas sus angustias, sentimientos y convicciones morales, a través de un pequeño hombrecito.

Contrariamente a lo que se ha publicado recientemente, con motivo de la celebración del centenario del nacimiento del escritor, *El principito* no fue dedicado a Consuelo, sino a su gran amigo Léon Werth, al que ya había dedicado el mismo año 1942 su obra *Carta a un rehén.*

El principito fue publicado en abril de 1943, obteniendo un rotundo éxito, que se ha prolongado durante todo el tiempo transcurrido desde entonces y que le ha llevado a ser después de la Biblia y *El Capital*, el tercer libro más vendido de todos los tiempos, habiendo sido traducido a ciento tres lenguas.

Es después de la publicación de *El principito* cuando Saint-Exupéry decide reintegrarse a su escuadrilla para voluntariamente correr los riesgos de la guerra, con el trágico final que ya he comentado al inicio de estas páginas. Es en pleno éxito, cuando renuncia a todo para ofrecer su vida por sus ideales; es cuando ha alcanzado el confort y la admiración humana, cuando se empeña en volver a sentir el rugido de los motores, el pulso de los mandos de un avión y el prodigioso anhelo de volar.

Pero ¿quién fue Saint-Exupéry?

Su desaparición prematura e idealista es la que —junto con la calidad y vigencia de su obra—, ha ayudado a que las generaciones posteriores le rindieran tributo de admiración y a que siguiera vivo el debate sobre su personalidad. Sobre Saint-Exupéry se han escrito desde su muerte cientos de libros, uno de ellos, excelente por cierto, por la propia Nelly de Vogue con el seudónimo de Pierre Chevrier; otras tantas plazas, calles o liceos de Francia llevan su nombre. Pero sus restos siguen en el fondo del mar, en lugar desconocido, como los de García Lorca están —supuestamente— en el fondo de un barranco. No hay lápida alguna de cementerio terrenal que rece: «Aquí yace Antoine de Saint-Exupéry.» Por eso, todo el planeta es un inmenso cementerio, y por eso también —como en el caso de Lorca— su obra y su vida se han convertido en el símbolo de una época y de un país, Francia.

Como escribió su amigo Léon Werth en su libro *Saint-Exupéry, tal como yo lo conocí*: «La leyenda heroica de Saint-Exupéry está intacta. Él fue igual a su leyenda. Es un milagro.» El propio Werth recordará en su libro una de las frases favoritas de Saint-Exupéry, en su libro *Piloto de guerra*: «He comprometido la piel en la aventura. Toda mi piel. Y la he comprometido perdiendo.» Sin rubor alguno, Werth define a Saint-Exupéry como un arcángel. Por su parte, el gran patrón de la Aeropostale, Didier Daurat, ha recordado en sus memorias: «Cuando conocí a Saint-Exupéry era un momento crucial de su vida... en el que el piloto no había encontrado todavía al escritor.» Y continúa Daurat:

> Aprecié en él más un soñador que un hombre de acción... Detrás de su reserva se apreciaba la firmeza moral... Y Saint-Exupéry había comprendido, en su generoso corazón, que el avión era el instrumento que iba a servir para unir a los hombres.

Para el escritor Emmanuel d'Astier, Saint-Exupéry

> fue más un personaje que un escritor comprometido. [...] Tenía —añade— una aureola que impedía concretarla en ninguna de sus muchas facetas: piloto, escritor, filósofo, héroe, pero ante todo era un seductor.

Y concluye que:

> ...para muchos jóvenes Saint-Exupéry ha quedado como un símbolo de quienes quieren ser un poco aventureros y dar sentido a su vida.

Para el escritor Robert Brasillach, fusilado después de la guerra mundial en Francia por sus ideas,

> Saint-Exupéry ve en el heroísmo un modo de perfección individual... Y es muy difícil para un héroe ser un novelista porque la novela entera es él mismo.

El compromiso de Saint-Exupéry no es como actor de las luchas políticas —de hecho nunca perteneció a una organización política o social—. Su compromiso es con los graves problemas de conciencia de sus contemporáneos. A Saint-Exupéry le preocupaba encontrar soluciones generosas y convincentes, como el amor de los hombres o la paz, sin apreciar los datos de los problemas desde la realidad social. Y esa inquietud es la que provocaba rechazo en aquellos intelectuales o políticos que sólo se preocupaban del problema del hombre desde el análisis del conflicto social. Por eso la desconfianza entre Saint-Exupéry y los políticos era mutua. El escritor recelaba de los políticos en tanto en cuanto eran depositarios de un mandato de sus colectividades y de las masas para organizar y dirigir la comunidad. Por esto, Saint-Exupéry rechazaba tanto el fascismo como el comunismo. Su meditación se inclina por una visión y una actitud humanistas. Su afirmación en los valores surge de su confrontación sensible con el mundo y con la vida; no la deduce de principios teóricos.

Saint-Exupéry no tiene nada de teórico. Él no soñaba con dar a la sociedad leyes o normas, porque no era un pensador. Saint-Exupéry era pesimista respecto de la evolución de las oportunidades humanistas del hombre del siglo xx, pero optimista en la gran visión cósmica de la Humanidad. A su humanismo estoico añadió una nota de ternura y de esperanza.

> Su humanismo —como acertadamente lo ha definido Mavill—, era pedagógico. Leyendo su obra puede aprenderse a ser un hombre desde la adolescencia hasta la edad de la responsabilidad y del pensamiento.

Víctor Jara: la voz de la utopía

Si la guerra civil española y su larga posguerra se identifican con la muerte de tres grandes poetas como Federico García Lorca, Antonio Machado y Miguel Hernández, el golpe de Estado del general Pinochet de setiembre de 1973 lo está con dos víctimas ilustres: la del grandioso poeta chileno Pablo Neruda, muerto a los pocos días de que el presidente Salvador Allende muriera defendiendo la legalidad constitucional, y la del cantautor chileno Víctor Jara, fusilado también a las pocas horas de que el golpe bañara de sangre las calles de Chile.

Víctor Jara es, para quienes vivimos aquellos dramáticos sucesos con tristeza e íntima solidaridad, la voz eterna y libre de un pueblo, y hoy con mayor fuerza si cabe la evocación permanente del grito de quienes fueron cayendo, víctimas de la tropelía y la sinrazón.

Porque, sin abordar el contexto en el que se produjo el golpe, ni los errores políticos o humanos de unos y otros, que se cometieron en los momentos previos al mismo, lo cierto y verdad es que como en el caso de la sublevación del general Franco, el golpe del general Pinochet produjo una inmediata represión, en la que murieron miles de chilenos.

Y uno de ellos y bien significado por cierto, fue Víctor Jara, voz símbolo de la Unidad Popular, con la que colaboró intensamente durante sus escasos tres años de gobierno, llegando a ser su embajador cultural.

De director de teatro a cantante

Víctor Jara nació el 28 de setiembre de 1932 en Lanquén, Chile; su madre, Amanda, había sido cantante y el padre era colono de una explotación agrícola. Su infancia transcurrió en esa pequeña localidad próxima a Santiago de Chile, y su juventud en Nogales, barrio de la capital.

Pero en 1952, cuando él tenía veinte años, murió su madre, con la que estaba muy unido y que fue la que le enseñó a tocar la guitarra, y a la que dedicaría años después una preciosa canción, que todos hemos sentido y escuchado con emocionada ternura.

La muerte de su madre le produjo una grave crisis espiritual, producto de la cual ingresó en el Seminario Redentorista de San Bernardo, aunque sólo permaneció en él un año, en el que aprendió a cantar gregoriano.

Sus dotes musicales le facilitaron el posterior ingreso en el

Coro de la Universidad de Chile y le animaron a investigar las raíces del folclore chileno. Pero su inquietud artística le llevó pronto a ingresar en una compañía de mimos y a matricularse en la Escuela de Teatro de la Universidad de Chile, para estudiar Dirección y Actuación, estudios que concluirá en 1962, no sin que durante los mismos se inicie en la dirección de obras de teatro, como *Parecido a la felicidad*, obra cuya representación llevó por todo Chile, Argentina, Uruguay, Venezuela y Cuba. Simultanea su vocación teatral con la canción, y animado por la gran Violeta Parra se integra en el conjunto de Coros y Danzas Cuncumen (en 1957) y en 1959 graba su primer disco, para la compañía EMI-Odeón, como solista de dos villancicos.

En 1961 viajó con la compañía de teatro por un buen número de países de Europa del Este (URSS, Checoslovaquia, Polonia, Rumania y Bulgaria) y en 1962 obtuvo su título de director teatral, siendo nombrado al año siguiente, y hasta 1968, director de la Academia de Folclore de la Casa de la Cultura de Nuñoa, barrio residencial de Santiago. También en 1963 —y hasta 1970— formó parte del equipo estable de directores del Instituto de Teatro de la Universidad de Chile, y trabajó como ayudante de dirección en el montaje de la obra de teatro de Bertold Brecht, *El Círculo de Tiza Caucasiano*.

Pero con motivo del montaje de la obra *La Remolienda*, se atrevió a componer su música, encontrando —como le había vaticinado Violeta Parra— una nueva y definitiva expresión artística, por la que sería conocido y admirado en todo el mundo. Su penetración en el mundo musical es tan fructífera que entre 1966 y 1969 ejerce de director artístico del mítico grupo folclórico Quilapayún, con el que obtiene grandes éxitos y el reconocimiento de la juventud de todo Chile y de otros muchos países.

En 1966 grabó su primer LP como solista y un año después la compañía de discos EMI editó dos discos, «Canciones folclóricas de América», junto a Quilapayún, y otro, en solitario, con canciones compuestas por él, obteniendo este último el Disco de Plata.

En 1969 ganó el primer premio en el I Festival de la Nueva Canción Chilena, con el tema *Plegaria de un labrador*, que le haría famoso y le valió múltiples contratos para actuar en distintos países y en concreto en el concierto mundial que se organizó en Helsinki, Jóvenes por Vietnam.

Otro de los temas de su repertorio que le hizo célebre fue *A desalambrar*, y en el que incitaba a la rebelión de los campesinos, y *Te recuerdo, Amanda*, dedicado —como ya dije anteriormente— a su madre; estos dos temas se incluyeron en el disco «Pongo en tus manos abiertas», junto a otros tan célebres como *Zamba del Che, Camilo Torres* y el conocidísimo *Duerme, duerme, negrito*.

Es tal el éxito de sus canciones, que en 1970 renunció a su puesto en el Instituto de Teatro, para dedicarse ya definitivamente a dar recitales por todo el país, en el ámbito de la campaña de la Unidad Popular.

Embajador cultural de Salvador Allende

La victoria del socialista Salvador Allende en las elecciones, en las que tanto se había comprometido, significó un cambio histórico para Chile y también para Víctor Jara, que aceptó ser nombrado embajador cultural del Gobierno de la Unidad Popular, cargo que le obligó a realizar una larga serie de recitales y de programas de televisión por México, Costa Rica, Colombia, Venezuela, Perú y Argentina. Su LP, «Derecho a vivir en paz» obtuvo el Laurel de Oro, como mejor compositor del año.

Durante 1972 y 1973 continuó colaborando con la Unidad Popular, trabajando para la televisión nacional de Chile como compositor de música de continuidad. En 1972 produce el LP «La población», con cuyas canciones realizó una gira mundial por la URSS y Cuba, siendo invitado al Congreso de Música Latinoamericana de La Habana. Otra de sus actividades destacadas fue la organización del homenaje al poeta Pablo Neruda, con motivo de su regreso a Chile, después de haber recibido en Estocolmo el Premio Nobel de Literatura.

Durante 1973 participó en la nueva campaña electoral, con conciertos a favor de los candidatos de la Unidad Popular, realizando también una gira por Perú, patrocinada por el Instituto de Cultura de Lima.

En vísperas del 11 de setiembre, grabó dos LP que no llegaron a editarse y uno —«Canto por Travesura»— que no llegó a venderse.

Asesinado en el Estadio de Chile

El 11 de setiembre de 1973, Víctor Jara vive en Santiago los primeros momentos del golpe de Pinochet, pero mientras los militares tomaban posiciones estratégicas en la capital, el cantautor se dirigió hacia la Universidad Técnica de Santiago, donde por la tarde debía protagonizar un recital con motivo de la inauguración de una exposición en la que iba a participar el presidente Salvador Allende.

Pese a que las primeras noticias eran ya muy pesimistas, Víctor Jara cumplió con su compromiso y para decidir qué hacían, se entrevistó con la dirigente de la sección artística del Departamento de Cultura de la Universidad Técnica, Cecilia Coll, con la que acordó quedarse en el recinto universitario animando a los estudiantes y compartiendo la situación con ellos y los profesores. Desde la oficina de Cecilia Coll llamó a su esposa, Joan, a la que dijo: «Debo quedarme aquí un tiempo. No te preocupes. Volveré sin falta.»

Poco después, los militares rodearon el recinto universitario, se declaró el toque de queda y ya no le fue posible salir. Por la noche, los carros de combate apuntaban ya a las facultades y centros universitarios y después de un bombardeo, entraron en el edificio emprendiéndola a culatazos con toda la comunidad universitaria y obligándoles a tumbarse en el suelo durante varias horas, hasta que llegó la orden de trasladarles al Estadio de Chile, lugar elegido por los golpistas para recluir a los prisioneros.

Una de las personas que identificó a Víctor Jara entre los detenidos fue el médico personal del presidente Allende, Danilo Barlutin, quien había sido trasladado al Estadio una vez asesinado Allende. Barlutin compartió con Víctor Jara varias horas en un frío pasillo, donde estuvieron pegándoles desde las siete de la tarde del día 12 hasta las tres de la madrugada del día 13. Apenas les dieron de comer en los tres días que estuvieron allí encerrados y Barlutin recuerda que el cantante tenía la cara ensangrentada y un ojo cerrado. En este tiempo, Víctor Jara habló al doctor de sus hijas, de sus canciones, y le reconoció que no creía poder salir vivo de allí. Otro testigo de sus últimas horas fue Carlos Orellana, colaborador del Departamento de Cultura e Información de la Universidad Técnica. A Jara vino a buscarle un soldado —al tercer día de estar en el Estadio—. Le hizo señas para que le siguiera, y antes de salir, Víctor Jara entregó un pequeño papel con el poema «Estadio de Chile» a otro de los presos, el jurista Boris Navia, en el que denunciaba el fascismo y la dictadura. Aunque Navia fue objeto de apaleamiento, pudo entregar el papel al ex senador y destacado comunista Ernesto Araneda, quien consiguió salvar la vida y entregar el poema al Partido Comunista chileno, que lo editó.

Barlutin recuerda que a los tres días empezaron los traslados al Estadio Nacional y que cuando sólo quedaban unos cincuenta presos, y entre ellos él y Víctor Jara, apareció el tristemente famoso comandante Manrique, quien ordenó a su gente sacar al cantante de allí y llevarlo abajo, donde había una habitación y varios baños y que era donde ejecutaban a los prisioneros.

Víctor Jara se despidió de Barlutin[1] con una sola mirada y éste ya no volvió a verle. El cuerpo de Víctor Jara apareció muerto cerca del cementerio de Santiago. Tenía cuarenta y un años.

Desde entonces mucho ha cambiado el mundo y Chile ha vuelto a ser una democracia que goza de una de las economías más prósperas y desarrolladas del continente americano. Desde el ya lejano 1973, se han ido difuminando los perfiles de aquellos años terribles, pero de aquel tiempo nos ha quedado el mensaje musical de un Víctor Jara dispuesto con su voz y su corazón a denunciar la injusticia y a cantar la utopía. Víctor Jara sigue vivo en nuestra perdida esperanza y en lo más sencillo y profundo de nuestros deseos.

1. Barlutin fue llevado en un camión al Estadio Nacional, donde fue sometido a un largo interrogatorio sobre Allende.

El celuloide mata

¡Hollywood! ¡La fábrica de los sueños! Nuestra civilización, desde que se inventó el cine, vive una nueva cultura. ¡Qué importa que sea una industria! Lo fundamental en este nuevo Dorado es su capacidad para generar ilusión, despertar pasión y ternura, emoción y angustia, enamorar y desear mujeres y admirar hombres imposibles. Desde que el cine existe, nuestra vida ya no es la misma, tal es la vorágine de sensaciones y vivencias que nos deja una película, una escena, un beso o una trama de ficción.

Reconozco que mi pasión por el cine es tal que demasiadas veces creo que la vida es cine o que el cine es la vida. Esta ensoñación permite creer que el conocimiento de una mujer, un viaje, un desenlace amoroso o cientos de infinitas situaciones, se plantean y resuelven como en el cine.

Y puestos a soñar, los hombres hemos amado en silencio y lejano anonimato a las estrellas de Hollywood, hasta el grado de conocer sus vidas y desgracias, y de respetar íntimamente su belleza, desear sus cuerpos, admirar su inteligencia y brillantez, y llorar su muerte.

Pero Hollywood y por extensión el cine es también una infernal máquina de destrucción, bajo cuyo imperativo han caído alguna de esas estrellas de nuestra devoción. No es sólo la Meca del Cine la responsable, pero sí su exigencia, la dificultad de superar la simultaneidad de la vida real y la maravillosa ficción.

Esta ambigua relación es la que ha llevado a la muerte precoz a muchos grandes actores y actrices, pero a diferencia de otras artes, en el cine no se muere nunca y es muy difícil el olvido, porque pese al paso del tiempo las películas se siguen proyectando en las propias salas de cine, en la televisión y en el vídeo. Y su muerte precoz, además, detiene el tiempo, paraliza el deterioro inevitable de la apariencia externa. James Dean no será nunca un viejo, aunque en *Gigante* apareciera prematuramente envejecido. Quienes amamos en silencio la delicadeza de Pier Angeli, la exuberancia fresca y espontánea de Marilyn Monroe o la seducción juvenil de Jean Seberg, nos hemos evitado comprobar cómo el implacable desgaste físico destruía sus más bellas facciones, su piel, sus manos, sus gestos y sus armónicas siluetas.

Son el éxito como exigencia y el inesperado fracaso los que llevaron a la pronta desaparición de ídolos del cine, a quienes rindo aquí mi particular tributo de admiración y veneración. Porque estremece ver a Montgomery Clift, tan frágil, en *De aquí a la eternidad*; entristece ver a Natalie Wood tan perturbada en *Esplendor en la hierba*, y conmociona oír y ver a Marilyn en *Niágara*.

Ni ellos tres ni otros muchos superaron el duro y cotidiano listón de ser a la vez maravillosos en el cine y en la vida. Fueron desgraciados e infelices en la dura realidad. ¡Qué importa que murieran de forma accidental o voluntaria! Se truncaron en lo mejor de la vida, cuando buscaban desesperadamente un camino de reconciliación interior, un equilibrio entre el glamour ajeno y la sordidez propia.

Pero el cine tiene sus exigencias y pone a prueba la fortaleza interior de sus ídolos, porque las productoras y los directores encasillan a los actores y actrices, los productores eligen a su antojo y sólo el público puede enmendar los objetivos de una industria millonaria, cuya finalidad es provocar la atracción, el interés y la ilusión de los espectadores.

Marilyn Monroe: la mujer más deseada del siglo XX

Pero si alguien por excelencia simboliza la víctima de este mundo es Marilyn Monroe, muerta «en extrañas circunstancias» para la posteridad, a los treinta y seis años, y cuya vida es el mejor ejemplo de hasta qué punto la mujer más deseada de todo el sistema solar podría ser tan desgraciada e infeliz para haber intentado quitarse la vida varias veces, hasta que finalmente lo consiguió.

Como en otros apartados de este libro, evocaré la personalidad y la vida de Marilyn, tomando como referencia inicial ese instante de su vida en el que ella empieza a perder su propio control y a verse superada por los acontecimientos. Por ello, con ser importantes sus tristes orígenes —hija de una mujer perturbada, de padre más o menos desconocido—, sus duros comienzos —en los que tuvo que hacer de todo para llegar a la cima—, su triste historia sentimental —tres matrimonios: uno precoz con un infeliz, otro con Joe di Maggio, el ídolo deportivo americano, y el tercero con Arthur Miller, el intelectual más prestigioso de Estados Unidos— y sus muchas películas en las que con reiterada costumbre se la hacía intérprete de papeles de tonta provocativa (*La jungla de asfalto*, *Eva al desnudo*, *Me siento rejuvenecer*, entre otras), el momento crítico de su vida y que le llevará al suicidio es cuando conoce a Frank Sinatra, con el que mantiene un breve romance. Cuando Marilyn conoce a Sinatra se acababa de divorciar de Arthur Miller y estaba obsesionada por empezar de nuevo. Atrás queda el difícil rodaje de *Vidas rebeldes*, con Clark Gable y Montgomery Clift, a las órdenes de John Huston. Atrás ha quedado también la ilusión amorosa por Yves Montand. Atrás ha quedado su intento de ser aceptada culturalmente por su vinculación con el Actor's Studio y su matrimonio con Miller.

Marilyn quiere y cree que puede volver a empezar, y es este estado el que la hace ser tremendamente vulnerable, aún más de lo que siempre fue. Está obsesionada con la maldición familiar y no quiere acabar sus días encerrada en un manicomio como su madre y su abuela. Pese a ello, sus más próximos amigos la animan a ingresar en una clínica, sin decirle que en realidad es un sanatorio psiquiátrico. Con la peligrosa y fascinante lucidez de los trastornados, Marilyn se sorprende cuando los médicos le preguntan por qué es tan desgraciada, y ella responde: «Estoy pagando una fortuna por descubrirlo y ustedes me lo preguntan a mí.»

En el sanatorio sufre varios ataques de histeria y se ve sometida a una intensa terapia de tranquilizantes. Un día llama para que la saque de allí al siempre leal Joe di Maggio, quien posteriormente la ingresa en otra clínica, el Instituto Neurológico de Columbia, en un régimen más suave y tolerante.

Tras varias semanas de internamiento recibe el alta y poco a poco vuelve a su vida normal, frecuentando de nuevo las tertulias de Lee Strasberg.

Camino de la autodestrucción: conoce a Frank Sinatra

Con mejor ánimo, vuelve a Hollywood y acepta la invitación de Frank Sinatra de instalarse en su casa, mientras ella encuentra un nuevo lugar. Marilyn había conocido a Sinatra en 1954, en una cena con otros invitados, en el célebre restaurante Romanoff. Se volvieron a encontrar durante el rodaje de *Vidas rebeldes,* al que el cantante había asistido por amistad con Huston y los demás actores.

Según quienes han biografiado la vida de Marilyn, su relación con Sinatra fue más importante de lo que se había creído hasta hace unos años. Sin estar enamorada, Marilyn se sentía a gusto con él y segura, concepto al que Marilyn atribuía gran importancia. Además, según revelaría a la escritora Lena Pepitone, en una de sus más interesantes entrevistas, «ningún hombre llegó a excitarme tanto como Frank».

Pero estar relacionada con Frank Sinatra era, en contra de lo que ella deseaba, convertirse en la «amiga» de Frank y «sus amigos». Y éstos ya sabemos quiénes eran: el famoso Ratpack, o «clan Sinatra», del que formaban parte actores y actrices de la categoría y el nivel de Sammy Davis, Dean Martin, Peter Lawford, Tony Curtis y su esposa Janet Leigh, Kirk Douglas, Ava Gardner y, hasta su muerte, el mítico Humphrey Bogart y su fascinante mujer, Lauren Bacall.

El «clan» se divertía de forma pública y notoria y los contactos de Sinatra con la Mafia eran conocidos por todo Hollywood. Marilyn recupera un poco su espíritu entusiasta y, fiel a su ingenuidad, cree que Sinatra va a casarse con ella. Pero los planes de Sinatra eran otros: una vez acreditada su solidaridad y después de haber disfrutado de los encantos de la actriz, el cantante no abandonó su costumbre de seguir con sus negocios de juego en Las Vegas, de organizar suculentas timbas para sus invitados y amigos, y de conquistar a otras muchas bellezas del amplio elenco cinematográfico, como fue el caso de la desconocida Juliette Prowse, con la que acabaría comprometiéndose. En su libro *Marilyn Monroe: toda la verdad*, el escritor Luis Gasca reconoce que algún invitado a las célebres partidas oyó gritar a Sinatra: «Calla, Norma Jean, eres tan estúpida que no sabes de qué hablas.» De este breve período, Marilyn sale derrumbada de nuevo, pero con la amistad de una serie de personajes ajenos pero próximos al mundo del cine y cuyos introductores habrán sido Sinatra y su amigo Peter Lawford, cuñado de los Kennedy, por estar casado con su hermana Pat.

Otra vez sola, Marilyn encuentra consuelo afectivo, que no sexual, en el excelente actor y conocido misógino Clifton Web, que popularizaría en el cine el personaje de «Mister Belvedere», y al que admiramos en tantos y tantos buenos papeles como el de *Laura*. Pero es con Joe di Maggio y en su apartamento donde pasa las Navidades de 1961, sus últimas. En estos días, ya Marilyn le revelará que ha conocido, gracias a Sinatra, a la gente del «clan» y también a otras grandes personalidades, en concreto a John Kennedy.

La primera vez que se les vio juntos en público fue en julio de 1960, en una fiesta en casa de Peter Lawford, escenario idóneo donde el futuro presidente y su hermano solían organizar sus fiestas privadas. Todo Hollywood sabía, por entonces, que el mayor de los Kennedy había mantenido idilios con actrices de la belleza de Gene Tierney y Rhonda Fleming o de la exuberancia de Jayne Mansfield.

Amante del riesgo que conllevan las escaramuzas sentimentales, Kennedy reanudó ese año sus relaciones con Marilyn, con la que se encontraba en el hotel Carlyle, y siendo ya presidente en el propio hotel, en la Casa Blanca y por supuesto en casa de su cuñado Peter Lawford. Se cuenta incluso de algún que otro viaje juntos en el apartamento privado del avión presidencial, el *Air Force One*. También es conocido que en febrero de 1961, Marilyn y su nueva agente Pat Newcombe —que pocos meses después de la muerte de la actriz entraría a trabajar con los Kennedy— asistieron como invitadas a la jura del cargo del presidente Kennedy, en compañía, entre otros, de Peter Lawford y Sammy Davis.

Marilyn sabe que desde que es presidente, su relación con él tiene un ámbito y un tiempo limitados, aunque en algún momento llegó a hacerse sus ilusiones. Pero lo cierto es que entre 1960 y 1961, la actriz se ha visto en privado con el presidente más carismático de la historia moderna de Estados Unidos, ha tenido un romance con Frank Sinatra y, por ellos dos y sin ella saberlo, ha entrado a formar parte de un entorno político y social que no controla. Porque Marilyn ignoraba que la amistad entre Sinatra y los Kennedy era peligrosa para éstos, por la proximidad y vinculación del cantante con la Mafia; porque también ignora que ésta controla todo y a todos y que ya desde su matrimonio con Arthur Miller, estaba siendo «observada» por la poderosa organización secreta.

BOB KENNEDY: EL PRINCIPIO DEL FIN

Pero Kennedy —una vez elegido presidente— no gozaba de la misma libertad. Por consejo de sus asesores, que ven peligrosa la cercanía de Sinatra y de esas amistades con la Mafia, Kennedy se aleja del cantante y de Marilyn, a la que ve por última vez en febrero de 1962, en una fiesta en casa de Peter Lawford, a la que asistieron también, entre otros, Gene Kelly, Dean Martin, Tony Curtis y Kim Novak. En esta fiesta es donde la actriz conoce a Robert Kennedy, ya nombrado fiscal del Estado y hermano menor del presidente, del que es su principal colaborador. Con él, Marilyn baila el twist y a él dedica la actriz todo su encanto y seducción. Es en este momento cuando Marilyn inicia su relación con el que ella llama «un importante abogado», con el que sí cree poder casarse, desquitándose de las últimas decepciones.

Es por ello por lo que quienes la trataron entonces la vieron tan animada e ilusionada, hasta el punto de que decide comprarse la que iba a ser su primera y última casa, en el 12305 de Fifth Helene Drive, en Brentwood, cerca de Bel Air. Como triste presagio, en la puerta hizo grabar un lema premonitorio: «Estoy llegando al final del viaje.»

Marilyn acredita estar de excelente humor y para volver a actuar se pone en manos del doctor Engleberg, para que vigile su peso, y del psiquiatra Ralph Greenson, que queda muy impresionado cuando conoce el cuadro clínico de la actriz, que en esa época tomaba diariamente drogas de la potencia de Pentotal, Nembutal, Fenobarbital y Dormerol. Todo un arsenal de barbitúricos. El doctor Greenson hace un primer diagnóstico del estado psicológico de la actriz: sufría manifestaciones psicóticas, esquizofrenia y reacciones depresivas de paranoia, lo que no impedía que fuera una mujer deslumbrante y a la vez un ser humano desamparado y necesitado del más primario afecto y comprensión. En su biografía de Marilyn, Luis Gasca pone en boca del doctor Greenson esta afirmación: «Si no hubiese sido ella, la habría internado en un manicomio.»

Como medida precautoria, el doctor Greenson le aconseja que no viva sola y que busque una ama de llaves, recomendándole a una gobernanta, Eunice Murray. Con ella, Marilyn viaja a México en busca de muebles de estilo colonial, visitando Taxco, Toluca y Cuernavaca, donde visita en su casa a la actriz Merle Oberon.

En México se encuentra a Mario Moreno *Cantinflas*, que organiza una gran fiesta en su honor, en la que conoce a un atractivo mexicano, José Bolaños, modesto guionista de cine, mucho más joven que ella, con el que mantiene un breve romance. Marilyn aprovechó el viaje a México para intentar adoptar un niño, visitando conventos y orfanatos, pero encontró numerosos impedimentos legales.

En su ausencia, la Cosa Nostra ha ordenado a un detective, Fred Otash, que instale micrófonos en su casa, sin duda confiando en que las visitas que la actriz va a recibir y las conversaciones que se van a celebrar en ella son dignas de figurar en su particular archivo, con evidentes propósitos de presión.

Marilyn ignora que su casa está «pinchada» y se dedica a decorarla y a prepararse para rodar una nueva película, dirigida por Georges Cukor, *Mi mujer favorita*, para la cual elimina de sus rasgos los estragos causados por el alcohol y las drogas en los últimos meses. La película empezó a rodarse el 23 de abril de 1962, y sus compañeros de reparto eran la bellísima Cyd Charisse y Dean Martin. En la grabación de las primeras imágenes, Marilyn muestra la espléndida belleza de sus treinta y seis años, pero pocos días después pide permiso a la productora para asistir, el 18 de mayo de 1962, a la fiesta que en Nueva York se iba a celebrar en homenaje al presidente Kennedy con motivo de su cumpleaños.

Marilyn viajó a Nueva York y para el homenaje escogió un vestido inolvidable, que era como una segunda piel, y ya en el escenario del Madison Square Garden, ante 17 000 enfervorizados demócratas, interpretó con voz sensual el popular *Happy Birthday, Mr. President.* Más que cantar, Marilyn susurró y acarició la melodía, con una voluptuosa intimidad, que aún hoy emociona contemplar y oír. En la gala, además de Marilyn, intervinieron la gran dama del jazz, Ella Fitzgerald, y la diva Maria Callas. Esa noche, Marilyn durmió en Nueva York en el apartamento de Peter Lawford.

A su regreso, rodó las famosas escenas de la piscina, que serían sus últimas imágenes en el cine, en las que aparece desnuda, de espaldas, secándose con su innata sensualidad. Pocos días después, el 1 de junio, celebró en el estudio sus treinta y seis años, y cuando los compañeros le regalaron una tarta de cumpleaños, se puso a llorar y a reír a la vez, de forma histérica. Al día siguiente no asistió al rodaje, facilitando así que la productora la despidiera el 9 de junio, harta de sus frecuentes desaires. Desgraciadamente la trayectoria profesional de Marilyn estaba llena de incumplimientos, de desplantes, de inexplicables ausencias, pero nunca había sufrido la humillación de ser despedida de un rodaje. Sinatra se indignó al enterarse y trató, en vano, de que los directivos de la Fox rectificaran su decisión. En él y en los Strasberg encontró Marilyn algo de consuelo; además de en Joe di Maggio, que la llamará todas las noches, y quien ya sabe desde hace pocos meses que Marilyn mantiene una relación amorosa con un «importante abogado». Luis Gasca, cuya biografía de Marilyn es una excelente y rigurosa referencia histórica de cuanto se ha escrito sobre ella, relata que la relación entre ambos se hizo más íntima con motivo de su encuentro en una gala benéfica en Los Ángeles, en la que ella revelaría a sus íntimos que Bob Kennedy había estado encantador.

En la fiesta de cumpleaños del presidente, muchos de los presentes se dieron cuenta de que había algo entre Marilyn y el hermano de John Kennedy, y entre ellos, uno de los hombres fundamentales del clan Kennedy, Arthur Schlesinger, y el que fuera vicepresidente de Estados Unidos y candidato a la presidencia, Adlai Stevenson.

Desde ese día, 18 de mayo de 1962, los encuentros entre ambos se hicieron más frecuentes, hasta el extremo de que, sin duda en un arrebato propio de la efusión erótica, Bob le promete casarse con ella en cuanto se divorcie de su esposa; pero además, Bob, en otro desliz, le da su número de teléfono privado en el Departamento de Justicia y le hace algunas confidencias sobre la difícil situación creada en Cuba y de una posible invasión de la isla.

Marilyn está viviendo otra ilusión, la última de su desgraciada vida, pero llevada de su desesperación y desequilibrio no sabe que está desempeñando un difícil papel en un muy difícil momento de la vida política de su país. El hombre al que abraza y ama con pasión, es el hombre clave de la joven administración Kennedy, que tantas ilusiones despertó en su propio país y en lo que entonces se llamaba el «mundo libre».

El hombre por el que Marilyn suspira es el fiscal del Estado, cuya primera decisión tras ser nombrado fue la creación de la patrulla Get Hoffa, para conseguir capturar al gran capo de la Mafia, Jimmy Hoffa. Otros objetivos de Bob Kennedy son la desarticulación de los otros dos brazos poderosos de la Mafia: Johnny Roselli y Sam *Momo* Giancana, sucesor de Al Capone en la familia de Chicago. El hombre al que Marilyn besa en sus encuentros furtivos es el que ha aconsejado a su hermano John que rompa su amistad con Frank Sinatra, porque, «si te ves con él en la Casa Blanca y en California, tengo que detener mis investigaciones en Las Vegas», donde el cantante tenía el casino Cal Lodge.

El hombre con el que Marilyn sueña es quien se da cuenta de lo peligrosa que es para su hermano su relación con Judith Campbell, amante a su vez de Sam Giancana. Pero el hombre en el que Marilyn deposita sus últimas ilusiones cae en la emulación de su admirado hermano, dedicando su tiempo libre a la conquista de actrices del siempre accesible mundo del cine. Y Marilyn no es una *starlet* ni una principiante; pese a su ingenuidad, es una mujer hecha y derecha, con suficientes fracasos a sus espaldas como para apostar decididamente por esta nueva relación. Y por ello es más peligrosa; tanto que quienes entonces controlan de verdad en Estados Unidos, no dejan de frotarse las manos ante el «regalo» que el fiscal del Estado les ofrece con su aventura amorosa.

En efecto, desde su elección, tanto la Mafia, como la CIA y el FBI, controlan sus movimientos, y desde el principio los tres elaboran un voluminoso dossier sobre Bob Kennedy y sus relaciones con Marilyn. El todopoderoso director del FBI es quien acumula más información sobre ambos hermanos y sobre la aventura entre la actriz y el joven político, en el que se llega a afirmar que Bob le ha prometido hacerla su mujer y que tiene previsto suceder a su hermano en la Casa Blanca.

En los meses de junio y julio de 1962, la relación entre ambos avanza dentro de los límites posibles, aprovechando los viajes de él a Los Ángeles, y testigos hay de un encuentro de ambos en la casa de ella, el 27 de junio. En sus conversaciones con el periodista W. J. Weatherby, Marilyn le revelaría que tenía un amante del que afirmaba:

> El único problema es que ahora mismo está casado, y además es famoso. Nos tenemos que ver en secreto. Está metido en política en Washington.

También en julio de 1962, según alguno de sus biógrafos, perdió el hijo que esperaba, por las mismas razones que había perdido los anteriores: era un embarazo extrauterino. En aquel tiempo, revelaría al periodista gráfico George Barris el drama que estaba viviendo:

> Para que una mujer quiera tener un hijo con un hombre tiene que estar muy enamorada. Sobre todo si no está casada con él. Y cuando un hombre abandona a una mujer al decirle ella que está esperando un hijo, cuando no se casa con ella, eso tiene que hacerle mucho daño, en lo más profundo.

De hecho, Gasca revela en su biografía que la CIA tenía un informe en el que se revelaba que la actriz había sufrido un aborto legal en la frontera de México y que había sido ingresada en el hospital Cedars of Lebanon.

Sus últimas horas

En esos días del mes de julio es evidente que Marilyn quiere aferrarse a la relación con Robert Kennedy, y que éste, por el contrario, advertido del peligro que ella supone, trata de evitarla, lo que desestabiliza profundamente a la ya inestable Marilyn.

De la amargura final de esos días nos queda el testimonio de una de las frases publicadas en la entrevista que le hizo para la revista *Life* el periodista Richard Merryman: «Sí, soy una estrella; es la gente la que me ha convertido en una estrella, ningún estudio, ninguna persona; ha sido la gente.» Pero la pobre Marilyn ignoraba, como otros tantos divos del cine, que la gente es un soporte aparentemente sólido pero inexistente en las largas y tristes tardes y noches de soledad, cuando las estrellas del celuloide se encuentran a solas con su propio fracaso, como personas.

En su última entrevista, Marilyn reconocería su íntima decepción: «Está muy bien que la gente me incluya en sus fantasías, pero también me gustaría que me aceptaran por mí misma.» Paula y Lee Strasberg, que la visitan en su casa en los últimos días de julio, observan que su estado es deplorable y que la actriz se encuentra sumida en una profunda depresión.

El viernes 3 de agosto de 1962, Marilyn salió para comprar un frasco de 25 pastillas de Nembutal y se encerró en su casa, que aún olía a pintura fresca por las obras recién terminadas. Esa noche cenó con su agente de prensa, Pat Newcombe, y como ésta estaba resfriada, la invitó a quedarse en su casa a dormir. A la mañana siguiente desayunó con ella y tomó sus primeras pastillas. Cuando llegó la gobernanta, Eunice Murray, Pat se marchó. Poco después la visitó un fotógrafo de la revista *Playboy* y el doctor Greenson, que la encontró inquieta, aconsejándole un paseo por la playa. Pero el doctor fue también testigo de la llamada que recibió Marilyn de su «abogado» y de la conversación que ella mantuvo a continuación con otra persona, a la que la actriz reveló enfurecida que «la ha llamado», «que está aquí» y que «la ha invitado a una fiesta con dos putas». Después habló con Joe di Maggio, que le contó que su hijo había roto con su novia.

El doctor Greenson fue testigo de estas llamadas y, aunque preocupado por su estado de ansiedad, abandonó la casa. La gobernanta es quien a continuación escucha cómo Marilyn habla con su agente Pat Newcombe y de nuevo con «el abogado», al que dice que «se quiere morir».

A última hora de la tarde, el doctor Greenson habló por teléfono con la señora Murray para preguntar cómo se encontraba Marilyn y la gobernanta se acercó a la habitación, observando luz por debajo de la puerta, pero no se atrevió a molestarla. Según el relato de la propia Eunice Murray, a las tres de la madrugada se despertó y bajó a la habitación, pero no pudo abrir la puerta, cerrada por dentro, por lo que salió al jardín y desde allí observó que la luz seguía encendida y que Marilyn reposaba desnuda sobre la cama, con el auricular del teléfono en la mano. Preocupada, Eunice Murray avisó al doctor Greenson, que llegó inmediatamente; tras romper el cristal de la ventana, comprobó que la actriz estaba muerta. A los pocos minutos avisaron al doctor Engelberg, que a las 3.30 horas se limitó a declararla oficialmente muerta. La policía fue avisada a las cuatro de la mañana y su primer informe fue tan ambiguo como para dejar abierta la especulación a la posteridad: «probable suicidio».

Pero para que la muerte de nuestra llorada actriz siguiera siendo una incógnita histórica del mismo grado de incertidumbre que el asesinato de Kennedy, quienes han investigado las circunstancias de su muerte han encontrado y averiguado hechos que cuando menos han permitido dudar seriamente de que todo hubiera ocurrido como parecía a las tres de la madrugada de aquel sábado 4 de agosto de 1962.

Por citar sólo algunos de ellos, el cadáver no parecía haber sufrido las convulsiones habituales de quienes han ingerido una sobredosis de barbitúricos; no había signo de vómitos ni vaso de agua cerca del cadáver, con el que ingerir las píldoras. Por otra parte, en el baño más próximo a la habitación de la actriz no había agua por las obras. El rigor mortis del cadáver demostraba que la muerte debía de haber ocurrido antes de las tres horas dictaminadas por los doctores Engelberg y Greenson. El cuerpo presentaba algunas marcas y pequeños arañazos.

Pero lo que sí está acreditado es que el informe de toxicología revelaba que había restos de Fenobarbital, 8 mm en sangre, y de Pentobarbital, tanto en hígado (13 mm) como en sangre (4,5 mm), dosis que multiplicaba por diez la tolerable por un organismo.

La duda histórica es ¿cómo se tomó las pastillas?, ya que no había restos del tono amarillento que deja el Fenobarbital en el tubo digestivo, ni de la gelatina que dejan las píldoras de Pentobarbital. ¿Se le inyectaron por vía hipodérmica?, a lo que el doctor Noguchi, que hizo la autopsia, confirmó que no había huellas de pinchazos. ¿Se le administró una lavativa? Pero, en la habitación de la actriz no había jeringuilla ni lavativa alguna.

Para complicar más las cosas, de la consulta del doctor Noguchi, que tuvo el triste privilegio de ver por última vez desnuda a la actriz y de proceder a su espantosa disección, y de años más tarde ser quien hizo también la autopsia de Bob Kennedy, Janis Joplin, William Holden y Natalie Wood, desaparecieron todos los informes, análisis, fotografías y diapositivas del caso, así como la correspondencia que había mantenido sobre el caso con el fiscal.

Otro hecho sospechoso es que los dos teléfonos de Marilyn, GR6189 y 4724830, habían sido «pinchados» por un especialista, Bernie Spindel, que en 1966 reconoció en una investigación llevada a cabo por el *New York Times*, que tenía las cintas con todas las conversaciones, y los propios miembros del equipo del periódico oyeron las frases «¿qué vamos a hacer con el cadáver?» y «¿ya se ha muerto?», pregunta esta última formulada desde un teléfono de San Francisco. Pero el mismo día en que se escucharon las famosas cintas, la policía entró en casa de Spindel y con una orden judicial las confiscó.

También se ha sabido años después que sólo 24 horas después de su muerte, dos individuos confiscaron el registro de llamadas de la actriz en la Compañía General de Teléfonos de Los Ángeles, y que el diario de tapas rojas en el que la actriz anotaba todas sus cosas, nunca apareció.

La hipótesis más probable es que los servicios de inteligencia estuvieron en casa de la actriz la noche del sábado y que intervinieron de forma decisiva en la escenificación de su muerte, para encubrir la relación de ella con Bob Kennedy y las conversaciones que mantuvo con él el sábado. También se ha sabido años después que Bob Kennedy estuvo efectivamente en San Francisco la víspera de la muerte, ya que se registró en el hotel Saint Francis el viernes 3 de agosto y que al día siguiente viajó a Los Ángeles y visitó a Marilyn —acompañado de Peter Lawford y del doctor Greenson— para tratar de calmarla y de que no hiciera efectiva su amenaza telefónica de «no respondo de mis actos». El doctor Greenson le inyectó algún tranquilizante para calmar su estado y muy probablemente la dejaron sola creyendo que se dormiría. Esto pudo ocurrir en torno a las nueve o diez de la noche.

Pero hay también testimonios de que durante la noche —hacia las dos de la madrugada— el servicio de ambulancias recogió a una mujer rubia desde el 12305 de Fifth Helene Drive y la llevó al hospital de Santa Mónica, donde fue depositada en la sala de urgencias, donde murió. Luego, la misma ambulancia, llevó el cuerpo a la casa de Brentwood.

En cualquier caso, todas estas hipótesis confirman que Marilyn se suicidó pero que tan cerca como las píldoras que denunciaba el *New York Times* en su titular del día 5, «MM dead, pills near», se había encontrado el fiscal general del Estado y los servicios de inteligencia de la más poderosa nación.

Es poco conocido que mientras el deslumbrante cuerpo de Marilyn yacía en el depósito de cadáveres, un fotógrafo logró introducirse en él y hacerle algunas fotos, hazaña que habla por sí sola de hasta qué punto la vida y la muerte de Marilyn estuvo presidida por la rapiña de su propia intimidad.

Del funeral de Marilyn se ocupó Joe di Maggio, quien, triste y destrozado, quiso que el mismo fuera un último adiós íntimo y sincero de quienes de verdad la quisieron. Di Maggio se ocupó personalmente de que no estuvieran Frank Sinatra, Peter Lawford y Sammy Davis. Sí lo hicieron el doctor Greenson, Lee y Paula Strasberg, su confidente Ralph Roberts y su agente de Prensa, Pat Newcombe.

Los asistentes cantaron *Over the rainbow*, de la película *El Mago de Oz*, protagonizada por otra víctima de Hollywood, Judy Garland. Alguno de los asistentes vio llorar a Di Maggio, que gritaba el nombre de Frank Sinatra y de su «pandilla de ratas» y de los Kennedy, como culpables de su muerte, exclamando: «No fue Hollywood quien la destruyó; fue víctima de sus amigos.» Marilyn legó a sus herederos unos treinta millones de pesetas y donaciones a múltiples hogares infantiles de todo el mundo.

Marilyn inmortal, leyenda y mito

Pero gracias al cine, Marilyn no ha muerto ni morirá nunca. También gracias a su misteriosa muerte, su cadáver está «mal enterrado» y seguirá investigándose durante años. Pero también gracias a su muerte prematura, en la plenitud de su vida, su figura es hoy una leyenda viva del siglo XX y uno de los mitos más poderosos de nuestra moderna civilización.

A su muerte, de la que ya han transcurrido más de cuarenta años, se escribieron más de ¡cien! libros sobre su personalidad. De ella ha escrito Norman Mailer uno de los libros más emblemáticos de aquella generación; en Marilyn se inspiró Andy Warhol para ilustrar una doble serigrafía titulada *Díptico sobre MM*, del que se vendieron millones de copias que invadieron otros tantos hogares de anónimos admiradores de la actriz. Su figura se convirtió en una referencia contemporánea y posterior de la belleza femenina. Ser o parecerse a Marilyn fue el objetivo de millones de mujeres de todo el planeta. Y si Warhol «clonizó» su celebridad y comercializó su mito —como años más tarde haría Elton John con su canción dedicada a Lady Di—, el propio ex esposo de la actriz, Arthur Miller, acabaría incorporando el personaje a su obra *Después de la caída*.

Un hombre tan agudo e inteligente como Billy Wilder, con el que Marilyn trabajó en dos de sus mejores películas, *Con faldas y a lo loco* y *La tentación vive arriba*, y que sentía aprecio y admiración por ella como actriz, declararía años después: «Estoy espantado por este culto a Marilyn Monroe.» La cantante de jazz Ella Fitzgerald dijo a su muerte: «MM era una mujer poco corriente, un poco adelantada de su tiempo. Y ella no lo sabía.» Por su parte, el gran director de cine Joseph Mankiewicz, que la dirigió en *Eva al desnudo*, dijo a su muerte: «Una Marilyn Monroe envejecida habría sido una confusión penosa y espantosa» y «su muerte era lo mejor que le podía haber pasado». El propio Mankiewicz diría de ella que «no era una persona solitaria. Era simplemente que estaba sola».

La gran bailarina Margot Fonteyn insistía en este aspecto al declarar

> ... aunque su muerte prematura sea una tragedia, no puedo evitar pensar que quizá haya sido más digna y que nunca tendrá que vérselas con los estragos que el tiempo nos trae al resto.

Preguntado años después Bob Dylan sobre qué personajes le hubiera gustado entrevistar, contestó: «A Marilyn Monroe y a aquellas personas que murieron dejando tras ellos un gran lío sin resolver, que mantuvieron a la gente haciendo especulaciones durante muchos años», añadiendo los nombres de John Kennedy y de Pablo, el Apóstol. Uno de sus biógrafos más sinceros, Grahan McCann, escribiría que

> las estrellas que murieron siendo famosas, ídolos de las masas, llorados por las masas, como los Kennedy o Marilyn, se mantienen vivos en el recuerdo por el carácter prematuro de su fin.

Una de las personas que más la maltrató en vida, la «víbora» Hedda Hooper, escribió poco después de su muerte:

> ... en cierto aspecto todos somos culpables. La elevamos hasta las nubes, la adoramos, pero la abandonamos, dejándola sola y asustada cuando más nos necesitaba.

Joshua Logan, que dirigió a Marilyn en *Bus Stop*, quizá su interpretación más sensible y dramática, dijo a su muerte: «Marilyn Monroe era una de las personas más infravaloradas del mundo.»

En sus memorias, otro director, Elia Kazan, revelaría que «ella deseaba que se reconociera su valor y al mismo tiempo respetaba a los hombres que la despreciaban, porque ella compartía su juicio sobre su persona», añadiendo: «Marilyn Monroe tenía una bomba de relojería con efecto retardado.» Norman Mailer concluiría que «Marilyn Monroe era el romance amoroso de todos los hombres de América».

Escuchemos a Marilyn

La adoración por Marilyn no ha muerto. El símbolo sigue vivo, porque su imagen será siempre joven, atractiva, deseable. Nadie habrá visto a Marilyn envejecer como a la misteriosa Kim Novak, la genial Bette Davis o a la sensacional Katharine Hepburn. Da pena que la ley de la vida nos ofrezca contemplar el deterioro físico y psíquico de actores y actrices que fueron el símbolo de una época, de una determinada actitud vital o de la sublimación del atractivo. Quienes, como Marilyn, dejaron este mundo en su sazón artística y física, tienen el privilegio de permanecer incólumes al paso del tiempo.

Pero para concluir con este largo perfil de la actriz más famosa del cine y para desmontar la obstinación con la que se le catalogó de «tonta» y de «rubia con curvas», quiero ofrecer un conjunto de detalles de su vida y de declaraciones de ella misma, que acreditan sobradamente su inquietud interior, su proyección pública comprometida, su ingenio y su fina inteligencia. Algunos son auténticos SOS no comprendidos en su momento.

Sobre el talento del actor, Marilyn dijo:

Como dijo Goethe, una carrera se desarrolla en público, pero el talento se desarrolla en la intimidad. Es cierto en el caso del actor. Para expresar realmente lo que llevo en el corazón, prefiero mostrarlo antes que decirlo. Aunque quiero que la gente comprenda, preferiría que comprendieran en la pantalla.

Sobre el escepticismo de los críticos sobre sus cualidades de actriz, declararía:

> Algunas personas han sido poco amables. Si digo que quiero mejorar como actriz, miran mi cuerpo. Si digo que quiero progresar, aprender mi oficio, se ríen. No sé por qué no esperan que me tome mi trabajo en serio. Me lo tomo más en serio que nadie.

Hacia 1950, en plena conciencia colectiva sobre el peligro atómico, Marilyn declararía: «Mi pesadilla es la bomba de hidrógeno. ¿Cuál es la vuestra?» Sobre ella misma, Marilyn haría muchas declaraciones, la mayoría reflejo de su conocimiento de sí misma. Así, «no me interesa el dinero, sólo quiero ser maravillosa», o «les ruego que no hagan de mí un chiste». Cuando leía las cosas que la prensa escribía de ella, decía: «Se parece a mí, puedo sentirla, puedo oírla, pero realmente no soy yo.» En otra ocasión manifestó:

> A veces he dejado que los hombres se engañen a sí mismos. En ocasiones los hombres no se molestaban en averiguar quién era yo, y en su lugar se inventaban un personaje. Entonces no me molestaba en discutir con ellos...

Sobre su soledad ha dejado una frase que se hizo célebre: «¿Ha estado alguna vez en una casa con 40 habitaciones? Pues multiplica mi soledad por cuarenta. Así de sola me siento.» Preguntada en cierta ocasión por el suicidio, respondió:

Tiene que ser un alivio haber terminado. Es como si se estuviera corriendo una carrera y cuando has llegado al final, suspiras y ¡lo has conseguido! Pero nunca es así: tienes que volver a empezar.

Sobre su condición de actriz dijo: «Ser una actriz de cine nunca fue tan divertido como soñar con serlo.» Sobre su condición de mujer: «No me importa vivir en un mundo de hombres, mientras yo pueda ser una mujer», y también: «Decididamente soy una mujer y me gusta serlo.»

Cuando se le reprochó que hubiera posado desnuda para el calendario, en lugar de alegar, lo que era cierto, que había sido abandonada por los estudios y no tenía dinero para comer, dijo: «El público es capaz de perdonar casi todo a una rubia deliciosa pero casi descerebrada.» Por cierto que en una ocasión envió a un amigo una postal de su famosa foto de calendario, con esta frase: «¿Te gusta mi reloj?»

Entre sus cosas, llevaba siempre un poema de Oscar Wilde que rezaba:

> Y todos los hombres matan aquello que aman, que todo el mundo lo sepa. Algunos lo hacen con una mirada de amargura. Otros, con una palabra de halago.

Cuando se casó con Joe di Maggio le regaló una medalla de oro con la frase de *El principito*, de Antoine de Saint-Exupéry: «El verdadero amor no es visible a los ojos, sino al corazón.» Y por último, poco después de rodar *Vidas rebeldes* reconocería: «Montgomery Clift es la única persona conocida que me ha parecido más desgraciada que yo.»

Epitafio

A pesar de su infeliz infancia, Marilyn fue una mujer que consiguió triunfar, pero pagando por ello un alto precio. Incluso en la cumbre del éxito sentía una gran ansiedad, un deseo profundo de gustar y de triunfar. En realidad, como ha escrito su biógrafo McCann, «el único romance duradero que tuvo fue la cámara».

Pero la huella de su infancia desgraciada no la abandonó nunca y en una de sus más tristes entrevistas reconocería que cuando ingresó en el orfanato, gritaba y lloraba: «No soy una huérfana»; en la misma entrevista, declaró: «Nadie me llamó hija; nadie me tomó en brazos. Nadie me besó. Nadie. Y a mí me daba miedo llamarlos papá o mamá.»

Al morir, el escritor francés Jean Cocteau escribiría:

> Esta muerte atroz será una lección terrible para aquellos cuya ocupación principal consiste en espiar y atormentar a las estrellas de cine.

Poco antes de morir, Marilyn afirmó: «Tengo un futuro y estoy impaciente por llegar a él.» El futuro ya ha llegado, Marilyn. Es la inmortalidad. Su muerte no fue el final de su vida. Como otros grandes de la literatura, el cine, la música, el arte, su muerte prematura fue el primer día de la inmortalidad.

Rodolfo Valentino: el mito erótico del cine mudo

Si Marilyn es la leyenda inmortal de quienes en 1962 empezábamos a conocer y amar el cine y la vida, y de las generaciones que habían conocido los años cuarenta, la feroz segunda guerra mundial y su incierta posguerra, Rodolfo Valentino es sin duda el mito cinematográfico y la leyenda más relevante de los felices años veinte. Y si a Marilyn la mataron la incomprensión de la industria del cine, el egoísmo de tantos hombres y su propia inseguridad, a Valentino empezaron a matarle su ambición y su debilidad frente a las mujeres de su vida. Marilyn conoció un mundo lleno de incógnitas y fue el sueño erótico de una generación y símbolo de la era atómica, mientras Valentino es el mito de Hollywood en sí mismo, el sueño de triunfo de todo hombre en América, el del pobre emigrante que llega a ser el ídolo sexual de todas las mujeres del mundo, gracias a la fascinación que el cine despierta en sus primeros espectadores. Y si Marilyn no ha envejecido a los ojos de las generaciones posteriores, la personalidad deslumbrante de Valentino sí nos parece surgida de la prehistoria, entre otras cosas por su propia obsesión de interpretar personajes de culturas exóticas y por la ausencia de su voz en el testimonio póstumo, ya que es un protagonista clave del cine mudo.

La leyenda de Valentino se alimenta en su mirada hipnótica, el exotismo de sus películas, ambientadas muchas de ellas en el mundo de *Las mil y una noches*, y en una personalidad erótica ambigua. Pero, sobre todo, en una vida turbulenta, sobre la cual el actor perdió el control, y cuyos momentos decisivos merecen un cierto detalle.

Di Valentino, bailarín y gigoló

El primer momento decisivo en la vida de Rodolfo Guglielmi di Valentino, nacido el 6 de mayo de 1895 en un pequeño pueblo de la provincia de Toranto, llamado Castellaneta, fue cuando expresó a su madre reiteradamente su deseo de salir del pueblo y abandonar sus estudios. Su padre había muerto en 1906 y su madre, de común acuerdo con un tío, decidieron darle el dinero que su padre le había dejado para su educación.

El 9 de diciembre de 1913, el joven Rodolfo, al que en el colegio apodaban el Murciélago, por sus orejas en forma de punta, y que fue expulsado del mismo por mala conducta, se embarca en el buque *SS Cleveland* con destino a Estados Unidos, como entonces hacían miles de emigrantes italianos.

Pronto aprendió inglés y en Nueva York trabajó de mensajero, buzo y barrendero, y más tarde de jardinero en una lujosa mansión de Long Island, propiedad del millonario Cornelius Bliss, ganando seis dólares por semana.

Este trabajo le permitió conocer el estilo de vida a la que aspiraba y las maneras y gustos de los ricos. Pero por su arrogancia y mal carácter fue despedido, viéndose obligado a dormir en los jardines de Central Park. En agosto de 1914 su situación era crítica y viendo que sus sueños e ilusiones se desvanecían, pensó en arrojarse al East River, pero, sacando fuerzas de flaqueza interior, decidió aceptar el reto de la vida dura y difícil de Estados Unidos y cambiar de actitud. Encontró trabajo en un restaurante indio y en él conoció a gente que le introdujo en el mundo de los *dancings* y cabarets frecuentados por mujeres solas o casadas que buscaban amantes.

Aprendió a bailar el tango, que era el baile de moda en Estados Unidos, y obtuvo un gran éxito con las mujeres, a las que seducía por su belleza mediterránea, su mirada hipnótica y sobre todo porque aprendió a escucharlas, a conocer sus sueños y a valorarlas. Además de bailar, fue gigoló en sus horas libres, convirtiéndose en la estrella de Maxim's, un local con clase. Adoptó el nombre artístico de Di Valentino y aceptaba los regalos de sus muchas admiradoras, entre las cuales se encontraba una bella mujer, Bianca de Saulles, rica heredera chilena casada con un millonario norteamericano.

Durante un año fueron amantes, mientras Di Valentino proseguía su carrera de bailarín, llegando a actuar para el propio presidente norteamericano Wilson, junto a su pareja artística Joan Sawyer.

Decidida a divorciarse de su marido, Bianca acordó con Rodolfo urdir un plan para que su marido fuera cogido in fraganti, con la complicidad de la propia Joan Sawyer como cebo. La trampa resultó y los jueces fallaron el divorcio a favor de ella. En el juicio, Di Valentino fue citado a declarar como testigo y el millonario le acusó de ser el cómplice de su esposa. El bailarín temió ser expulsado de Estados Unidos y partió en una gira, con la esperanza de encontrarse con Bianca meses después. Pero Bianca, en su ausencia, mantuvo una disputa con su ex marido por la custodia de su hijo y le mató de un disparo.

Ante el cariz que habían tomado los acontecimientos, Valentino decidió prolongar indefinidamente su gira y poner rumbo al Oeste americano, y en concreto a San Francisco, donde pronto conoció a un joven actor, Norman Kerry, que lo animó a probar fortuna en el cine.

Matrimonio no consumado con Jean Acker

En sus primeros pasos en el mundo del cine, Rodolfo aceptó papeles por cinco dólares al día; su aspecto exótico sólo le permitía acceder a papeles de ladrón o bandido. Decididamente, su tipo de belleza masculina no se correspondía con el del momento, por lo que, descorazonado, pensó en volver al baile y a la prostitución de lujo. Sin embargo, le ofrecieron un pequeño papel de bailarín en la película *Alimony*, rodada en 1918, y otros dos en 1919, en dos películas, *The Big Little Person* y *The Delicious Little Devil*, junto a la actriz Mae Murray, dirigidas ambas por el marido de ésta, el realizador Bob Leonard. Ganaba cien dólares al mes y su nombre aparecía inmediatamente detrás del de la actriz principal, con la que interpretó distintas escenas de amor, en las que ambos pusieron tal entusiasmo, que el director se negó a rodar una tercera cinta.

En estos años, Valentino se forjó una imagen de solitario y

enigmático, no despreciando practicar una cierta provocación, como era lucir en las playas de Santa Mónica un inmaculado traje de baño blanco, que resaltaba su tez morena, y pasearse por Sunset Boulevard con dos perros blancos.

Sus siguientes películas fueron *A Society Sensation* y *All Night*, interpretadas junto a la jovencísima actriz Carmel Meyers, y siendo fiel a la máxima de que «hablen de uno, aunque sea mal», se gastó un día un dineral en unos grandes almacenes y se compró un espectacular coche.

Pero su suerte en Hollywood sufrió un primer revés cuando fue rechazado por el genial D. W. Griffith para un papel en la película *Scarlet Days*, encontrándose sin perspectivas de rodaje de nuevas películas, por lo que de nuevo regresó al baile.

Un día aceptó la invitación a una cena en el Ship's Café, en honor de la estrella del cine ruso, Alla Nazimova; al ser presentados, la actriz mostró su pública indignación por la asistencia a ese acto de un reconocido gigoló, del que reveló su implicación y complicidad en el escándalo del asesinato del millonario norteamericano en Nueva York. Todo Hollywood conoció el suceso y, desde ese día, el actor estuvo marcado por su pasado.

Pero este suceso pronto fue superado por el siguiente escándalo en el que se vio envuelto, cuando se enamoró de una de las chicas que acompañaban a la Nazimova, llamada Jean Acker, y de la que ignoraba sus debilidades sexuales, muy afines por cierto a las de la propia actriz rusa. También se especuló con la posibilidad de que el actor creyera poder cambiar sus gustos; lo cierto es que Rodolfo quiso seducirla y al día siguiente de conocerse, se casaron, con el previsible desenlace del que todo Hollywood tuvo noticia. Cuando Rodolfo quiso consumar su matrimonio, Jean Acker le echó de su habitación, y como ocurre en estos casos, además de padecer el desprecio, el actor tuvo que defenderse de las sombras que desde ese día empezaron a cernirse sobre su virilidad. Algo positivo tuvo

Jean Acker: ella fue la que le sugirió que adoptara el nombre de Rudolph Valentino, con el que pasaría a la posteridad.

Ídolo de Hollywood

Sin embargo, Valentino pronto se recuperó del contratiempo sentimental, gracias a su espectacular éxito en la película *Los cuatro jinetes del Apocalipsis*, basada en la novela del escritor español Vicente Blasco Ibáñez, y por cuyo rodaje recibió 350 dólares a la semana y una lujosa habitación en el Hollywood Hotel. La Metro Goldwyn Mayer había encontrado el ídolo que las masas estaban esperando y puso en marcha su fabulosa máquina de fabricar estrellas, creando al joven actor un nuevo pasado, «limpio» de escándalos.

Poco después, en 1919, la actriz rusa Nazimova se acercó a él para pedirle excusas y proponerle el rodaje de una película, *Camilla*, en la que debía interpretar —¡ironías del destino!— a un gigoló.

En esta ocasión, junto a Alla Nazimova figuraba la decoradora y figurinista Natascha Rambova, de la que Valentino se enamoró inmediatamente. Natascha se llamaba en realidad Winifred Shaughnessy, había nacido en Salt Lake City y era nieta de un millonario de la industria cosmética norteamericana. Era bella, dominante, dinámica, ambiciosa y manipuladora, había estudiado en Inglaterra y seguido lecciones de baile en el Ballet Imperial Ruso, donde había encontrado a Alla Nazimova, con la que le unía algo más que una simple amistad.

Durante el rodaje de la película, Natascha mantuvo su ambigüedad, acompañando a Alla en la búsqueda de jóvenes bailarinas y actrices, y acostándose al mismo tiempo con Valentino.

El actor se convirtió en un mero instrumento en manos de Natascha, hasta el extremo de perder a sus amigos, de enemistarse con los productores y los realizadores y de llegar a quedarse sin trabajo, pese a ser el actor más cotizado de la Meca del Cine.

En pleno romance con Natascha y al calor de su fama, reapareció en su vida su fugaz esposa Jean Acker, dispuesta a sacar provecho de la notoriedad y el dinero del actor, al que acusó de haberla abandonado. Valentino contrató un abogado e interpuso la demanda de divorcio, proceso que se dirimió en noviembre de 1921, cuando ya se había estrenado *Los cuatro jinetes del Apocalipsis* y la presencia de Valentino en la película había despertado una histeria colectiva desconocida hasta entonces.

En el juicio, Jean Acker admitió no haber dormido jamás con él y él, por su parte, reveló que el matrimonio no se había consumado y que él creía que era una mujer «normal» cuando se casó con ella. El divorcio fue declarado a favor de Rodolfo Valentino, que accedió a darle 12 000 dólares para evitar que le involucrara de nuevo en otros escándalos; dinero que por cierto tuvo que pedir prestado a la productora Paramount.

Este escándalo ocupó las portadas de todos los periódicos y aumentó el morbo que Valentino provocaba en la sociedad norteamericana, entusiasmada por su papel en *Los cuatro jinetes del Apocalipsis*, en la que la escena del baile del tango lo había convertido en el paradigma del hombre romántico y en el hombre más deseado por todas las mujeres del país.

Cuando, en marzo de 1921, la película se estrenó en todos los cines de Nueva York, Boston y Chicago, fue un éxito de tal dimensión que la productora le ofreció 50 dólares más a la semana. Pero esta oferta indignó a Natascha, que la consideró un insulto y le forzó a abandonar la productora, gesto que marcaría el futuro del actor y que pagaría muy caro, ya que tuvo que estar ocho meses sin trabajar.

Fue el productor de la Paramount, Jesse Lasky, el que finalmente le ofreció el papel principal de la película por el que Valentino será recordado eternamente: *The Sheik* (El Caíd). Durante el rodaje, Valentino cobró 500 dólares a la semana. El papel del Caíd encajaba perfectamente en las condiciones de Valentino, ya que interpretaba a un seductor jefe árabe que enamoraba apasionadamente a una mujer occidental, en un entorno mágico, aventurero y pasional, en el que predominaban la fuerza, el amor *fou* y la emotividad.

La película fue vista por más de 125 millones de espectadores en todo el mundo y recaudó más de dos millones de dólares en dos años, generando una gran influencia en la moda y el lenguaje de la época, hasta el extremo de que se pusieron de moda los pantalones que las mujeres llevaban en el harem, y la palabra «caíd» pasó a ser sinónimo de amante. Rodolfo Valentino fue consagrado como el primer sex-symbol masculino de la historia del cine y sus fans protagonizaron fenómenos de histeria colectiva. El galán ganaba más de mil dólares por semana, pero tenía pendiente la deuda con la Paramount y los estudios no soportaban la presencia de Natascha, por cuya influencia Valentino se había vuelto intransigente y obsesivo.

Antes de rodar su tercera película de gran éxito, *Sangre y arena*, interpretó otra junto a Gloria Swanson, titulada *Beyond the rocks*. En la inspirada en la novela de Blasco Ibáñez surgieron problemas por la permanente ingerencia de Natascha, que obligó al productor, Jesse Lasky, a intervenir para mediar entre ella y el director. Valentino no quiso que le doblaran y se asesoró para ello con gente que conocía las actitudes y gestos de los toreros. El actor estaba encantado de interpretar un papel que acreditaba y fomentaba su valor y virilidad.

Después de llevar viviendo algunos meses juntos, Valentino y Natascha decidieron casarse en Mexicali (México), el 13 de mayo de 1922, sin haber respetado el plazo de un año que la ley exigía a los divorciados para casarse de nuevo. Valentino fue acusado de bigamia y tuvo que pasar varios días en prisión, antes de que sus abogados le aconsejaran plantear su defensa en la alegación de que el matrimonio con Natascha tampoco se había consumado, mal menor frente a una posible condena de uno a cinco años. En la vista, Valentino tuvo que admitir públicamente de nuevo que no se había podido «acostar» con su esposa, ya que después de la boda se sucedieron las celebraciones sin que hubieran podido estar a solas.

Las acusaciones contra él fueron retiradas, pero el actor vio seriamente dañado su orgullo e imagen viril, convirtiéndose en objeto de todos los comentarios y rumores del malévolo Hollywood. Durante el juicio, y con buen criterio, los abogados consiguieron que Natascha desapareciera para pasar unos días en casa de sus padres, pero a su regreso siguió manejando la carrera del actor a su capricho. De ella fue la decisión de que el actor no asistiera al estreno de su siguiente película, *The young Rajah*, donde aparecía con un mínimo *slip* cubierto de joyas, alegando que un artista no debía verse sometido a los ataques de histeria de sus fans.

Y suya fue también la cláusula que exigió a la productora para el rodaje de las próximas películas: el derecho de aprobar el escenario del rodaje. Como la Paramount se negó a aceptarlo, Natascha y Valentino comunicaron a la opinión pública que el actor abandonaba la Paramount por divergencias artísticas. La reacción de la productora fue fulminante, comunicándole que le prohibía trabajar durante un año en otra productora. En la negociación, la Paramount le llegó a ofrecer 7 000 dólares a la semana que el actor rechazó, y el litigio se dirimió en los tribunales que fallaron a favor de la Paramount. Hasta febrero de 1924 el actor no podría trabajar en el cine.

Durante el tiempo que estuvo alejado del cine, Valentino siguió a Natascha en su fascinación por el espiritismo, participando en varias sesiones, en las que acreditó tener dones naturales para conectar con los espíritus, y por fin se casó con ella, el 14 de marzo de 1923, en Crown Point, Indiana.

Pero como su fama era tal, recibió muchas ofertas para realizar exhibiciones y galas, aceptando la que le planteó un fabricante de productos de belleza, George Ullmann, consistente en realizar una gira de baile por todo el país, a cambio de un salario de 7 000 dólares por semana, y de recorrer todos los estados en un lujoso vagón de tren, con todas las comodidades. La gira empezó en Omaha y en el espectáculo Valentino y Natascha representaban un *sketch* de *Los cuatro jinetes del Apocalipsis*, bailaban el tango y organizaban un concurso de belleza cuyo jurado presidía el propio Valentino.

Ullmann se convirtió en el manager personal del actor, gestionando sus maltrechas finanzas, enjugando sus muchas deudas y negociando un nuevo contrato con la Paramount para hacer dos nuevas películas antes de dejarle libre para trabajar en una nueva productora, la Ritz Carlton Pictures.

Mientras, Valentino y Natascha concluyeron la gira, viajando a Europa en luna de miel, y fueron recibidos con enorme entusiasmo en Londres y París. Visitaron a los padres de ella en Niza y siguieron viaje en coche hasta Italia para visitar a los hermanos de Valentino, pero durante el trayecto Natascha se enfadó con él y regresó a Niza. Valentino recorrió las calles y las casas de su pequeño pueblo natal, reflexionando en el calor de la familia el alto precio que estaba pagando por su búsqueda del halago y la fama, y regresó a Estados Unidos con el propósito de rectificar su dislocada vida y de aproximar sus sentimientos a la normalidad.

Sus dos siguientes películas con la Paramount, negociadas por Ullmann, fueron un auténtico desastre y durante sus rodajes la injerencia de su esposa fue una pesadilla para el propio Valentino, que empezaba a darse cuenta de lo negativo de sus recomendaciones. Las películas se titularon *Monsieur Beaucaire* y *A saincted Devil;* tras ellas, la Paramount cumplió lo convenido y cedió «encantado» a su estrella y con ella los problemas que su presencia causaba.

Como era de prever, Natascha Rambova no tardó en hundir a la nueva productora, Ritz Carlton, empeñándose en la compra de un lujoso y costoso mobiliario para el rodaje de la primera película, titulada *The Hooded Falcon,* y en ser ella misma la realizadora de la cinta. La Ritz fue liquidada al poco tiempo, obligando a su manager, George Ullmann, a realizar activas gestiones con otras productoras para evitar que Valentino dejara de hacer cine y que fructificaron con el contrato firmado con la United Artists, que le garantizaban un millón de dólares por un año, con una sola condición: que su mujer no apareciera por los estudios.

Natascha protestó y quiso oponerse a ese acuerdo, pero Valentino se enfrentó por fin a ella, reprochándole que se había aprovechado de su talento, despreciado su trabajo y humillado en público, y que le había hecho perder a sus amigos. Valentino firmó el contrato y al mismo tiempo se separó de su mujer, el 13 de agosto de 1924.

Con la nueva productora interpretó la película *The eagle,* en cuyo estreno, en noviembre de 1925, fue aclamado como el ídolo del cine, y Valentino se sintió admirado y sobre todo el único dueño de su éxito. Tan libre se sintió que, después de vivir en América desde 1913, el 10 de noviembre de 1925 pidió la nacionalidad norteamericana, al mismo tiempo que en París Natascha solicitaba el divorcio.

Pocos días después, Valentino se embarcó para Inglaterra para asistir al estreno de *The eagle*, que como en Estados Unidos fue un gran éxito. El divorcio fue declarado en enero de 1926, justo al mismo tiempo que el actor desembarcaba de regreso, como «soltero de oro».

Valentino se encontraba recuperado y animoso, tras los últimos meses de tensión; pronto rodó una nueva película, *The son of the sheik*, que también fue un éxito y empezó a salir con la gran actriz Pola Negri, que se convirtió en su compañera y en la mujer por la que olvidó a Natascha. Más difícil fue que ciertos periodistas olvidaran su pasado y las dudas sobre su virilidad, estigma que desgraciadamente incrementaron dos últimos detalles: la esclava de platino que Natascha le regaló y que Valentino juró no quitarse jamás, y la moda que se impuso en algunos lavabos de hombres de las ciudades de Estados Unidos de instalar máquinas de color rosa que ofrecían pañuelos a los hombres. Como acto previo al estreno de su última película en Chicago, un periódico local acusó reiteradamente a Valentino de afeminar al hombre americano, y el actor, en lugar de seguir el consejo de George Ullmann de no hacer caso de los comentarios, decidió retar al periodista a un combate de boxeo.

Afectado por estos comentarios y por el duro trabajo del rodaje de su última película y de los sucesivos estrenos en ciudades americanas, Valentino sufrió una fuerte depresión. A su regreso de Chicago, asistió al estreno en Nueva York, donde estuvo por última vez con Pola Negri; como si quisiera arreglar sus cuentas con la vida, Valentino pidió perdón al máximo ejecutivo de la Paramount, Adolph Zukor, por los innumerables problemas causados, y se reconcilió con Jean Acker.

Valentino se sentía mal, le dolía el estómago, sin por ello suspender su asistencia a una gran fiesta que se celebraba en

Nueva York el 14 de agosto de 1926 y que se prolongó hasta la madrugada. A la mañana siguiente, Ullmann lo encontró en el suelo de su casa, retorciéndose de dolor, y lo llevó inmediatamente al Polyclinic Hospital, donde fue operado esa misma tarde de una crisis aguda de apendicitis y de una sangrante úlcera de estómago. Pareció recuperarse de la operación y a los pocos días anunció a la opinión pública que pronto dejaría el hospital, pero los doctores le hicieron más revisiones y pruebas, observando que se habían producido complicaciones y que el actor padecía un extraño envenenamiento de las paredes del corazón. Los médicos le inyectaron morfina para aliviar el intenso dolor y el actor empezó a padecer fiebre altísima y a delirar en italiano y en inglés, hasta finalmente entrar en coma. Dos sacerdotes, uno de ellos italiano, le dieron los últimos sacramentos y el 23 de agosto de 1926, poco antes de mediodía, Rodolfo Valentino murió con un crucifijo en los labios. Tenía treinta y un años.

La noticia de su súbita y prematura muerte conmocionó y conmovió a todo el mundo, sumiendo a toda una generación en un inmenso duelo colectivo. En Inglaterra, una joven actriz, Peggy Scott, se suicidó, pidiendo en su última voluntad que se tapizara su tumba con fotografías del actor. Durante dos días, más de cien mil personas visitaron su capilla ardiente y doce policías en moto escoltaron el féretro por las calles de Nueva York hasta la iglesia de St. Malachy, donde se iba a celebrar el oficio fúnebre, en el que estuvieron presentes una desconsolada Pola Negri y otros actores como Mary Pickford, Douglas Fairbanks y Gloria Swanson. También asistió Jean Acker.

Por expreso deseo suyo, su cadáver fue llevado en tren hasta California, celebrándose un último acto fúnebre en la iglesia del Buen Pastor de Beverly Hills, previo al entierro en el cementerio de Hollywood.

En su testamento dejó muchos de sus bienes a sus hermanos Alberto y María y a Theresa Werner, tía de Natascha, que tanto le ayudó en su divorcio. A su ex esposa le dejó un dólar. El paso del tiempo ha multiplicado aún más la leyenda de Rodolfo Valentino, convirtiendo al actor en referencia histórica y sentimental de su tiempo e identificándolo con el glamour y la fascinación de los primeros tiempos del cine y en mito erótico de toda una época. Es Valentino el primer gran mito de Hollywood y el símbolo de hasta dónde puede llegar todo emigrante que como él alcanza la cumbre del éxito, después de desembarcar en el puerto de Nueva York sin tener oficio alguno. A su muerte, el gran Charles Chaplin expresó su condolencia con esta frase: «La muerte de Rodolfo Valentino es uno de los acontecimientos más trágicos de la historia del cine.»

Montgomery Clift: una alma atormentada

La historia del cine de la posguerra mundial no puede entenderse sin la personalidad de Montgomery Clift, muerto a los cuarenta y seis años, después de una vida atormentada por su afán de perfección, su adicción a la bebida y la inseguridad que le provocaba su condición de homosexual. Y no puede entenderse porque el gran Monty Clift es el actor —junto con Marlon Brando— que crearía un nuevo estilo de interpretación, que haría escuela, y al que bastó su deslumbrante presencia en media docena de películas, para que ser actor fuera también sinónimo de introspección y vulnerabilidad, de atractivo y a la vez inalcanzable fragilidad.

La personalidad de Montgomery Clift fue la que primero reivindicó que un actor era mucho más que un objeto al servicio de las grandes productoras, los agentes, los estudios y las comadres de Hollywood. Monty fue el primer actor que peleó con los directores, que corrigió y supervisó guiones, que se negó a hacer el juego a la industria, y también el primero que tuvo que librar una sórdida batalla interior para demostrar ante las cámaras que un actor debía acreditar mucho más que una técnica y unos recursos interpretativos.

Cuando en 1953 todo Hollywood empezó a hablar de James Dean, éste se encargó de decir que sus actores favoritos eran Montgomery Clift y Marlon Brando, matizando que «Brando era demasiado evidente» y que «Monty tenía más clase». Clift es el padrino espiritual de James Dean y también de toda una feliz generación de actores cuyo primer exponente es Paul Newman, y del que son herederos Jack Nicholson, Al Pacino, Dustin Hoffmann y Robert de Niro.

Atractivo, homosexual, neurótico, inconformista, vulnerable, rebelde, atormentado; todo eso fue Montgomery Clift. Y su vida se truncó muy pronto, justo el día del aniversario de su nacimiento, ocurrido el 17 de octubre de 1920, en Omaha, Nebraska. Y es que Monty nació minutos después de su hermana melliza, Roberta, cuando su madre, Sunny, creía ya haber terminado de dar a luz. Los doctores le advirtieron, después de quince tremendas horas de parto, que quedaba aún por dar a luz a otro niño. Su madre, agotada, exclamó un tremendo «¡No!». Toda su niñez está marcada por la influencia y presión de su madre, que le educó como a un aristócrata y que le trató siempre como a un adolescente.

La vida de Montgomery Clift tomó pronto un camino directo a la autodestrucción y a la muerte prematura, pero fue el 12 de mayo de 1956 cuando sufrió el incidente que marcaría su sino final. Ese día, Montgomery estaba agotado por el rodaje de *El árbol de la vida*, pero su compañera de reparto e íntima amiga, Elizabeth Taylor, le insistió reiteradamente que acudiera a cenar a su casa con varios amigos. Como ya había sufrido varios accidentes de coche, Monty tenía un chófer filipino, al que aquella tarde había ofrecido descanso. Por ello, a las siete de la tarde tomó su propio automóvil y se dirigió a la casa que Liz Taylor tenía en las colinas de Coldwater Canyon, en Hollywood. Bebió poco, en contra de su costumbre, y le dijo a su buen amigo, el actor Kevin McCarthy, que se iría pronto. La anfitriona disfrutaba de sus invitados —entre ellos Rock Hudson—, ofrecía un gélido *champagne rosé* y no paraba de poner música de Frank Sinatra. A las once y media de la noche, Monty se disculpó y como temía perderse en los recovecos de las colinas de Hollywood, le pidió a Kevin McCarthy que le guiara hasta Sunset Boulevard. Sólo unos kilómetros más allá, Montgomery Clift se estrelló en una curva, sufriendo tremendas heridas en su cara. McCarthy regresó a casa de Liz Taylor y entró gritando: «¡Monty ha sufrido un accidente! ¡Temo que haya muerto!»

La propia Liz Taylor fue la primera en llegar al coche, introduciéndose por una de las puertas traseras y pasando al asiento delantero; tomó en su regazo la cabeza de Monty, comprobando que tenía la cara destrozada. Con decisión, Liz introdujo su mano en la boca de Clift y le extrajo algunos dientes, rotos por el impacto. Media hora tardaron en sacar a Monty Clift del coche, llevándolo posteriormente al hospital, donde los doctores dictaminaron que tenía la nariz rota, la mandíbula destrozada, numerosas heridas en las mejillas y el labio superior partido. Monty permaneció en el hospital tres semanas, al término de las cuales hubo de ser operado de nuevo, ya que los doctores comprobaron que habían soldado mal la mandíbula. Monty quedó desfigurado. Sus rasgos cambiaron; su serena belleza viril desapareció. Monty vivió aún diez años más, pero «murió» aquella noche.

De Broadway a «Un lugar en el sol»

Cuando el mundo del cine se interesó por Montgomery Clift éste era un reconocido actor de teatro, en el que había interpretado muchas y variadas obras. Pero en 1945 aceptó firmar un contrato de seis meses con la Metro Goldwyn Mayer y pasar una temporada en California, desde donde escribió varias cartas a sus hermanos y amigos, diciendo que Hollywood era vomitivo y que los actores eran tratados como objetos inanimados que podían ser comprados o vendidos para obtener un beneficio.

Le propusieron varios guiones y los rechazó todos, hasta el extremo de que en mayo de 1946 expiró el contrato con la Metro, sin que hubiera rodado una sola película. Pero poco después, el director Howard Hawks le ofreció el papel de hijo adoptivo de John Wayne en un western, titulado *Río Rojo*, y Monty aceptó rodar la película porque le atrajo la idea de enfrentarse a John Wayne, personificando la elegancia frente a la jactancia y bravuconería de Wayne.

Por su papel le ofrecieron sesenta mil dólares y tuvo que pelearse físicamente con Wayne en una escena de la película. Como era de prever, Monty no congenió con su rival ni con el ambiente machista que rodeaba la película. Naturalmente, este sentimiento era recíproco y Wayne dijo en varias ocasiones que Clift era «un arrogante bastardo». Al terminar la película, en diciembre de 1946, Peter Viertel, el hijo de Salka Viertel y guionista de la mayoría de las películas inspiradas en libros de Hemingway, le presentó a un joven director norteamericano, aunque nacido en Austria, Fred Zinnemann, con el que estaba trabajando en el guión de una película que iba a titularse *Los ángeles perdidos*. A Clift le interesó el papel del soldado idealista y viajó a Zurich para el rodaje de la película, acompañado de su profesora de interpretación, Mira Rostova, a la que Zinnemann echó del estudio por su permanente intromisión en el rodaje. Clift empezó a hacer «méritos» en esta película como actor conflictivo y dado a modificar los guiones, pero en conjunto quedó muy satisfecho de haber interpretado esta película, cuyos guionistas recibieron el Oscar de la Academia al mejor guión. Pero sus dos primeras experiencias cinematográficas despertaron su curiosidad por la técnica artística y por ello, al regresar a Nueva York en el otoño de 1947, se inscribió en el

Actor's Studio, la academia dirigida por Lee Strasberg, donde coincidió con Marlon Brando y otros grandes actores y actrices.

El 26 de marzo de 1948 se estrenó *Los ángeles perdidos*, obteniendo un gran éxito, y Monty se hizo famoso. De su interpretación escribió el *New York Times*: «Montgomery Clift está soberbio... y consigue realmente la exacta combinación de intensidad y continencia.»

Durante semanas le llovieron las ofertas, pero de todo lo que le ofrecieron sólo le interesó el papel de cazadotes en *La heredera*, película por la que le pagaron la importante cantidad de cien mil dólares y en la que compartía el reparto con Olivia de Havilland, con la que apenas se habló durante el rodaje. En esta película, que dirigió William Wyler, Monty mostró los primeros estragos que la bebida le estaba causando y se quejó caprichosamente del trato de favor que —decía— Wyler brindaba a Olivia de Havilland, a Myriam Hopkins y a Ralph Richardson. También lamentó que Wyler fuera un técnico sin corazón. Aun así, opinaba que su papel de Peter Townsend era un paso más en su carrera.

Olivia de Havilland obtuvo el Oscar —el segundo de su carrera— por el papel de Catherine Sloper, la joven heredera que se enamora y es engañada por el cazadotes. Al acabar la película siguió rechazando los planes de la Paramount para convertirlo en un símbolo sexual y se negó a prestarse a montajes y noviazgos, como el que pretendían mantuviese con otra joven actriz, Terry Moore. En ese momento, Monty sostenía un duro debate interno con sus tendencias sexuales y sólo quería perfeccionar su forma de interpretar, interiorizando al máximo sus papeles.

Por su papel en *Río Rojo* recibió magníficas críticas y ello le animó a formalizar un contrato con la Paramount por tres películas, con la condición —entonces inédita— de aprobar los guiones y que éstos fueran dirigidos por directores de la talla de George Stevens o Billy Wilder. Antes de aceptar nuevos papeles, realizó un largo viaje por Europa, visitando Londres, París, Roma, Atenas, Jerusalén y Tel Aviv, y viviendo en Israel la experiencia de compartir la vida de un kibbutz. Durante su viaje recibió la noticia de que había sido propuesto al Oscar por su papel en *Los ángeles perdidos.*

Pero a su regreso se vio envuelto en los primeros rumores sobre su doble vida; alguien contó que le habían visto en un bar gay y otros contaron que mantenía una relación sentimental con un coreógrafo, creando una presión pública sobre su identidad sexual, que en aquel tiempo le resultó insoportable. Monty empezó a beber de forma tremenda, obsesionado por no desvelar su drama interior y encontrar solución a sus dos adicciones: la bebida y los hombres. Según su representante artística Mira Rostova, a la que el actor presentó a todos sus amigos homosexuales,

> el núcleo de su tragedia era que estaba dividido sexualmente. Nunca dejaba de sentirse en conflicto y siempre culpable de ser homosexual.

A este problema de identidad, Monty añadió su tenacidad e independencia, que le valieron pronto el ser considerado un extraño. Se negaba a seguir el juego de Hollywood, reivindicaba su propia integridad y no quería hacer caso de los agentes, de los estudios y de los productores. El colmo era que además vivía en Nueva York, y no en Hollywood.

Por fin, después de una inactividad de varios meses, aceptó interpretar el papel de un melancólico y liberal ingeniero aeronáutico en la película *Sitiados,* cuya trama gira en torno al puente aéreo de Berlín durante el bloqueo ruso. La película fue dirigida por George Seaton y Monty tuvo como compañero de reparto a Paul Douglas, con el que tuvo algunos roces. La película se rodó en Berlín y Frankfurt y durante su rodaje Monty rechazó el papel principal de la película *El crepúsculo de los dio-*

ses, que iba a dirigir Billy Wilder, aduciendo que interpretar a un joven escritor que se enamora de una actriz de mediana edad podría dañar su imagen. En sus memorias, Wilder relata esta negativa con mucho detalle y reconoce que para un actor neoyorquino como Clift, el personaje de Joe Gillis era demasiado sucio, aunque Wilder dice saber que en esa época Clift mantenía en la vida real una neurótica relación con una mujer de las características de la de la película, llamada Libby Hollman, que entonces tenía cuarenta y ocho años. Era cierto.

El siguiente proyecto de la Paramount era una obra titulada *Una tragedia americana*, que finalmente fue llevada al cine con el título *Un lugar en el sol*. Poco antes de empezar su rodaje, Clift conoció a Elizabeth Taylor en el estreno de *La heredera* y desde ese día no dejaron de quererse, con una lealtad mutua y un sentido de la amistad únicos. Él tenía veintinueve años y Liz dieciocho. La atracción que sintieron el uno por el otro fue definitiva, y quienes teníamos del amor un primer perfil estético creíamos que era imposible encontrar una pareja más perfecta. Al atractivo frágil y vulnerable de Monty se unía la belleza rotunda de Liz Taylor, que tenía los ojos más deslumbrantes del cine, la piel más deseable y un pequeño pero deseable cuerpo, en el que destacaban sus senos, entonces prodigiosos.

En *Un lugar en el sol*, Monty hacía el papel de George Eastmann, un joven advenedizo que conoce y se enamora de una rica y preciosa heredera, Angela Vickers —interpretada por Liz Taylor— y que, por ambición y codicia, asesina a su novia embarazada —Shelley Winters— y es condenado a muerte.

«De aquí a la eternidad» y el drama íntimo de Clift

Al acabar el rodaje, a principios de 1950, Monty volvió a viajar a Europa, visitando París, Roma —donde conoció a Alberto Moravia, Luchino Visconti y Tennessee Williams— y Milán. Liz le escribía largas cartas de amor, pero de pronto en una de ellas le contó que se había comprometido con Nick Hilton, con el que se casaría en mayo de 1950. Monty regresó a Estados Unidos a bordo del *Queen Mary* y tuvo que soportar las malas críticas que recibió *Sitiados*.

A los pocos meses de su boda, Liz Taylor pidió el divorcio de Nick Hilton y volvió a ver con frecuencia a Monty; se encontraban en el restaurante favorito de éste, Camillo's, y quedaban a tomar una copa en Gregory's. Todos creían que Liz estaba muy enamorada, pero Monty estaba muy absorbido por su trabajo y por la bebida, hasta el extremo de que en 1950 decidió ir al psiquiatra, al que reconoció ser homosexual, beber y tomar drogas de todo tipo.

Pero unos meses antes se había estrenado *Un lugar en el sol*, con gran éxito de crítica y personal de sus dos protagonistas. Clift se convirtió en el ídolo de una nueva generación de buscadores de almas y de una juventud atormentada, que pocos años después encontraría en James Dean al mejor heredero de sus valores.

Su interpretación le valió una nueva nominación al Oscar, y aunque Clift no creía ser el favorito asistió —en marzo de 1952— a la ceremonia de entrega. Sus competidores eran Marlon Brando, Frederic March, Arthur Kennedy y Humphrey Bogart, que fue quien finalmente resultó el ganador, por su papel en *La reina de África*. Aun así, *Un lugar en el sol* consiguió seis estatuillas: mejor director (George Stevens), mejor guión, mejor montaje, mejor vestuario y mejores escenografía y fotografía. En esa época, Monty bebía de una forma brutal y su vida estaba permanentemente desestabilizada por su relación con Libby Hollman y por la necesidad de ingerir drogas para dormir. Cuando sus amigos más cercanos le preguntaban por qué bebía tanto, Monty les decía: «Bebo para suprimir mi pánico.»

En el verano de 1952 decidió volver a interpretar y firmó tres películas, que le consagrarían como el actor más sólido de su generación: *Yo confieso*, con Alfred Hitchcock; *Estación Termini*, dirigida por Vittorio de Sica, y *De aquí a la eternidad*, con la dirección de Fred Zinnemann.

En *Yo confieso*, Monty hizo el papel de un sacerdote, Michael Logan, que recibe el secreto de confesión de un asesino, de cuyo crimen es acusado el propio sacerdote. A Monty le perturbaba su relación con Hitchcock porque éste le decía constantemente cómo debía interpretar su papel. Sí congenió con Karl Malden, que hacía el papel del policía que investigaba el crimen y con él discutió el sentido que tenía que un sacerdote fuese condenado por asesinato y por cumplir el secreto de confesión. Sus dudas fueron también las de la censura, que finalmente obligó a modificar el final, para que se descubriese al verdadero culpable en lugar de que el sacerdote fuera condenado. Después de *Yo confieso*, Montgomery Clift viajó a Roma para rodar *Estación Termini*, película producida por David O. Selznick para lucimiento de su esposa, la actriz Jennifer Jones, con la que Clift mantuvo una excelente relación. Todo lo contrario ocurrió con el director, Vittorio de Sica, con el que no se entendió, entre otras razones porque el director italiano no hablaba inglés. El resultado de todo ello fue que Clift detestaba la película y su interpretación y que durante unos meses rechazara varios guiones, hasta que conoció al autor de *De aquí a la eternidad*, el escritor Jimmy Jones, que sin dudar le ofreció el papel del soldado Prewitt, ayudándole a presionar al productor de la Columbia, Harry Cohn, que en principio quería que el personaje lo interpretara John Derek. También intervino el director de la película, Fred Zinnemann, que amenazó con no dirigirla si no era Clift el protagonista, junto a Burt Lancaster y Frank Sinatra. Por fin, Clift hizo de Prewitt, un soldado vagabundo, solitario, que no quiere volver a boxear porque en un anterior combate ha dejado ciego a otro soldado, y que se enamora de una prostituta, interpretada por la dulce y bella Donna Reed.

Clift estudió el guión en profundidad y dio por sentado que la fuerza del soldado Prewitt radicaba en revelar lo menos posible de sí mismo, salvo cuando toca la trompeta. Pero el rodaje de la película estuvo rodeado de problemas porque el estudio le obligó a prescindir de su asesora artística Mira Rostova y porque Clift bebió mucho. Burt Lancaster recuerda que «Clift se acercaba al guión como un científico. No he visto a nadie tan minucioso». Por su parte, Deborah Kerr evoca que Clift sólo pensaba en su papel y que su concentración era absoluta, pero con crudeza afirma que «Clift deseaba querer a las mujeres pero se sentía atraído por los hombres y ello le mortificaba». En un momento dado de la película, Donna Reed le pregunta: «¿Cómo puedes amar al ejército cuando te trata tan mal?» y Prewitt le contesta: «El hecho de que ames algo no significa que te corresponda.»

En esa época, Clift solía beber una botella de whisky al día y según algunos amigos sufría ya algunas sacudidas, hasta el extremo de que en Hollywood sus borracheras se hicieron más famosas que las de Spencer Tracy.

Dos escenas de la película merecen un breve comentario: la pelea con Ernest Borgnine para vengar la muerte de Maggio (Frank Sinatra) duraba tres minutos, pero tardaron más de doce horas en rodarla y fueron los propios actores los que la interpretaron. Y en cuanto a la escena final, los que la presenciaron recuerdan que lloraron al ver cómo Prewitt caía acribillado por sus propios compañeros por no identificarse. Clift terminó el rodaje de *De aquí a la eternidad* el 2 de mayo de 1953 y se sumió en otro período de inactividad y depresión, disfrutando de varias semanas de descanso en Cap Cod, en casa de Kevin McCarthy y su mujer, donde se emborrachó de forma desmedida causando algunos destrozos en alfombras y mobiliario.

El 6 de agosto se estrenó *De aquí a la eternidad* y la crítica elogió su interpretación. Clift fue nominado al Oscar por tercera vez, pero el ganador fue William Holden por su extraordinario papel en la gran película de Billy Wilder *Traidor en el infierno.*

La película obtuvo cuatro Oscar: mejor película, mejor director, mejor actor secundario (Frank Sinatra) y mejor actriz secundaria (Donna Reed). Decepcionado, Clift preguntó al crítico Howard Thompson, del *New York Times*: «¿Qué tengo que hacer para demostrar que soy buen actor?» Quizá las palabras de Karl Malden explican la decepción de Monty: «En *De aquí a la eternidad*, Burt Lancaster y Frank Sinatra destacan de la película; en cambio, Clift se sumerge en ella.»

Tan decepcionado se sintió Montgomery Clift que entre 1953 y 1954 rechazó muchas películas, entre ellas *Desirée*, *La última vez que vi París* y *Moby Dick*, pero acuciado por sus muchas deudas y por la influencia y amistad de Liz Taylor, aceptó interpretar *El árbol de la vida*, película en la que la Metro Goldwyn Mayer invirtió más de cinco millones de dólares, y por la que Monty cobró 250 000 dólares. La película era una historia de amor entre un profesor yanqui idealista, Johnny Shawnesee (Monty) y una bella sureña, Susan Drake (Liz Taylor) y fue dirigida por Edward Dmytrik, con el que Monty tuvo problemas, por su obsesión por el guión, y que años más tarde reconocería: «Monty era muy buen actor pero a veces se preocupaba en exceso por nimiedades.» Durante el rodaje, Monty bebió mucho y causó muchos problemas, que afectaron a su relación con el estudio, pero no con Liz Taylor, que le trataba con un cariño y una gentileza admirables. Los problemas de rodaje llegaron al extremo de que el jefe de producción contrató un seguro de quinientos mil dólares por su posible fracaso.

Durante el rodaje de la película sufrió el terrible accidente de automóvil que le tuvo varias semanas internado en el hospital, y de resultas del cual su rostro quedó desfigurado. Pese a ello, se reincorporó al rodaje, aunque la productora pensó en sustituirle. Liz Taylor se opuso a ello con gran energía, alegando que eso sería matarle. Pero lo cierto es que muchas escenas tuvieron que rodarse enfocando el lado no desfigurado del actor. Monty sufría tanto que sudaba sin parar, cambiando hasta ocho veces al día de camisa, y no dormía, preocupado por la escena del día siguiente. Para intentar remediarlo, tomaba píldoras, y para intentar superarlo, bebía tanto que en ocasiones el director le enviaba a casa para que se recuperara.

Durante el rodaje, su inseparable Liz Taylor inició su romance con Mike Todd, del que hablaba constantemente a Monty, y a su término, Monty reconoció que se miró en el espejo por primera vez, rompiendo a llorar. En el estudio todos habían creído que Monty había vuelto al rodaje porque creía que iba a ser su última película. Cuando se encontraba algo más sobrio de lo habitual, repetía a sus amigos la misma frase: «¡Dios, lo que he perdido! ¡Ya ha llegado el dolor!»; también ironizaba sobre cuántas personas no lo reconocían por la calle.

Este drama precipitó su conflicto interior, sumiéndole ya para el resto de su vida en un debate permanente entre su vida aparente y su vida real, pero decantando de forma definitiva su ambigüedad sexual, de forma que aceptó vivir con un joven francés, de nombre Gilles, de finos modales, al que maltrataba moralmente al exigirle que abandonara su casa, cuando Monty tenía invitados.

En esta época, y como consecuencia de sus abusos, Clift empezó a sufrir impotencia y signos evidentes de degeneración al permitir que muchas noches los personajes más bajos y pervertidos de la noche neoyorquina se apoderaran de su casa y organizaran orgías. En cierta ocasión se encaprichó de un muchacho y le regaló su precioso coche MG de color verde; a los pocos días, el obsequiado se presentó en su casa exigiéndole que pagara mil dólares por la reparación del coche. Y es que como a muchos homosexuales famosos, a Monty le chuleaban sus amores esporádicos y furtivos, sabedores de que el actor pagaría por su silencio, situación que Monty definía como «todos tratan de aprovecharse de mí porque soy una estrella».

En la primavera de 1957, Monty tuvo la oportunidad de ver *El árbol de la vida* y se quedó horrorizado al ver en la pantalla las diferencias que había en su rostro antes y después del accidente. Por ello, detestaba la película y su papel.

Monty es una causa perdida

Su situación de depresión y alcoholismo estaba en boca de todos los actores y actrices de Hollywood; por ello, algunos, como Marlon Brando, quisieron ayudarle y así, una tarde de noviembre de 1957, Brando se presentó en su casa para hablar con él. Con afecto y admiración le recordó su importancia como actor y el paralelismo de sus carreras, así como que ambos fueron candidatos al Oscar, él por *Un tranvía llamado deseo* y Monty por *Un lugar en el sol*. También se interesó por su salud y le dijo que debía cuidarse, ofreciéndole ingresar en Alcohólicos Anónimos. Pero Monty negó que bebiera, que se drogara y que se estuviera destruyendo. Brando se despidió de él, pidiéndole una vez más que tuviera cuidado con el alcohol, y pocos días después comentó a un grupo de amigos comunes: «Monty es una causa perdida.»

El siguiente papel que aceptó Montgomery Clift fue en *El baile de los malditos*, rodada en 1957 e interpretada por el propio Marlon Brando, Dean Martin y Hope Lange, que hacía el papel de la esposa de Clift y con la que protagonizó una de las mejores escenas de la película. Su papel era el de un judío sensible, Noah Ackermann, enfrentado a un oficial nazi (Marlon Brando). Martin, que hacía su primer papel serio, encontró un gran apoyo en Clift, que apenas se habló con Brando. Aquejado de una parálisis facial en la mejilla izquierda y en el labio superior, Clift recurrió a interpretar el papel utilizando la mirada.

El 2 de abril de 1958, Monty asistió al estreno de la película y a la salida fue a tomar una copa a Reuben's con varios amigos, entre ellos Libby Hollman y la propia Hope Lange y su marido, el también actor Don Murray. En plena madrugada, Hope Lange leyó en voz alta la crítica del *New York Times* y Monty se hundió al escuchar:

> La interpretación que Clift hace del sensible judío es extraordinariamente hueca y carente de brillo. Durante toda la película actúa de manera inexpresiva.

Con amargura, Clift reconoció a sus amigos que «Noah ha sido la mejor actuación de mi vida. No pude dar más de mí mismo; nunca seré capaz de volver a hacerlo».

Como consecuencia de estas adversas críticas, a partir de *El baile de los malditos,* Monty se hizo cada vez más antisocial, rehuía a los amigos y se refugió en alguna nueva amistad, como la que mantuvo con Nancy Walker, que sería su mejor amiga hasta su muerte.

Aunque muchos le consideraban acabado, rodó varias películas importantes, gracias a que algunos amigos confiaron en él. En 1958 interpretó *Lonely hearts,* junto a Robert Ryan —al que reconoció que sufría estremecimientos, alucinaciones y sudores fríos—, y Myrna Loy, con la que estableció una gran amistad. La película se estrenó en marzo de 1959 y tuvo críticas poco favorables. Pese a que todo Hollywood consideraba un grave peligro rodar una película con él, Liz Taylor, que entonces estaba casada con Eddie Fisher, le ofreció el papel de neurocirujano en *De repente el último verano,* basado en la obra de teatro de Tennessee Williams, junto a ella misma y Katharine Hepburn. La gran actriz recuerda que se preocupó por su salud y trató de convencerle para que dejara de beber, porque la bebida le había afectado tanto que cuando llegaba al estudio —casi siempre tarde— no era capaz de recordar su papel. Su falta de profesionalidad fue tal que el director, Joseph Mankiewicz, le amenazó con echarle de la película, a lo que se opuso tenazmente Liz Taylor.

De nuevo, pese a que nadie quería saber nada de él, en 1960, Elia Kazan le llamó para animarle a trabajar en su próxima película, invitándole a que se cuidara. Y Monty cumplió su promesa y durante gran parte del rodaje de *Río salvaje* se mantuvo sobrio, mostrándose, en palabras de Kazan, «seguro y firme», hasta que un día se desplomó completamente bebido.

Durante el rodaje intimó con la excelente y delicada actriz Lee Remick, de la que se enamoraba en la película, y al concluir *Río salvaje* regresó a Nueva York y se compró una casa en la calle 61, a una manzana de su dúplex alquilado, que no decoró nunca.

Monty Clift y Marilyn Monroe: a cual más desgraciado

En la primavera de 1960, y gracias a su amistad con Arthur Miller y Marilyn Monroe, John Huston le propuso un papel en *Vidas rebeldes*. Antes del rodaje, Monty ocultó a la productora que sufría problemas de equilibrio, pérdidas de memoria, contracciones nerviosas y que padecía cataratas en un ojo, insólito en un hombre de sólo treinta y nueve años. Pocas semanas después, en mayo de 1960, cayó enfermo de hepatitis y tuvo que internarse durante dos semanas en el hospital Mount Sinai. Durante el rodaje de *Vidas rebeldes*, Clift celebró su cuarenta cumpleaños y congenió con Marilyn Monroe, ya que ambos se reconocieron como gemelos psíquicos. Cada uno reconocía en el otro su propio desastre y juntos se reían de sus neurosis. Ambos tomaban tranquilizantes; ambos devoraban los somníferos porque no podían dormir y también los dos vivían dominados por una íntima insatisfacción e inseguridad.

El reparto incluía a un magnífico y sobrio Clark Gable, que trataba a Monty con especial delicadeza, aunque en alguna ocasión perdió los nervios ante su actitud indisciplinada y errática. El rodaje concluyó el 5 de noviembre de 1960, cuarenta días después de lo previsto y con un coste superior en quinientos mil dólares a los 3,5 millones de dólares presupuestados inicialmente. Sólo once días después murió Clark Gable. Por su papel, Clift cobró doscientos mil dólares y la película se estrenó el 1 de febrero de 1961, con notable éxito, recaudando 3,9 millones de dólares.

Pocas semanas después, Monty aceptó un pequeño papel en *Vencedores o vencidos*, película dirigida por Stanley Kramer con un espectacular reparto de estrellas que incluía a Spencer Tracy, Robert Mitchum, Richard Widmark, Marlene Dietrich, Judy Garland y Maximilian Schell. Cuando en enero de 1961, Kramer le ofreció el papel del judío esterilizado por los nazis, Clift rechazó cobrar por su actuación, percibiendo únicamente los gastos. El rodaje de su única escena en la película duraba siete minutos, pero al empezar, Clift fue incapaz de recordar el guión y tuvo que ser Spencer Tracy, con quien protagonizaba la escena, quien le increpara con firmeza: «Al diablo el papel, actúa para mí.» Tracy fue un decisivo reactivo para Clift y al concluir la escena le obsequió con palabras elogiosas y afectivas. Pese a la brevedad de su papel, fue nominado nuevamente para el Oscar, en esta ocasión como actor secundario. En un momento del rodaje, Clift se quedó a ver la actuación de Judy Garland, que no actuaba en el cine desde hacía siete años y, sentado en un rincón del plató, Monty lloró. Cuando Kramer le preguntó por qué lo hacía, respondió: «Judy lo ha hecho todo al revés.»

Casi inmediatamente, participó en el rodaje de *Freud*, pese a que la Universal había advertido a su director, John Huston, de que Montgomery Clift era un «borracho indigno de confianza». Pero Huston, que ya le había dirigido en *Vidas rebeldes*, se mantuvo firme en su decisión de que el papel de Freud debía interpretarlo Clift. La película empezó a rodarse el 11 de setiembre de 1961, en Munich, y pronto Clift alegaría que en un momento del rodaje algo le había dañado un ojo, ocultando que su mal era anterior. Por esta razón —Monty alegaba que no veía— y por otras debido a su estado, la película se demoró varias semanas, durante las cuales Clift tuvo varios enfrentamientos con Huston, al que acusaba de tratarle sádicamente.

María Schell, a cuya casa en las afueras de Munich solía escaparse Monty los fines de semana, reconoció tiempo después que Clift estaba muy enfermo y que perdía el equilibrio con frecuencia. Por los problemas de visión, Clift mantuvo un largo litigio con la Universal, que acabó ganando meses después y por el que consiguió percibir los 137 000 dólares que la productora se había negado a abonarle por *Freud*. La película se estrenó en diciembre de 1962, con éxito de crítica y público, pero antes, en enero del mismo año, Monty fue ingresado de nuevo en el hospital Mount Sinai, para ser operado de una hernia y de varices. Pese a que su dolencia ocular se había agravado, los médicos no fueron partidarios de operarle hasta que la nube del ojo se hiciera mayor, lo que ocurrió finalmente en diciembre de 1962. La operación le restableció la visión del ojo enfermo y Monty pareció recuperado; en febrero de 1963 disfrutó de unas largas vacaciones en casa de su amiga Nancy Walker, en la isla de Saint Thomas, en las Islas Vírgenes, y pocas semanas después aceptó una entrevista para la revista *Cosmopolitan*, en la que admitió ser un «neurótico profundo».

Pero por su victoria en el litigio con la Universal tuvo que pagar un alto precio: ningún estudio quería contratarle, lo que le produjo un fuerte desequilibrio, hasta el extremo de perder su pudor por sus tendencias homosexuales, sufriendo amenazas y chantajes de sus parejas ocasionales. Gilles le organizaba fiestas en su casa, invitando a modelos, homosexuales de pago, chicos de coro, que arrasaban sus reservas de alcohol y caviar. En el mes de mayo de 1963, Gilles intentó suicidarse y en el verano del mismo año, Clift fue rescatado de Dirty Dick's, un asqueroso tugurio en los muelles de Nueva York, poco antes de que llegara la policía, cuando un grupo de jóvenes lamían su cuerpo desnudo, tumbado en una mesa.

En ese año, algunos amigos pensaron que lo más conveniente era internar a Monty en un sanatorio psiquiátrico, pero su psiquiatra lo impidió. Dado que su estado físico era lamentable y que sufría frecuentes desmayos, su madre y sus hermanos pensaron que lo más conveniente sería que alguien con experiencia cuidara de él y sustituyera a Gilles, que hacía unos meses había abandonado la casa. Contrataron a un hombre de color, de nombre Lorenzo James, que pronto puso orden, prohibiendo la entrada a jóvenes extraños, cambiando la cerradura de la casa y obligando a Monty a no beber durante semanas. En sólo cinco meses, Clift parecía otro: dejó de beber y se acostumbró a ir al cine todas las tardes, y a seguir visitando a su psiquiatra. Pero su abstinencia pronto le provocó dolores terribles, que los médicos combatieron con un nuevo calmante —DMSO— que desprendía un fuerte olor. Fue también Lorenzo James quien consiguió que finalmente decidiera operarse de las bolsas de los ojos, aunque el resultado no fuera muy satisfactorio ya que se le infectaron los párpados y quedó con una cicatriz en la mejilla.

La eterna lealtad de Liz Taylor

En la primavera de 1964, Liz Taylor pasó por Nueva York con su flamante esposo, Richard Burton, y juntos estuvieron en el estreno de la obra de teatro *Hamlet*, que interpretaba el actor británico. A Monty no le gustaba Burton: consideraba que era un actor «recitador». Por su parte, Burton era consciente del rechazo que provocaba en Clift, pero un día, cenando, le reconoció con ironía: «Monty: a Liz le gusto, pero es a ti a quien quiere.»

Pronto Monty volvió a las andadas y se refugió de nuevo en el alcohol y las drogas. Liz Taylor empezó a buscarle un papel, reconociendo a un amigo común que «si Monty no trabaja, morirá pronto». Por ello, le ofreció leer el guión de *Reflejos en un ojo dorado*, en el que Clift podría interpretar el papel de un latente homosexual, obsesionado por un joven soldado que a su vez está enamorado de su esposa. Pero surgió un obstáculo: Liz quería que Burton también interpretara un papel en la película y eso alteraba a Monty. Finalmente, aunque Burton rechazó hacer el papel de tercero y Liz había convencido a John Huston para que dirigiera la película, la productora se negó a contratar a Clift si éste no suscribía un seguro.

A mediados de 1965, cuando ya hacía cuatro años que Clift no rodaba ninguna película, aún no se sabía la fecha de inicio del rodaje de *Reflejos en un ojo dorado*. Clift estaba desesperado y proclamaba a todo el mundo que «todos me han abandonado, menos Liz». Inesperadamente, en octubre de ese año, Salka Viertel le ofreció interpretar en la película *El desertor* el papel de un médico norteamericano chantajeado por la CIA para que espiara durante unas vacaciones en Alemania. Aunque el guión le pareció atroz, Clift vio la oportunidad de demostrar al mundo del cine que no estaba acabado.

Por simpatía hacia él, Leslie Caron aceptó en principio rodar la película, pero finalmente rechazó el papel. Clift pasó un examen de los médicos de la Seven Arts, distribuidora de la película, que exigió firmar un seguro para cubrirse ante cualquier problema que causara su protagonista.

Desesperado por la ausencia de Leslie Caron, Clift viajó a Londres para ofrecerle el papel a Simone Signoret, que con mucho afecto le respondió negativamente. El papel femenino sería interpretado finalmente por una actriz francesa, Macha Meril, y con ella intervinieron Hardy Kruger y un buen y sincero amigo de Monty, Roddy McDowall. La película, con la dirección de Raoul Levy, se rodó en Munich durante los meses de febrero, marzo y abril de 1966, y a su término el director se pegó un tiro, mientras que Monty disfrutó de unos días de descanso en París, donde Leslie Caron le ofreció una gran fiesta en la que también estuvieron Roman Polanski, Sharon Tate y Barbra Streisand.

Pero de regreso en Estados Unidos, Monty sufrió un progresivo empeoramiento de sus innumerables problemas físicos: tenía las manos agarrotadas, varices por todo el cuerpo y se le empezó a caer el pelo. Las pastillas de Demerol que tomaba habitualmente le producían alucinaciones, miedo y paranoia. En este estado de deterioro, Monty pasó encerrado en su casa el 22 de julio de 1966. Por la tarde, encargó a su secretario, Lorenzo James, que buscara una casa en Italia para después del proyectado rodaje de *Reflejos en un ojo dorado* y por la noche, cuando aquél fue a desearle las buenas noches y a recordarle que ponían en la televisión *Vidas rebeldes*, Monty le contestó secamente que no quería verla. A la mañana siguiente, cuando su secretario fue a despertarlo, Montgomery Clift estaba muerto. La autopsia practicada en la Morgue del n.º 520 de la Primera Avenida concluyó que había muerto por «oclusión de la arteria coronaria». El funeral fue oficiado en la iglesia de St. James y al mismo sólo asistieron un centenar de amigos, entre ellos Lauren Bacall, Nancy Walker y Libby Hollman. Myrna Loy envió una gran corona de flores y Liz Taylor un ramo de crisantemos. El organista de la iglesia interpretó varias piezas de J. S. Bach y Monty fue enterrado después en un pequeño cementerio de una de las colinas de Brooklyn. Tenía cuarenta y seis años.

James Dean: el eterno adolescente

Pero si Marilyn Monroe es el símbolo más deslumbrante de la historia del cine y Valentino el de toda una época, hay que situarse en la mitad de la década de los años cincuenta para encontrar una nueva leyenda del cine, al que sólo bastaron tres películas para convertirse en el mejor símbolo de toda una nueva generación de jóvenes rebeldes, inconformistas en el fondo y en la forma, y que también se empezaban a estremecer con las nuevas vibraciones del rock and roll. Me refiero, claro, a James Dean, joven actor formado en el mítico Actor's Studio, a quien Elia Kazan ofreció la grandiosa oportunidad de interpretar en el cine a Cal Trask en *Al este del Edén*, prototipo de esta nueva generación de jóvenes, lleno de conflictos internos derivados de la incomprensión familiar y ambiental.

Cada vez que veo la película, me reafirmo en la opinión de que en la vida real James Dean debía de ser muy parecido al Cal Trask de la película y que por tanto su interpretación era un fiel reflejo de su propia interioridad. En su autobiografía *Une vie*, el gran director Elia Kazan explica con precisión y psicología las razones de su elección de James Dean. Kazan fue a verle interpretar un pequeño papel de árabe en la obra *El inmoralista*, de André Gide, en el John Golden Theatre de Nueva York:

> No quedé impresionado por Dean —cuenta Kazan—. Me hizo pensar en Brando, pero para agradar a Paul Osborn,[1] le cité en las oficinas de la Warner en Nueva York. Cuando entré, Dean estaba tumbado en un sofá de cuero, en la sala de espera, con sus tejanos y un aire de resentimiento, por no sé qué razón. Esta expresión de su cara me desagradó y le hice esperar. Quería ver cómo reaccionaba. Fue batido en su propio terreno, porque cuando le llamé a mi oficina, había abandonado su aire belicoso. Discutimos porque él no estaba dotado para la conversación. Nos mirábamos como perros de presa, cuando de pronto me preguntó si quería ir en su

1. Paul Osborn era el director de escenario de las películas de Elia Kazan.

moto.[2] Él quería *epatar* simplemente, y cuando volvimos llamé a Paul para decirle que Dean era clavado a Cal Trask y que no había por qué buscar más ni hacerle pasar una prueba. Envié a Dean a ver a John Steinbeck,[3] que vivía cerca de mí, en la Calle 72. John encontró que Dean era un mocoso. Le contesté que eso era lo de menos y le pregunté: pero ¿es Cal? John dijo que no había duda de ello y el asunto quedó cerrado.

Pero la mitología del cine americano está llena de jóvenes actores que interpretaron un primer gran papel y luego cayeron en el olvido o en la mediocridad. No fue el caso de James Dean, porque su identificación con el papel de *Al este del Edén* lo consagró como el joven rebelde que anidaba en toda la juventud de la época. Él será el mejor ejemplo de una generación heredera de los americanos que lucharon en la segunda guerra mundial, que vieron morir a miles de compatriotas en Pearl Harbor, en Guadalcanal y en las playas de Normandía, y después en Corea. Es Dean también el símbolo del primer movimiento musical, el rock and roll, con el que la juventud se siente identificada y que además del pionero Bill Haley, ofrecerá pronto la figura mítica de otro nombre de leyenda, Elvis Presley, muerto también prematuramente.

Para reafirmar aún más su opinión de que James Dean era el mejor Cal Trask posible, Kazan cuenta más adelante en su autobiografía que viajó con Dean en avión a California y que al recogerlo en su casa éste bajó con dos bultos atados con cordeles. «Parecía un inmigrante —dice Kazan—. Nunca había ido en avión y se pasó el vuelo mirando por la ventanilla.» Al aterrizar en San Francisco y camino de la ciudad, Dean le pidió

2. En esa época, James Dean tenía una scooter Vespa.

3. John Steinbeck era el autor de la novela *Al este del Edén*, en la que se inspira la película.

a Kazan parar la limusina del estudio para saludar a su padre. Kazan relata así el encuentro:

> En apariencia, sus relaciones parecían extremadamente tensas y no parecían amigos. Yo sentí que el padre no quería al hijo. Creo —continúa Kazan— que esta entrevista abatió a Dean y me di cuenta de que la historia de la película era la suya y en cierto sentido la mía.[4]

Durante las primeras semanas del rodaje de *Al este del Edén*, Dean se comportó con una asombrosa tranquilidad, hasta el extremo de que Kazan confesaría a sus amigos que el novato tenía ante las cámaras la misma veteranía que Errol Flynn, Gary Cooper o James Cagney. Pero poco a poco su seguridad dio paso a un carácter más irascible y engreído, peleándose con el espléndido actor Raymond Massey, que interpretaba a su padre en la película; también empezó a llegar tarde y como agotado. Kazan observaba que como consecuencia de ello la calidad de su trabajo disminuía y se propuso averiguar cuál era la razón de estos retrasos y por qué le afectaban tanto a su interpretación. Pronto obtuvo la respuesta. La razón de la impuntualidad era una preciosa actriz de origen italiano llamada Pier Angeli.

Para Kazan, James Dean no era comparable a su ídolo Marlon Brando, porque Brando era un actor con gran técnica, capaz de todos los registros, mientras que Dean carecía de ella. Conocedor de la admiración que el joven actor sentía por Marlon Brando, Kazan invitó a éste a visitar el estudio y, según cuenta, Brando estuvo muy amable con Dean, dedicándole grandes elogios por su trabajo.

Para explicar la falta de técnica de Dean, Kazan recuerda que en *Al este del Edén* la gran mayoría de las escenas o salían

4. Kazan recuerda que durante mucho tiempo su padre hablaba de él con desprecio, preguntándose qué iba a hacer con su hijo.

bien a la primera o no salían. «Era incapaz —dice Kazan— de interpretar una escena si no lo hacía a la primera.» El director reconoce que no esperaba el éxito de James Dean y que en el estreno de la película en Los Ángeles, en cuanto apareció en escena, cientos de chicas se pusieron a gritar. También admite que no sabe por qué esas chicas estaban esperando a un hombre como él. «Misterio», concluye Kazan.

Cuando James Dean se convirtió en el ídolo de las primeras *teenagers* de la historia, tenía veinticuatro años y muy poca experiencia cinematográfica y teatral. Había nacido el 8 de febrero de 1931, en Marion, Indiana, aunque siendo muy joven su familia se instaló en el pequeño pueblecito de Fairmont. Su madre, Ortense Winslow, murió en 1940, cuando Dean tenía nueve años, y tras cursar algunos estudios de derecho en las universidades de Santa Mónica y UCLA, a principios de 1950 decidió dedicarse a la interpretación, apareciendo en pequeños papeles en televisión, pero pronto optó por trasladarse a Nueva York, donde ingresó en el mítico Actor's Studio.

En una carta dirigida a su padre, en 1952, le contaba:

> He hecho grandes progresos en mi carrera. Después de meses de audiciones, estoy muy orgulloso de pertenecer al Actor's Studio, la más grande escuela de teatro. Allí están grandes personajes como Marlon Brando, Julie Harris y Arthur Kennedy; es muy difícil ingresar en él y es absolutamente libre. Es lo mejor que le puede ocurrir a un actor. Soy uno de los más jóvenes. Si no hay problemas en mi progreso, uno de estos días estaré en condiciones de actuar.

Su paso por el Actor's Studio le abrió las puertas de Broadway, donde consiguió varios pequeños papeles, entre ellos el de joven árabe en *El inmoralista*, en el que Elia Kazan encontró el Cal Trask que buscaba.

Después del éxito de *Al este del Edén*, Dean fue nominado

al Oscar, galardón que recayó en Ernest Borgnine por su papel en *Marty*, pero pronto fue contratado para interpretar una nueva película que aumentó aún más su leyenda de joven en conflicto con la sociedad y la familia, *Rebelde sin causa*, dirigida por Nicholas Ray y con la joven Natalie Wood y otras dos prometedoras leyendas de la juventud americana: Sal Mineo y Dennis Hopper. Según Kazan,

> cuando Nicholas Ray le escogió para *Rebelde sin causa*, no hizo otra cosa que aumentar la fascinación ejercida por Dean sobre la joven generación de nuestro país.

La película mostraba los conflictos entre un grupo de jóvenes y sus entornos familiares, y lo hacía con un evidente afán de presentar a los padres como perversos y a los jóvenes como llenos de grandeza de alma y de sensibilidad, con el resultado obvio de conectar directamente con el conflicto generacional de un tiempo y de convertirse en una película de referencia. En España se estrenó diez años más tarde.

Fue perfecto el retrato de esta nueva juventud, que empezaba a tener un peso específico y preocupante para la bien pensante sociedad americana, y la consecuencia fue la ya descrita.

Sin pérdida de tiempo, la Warner Brothers le propuso rodar su tercera película, *Gigante*, proponiéndole el papel de Sett Rink, junto a la pareja Elizabeth Taylor-Rock Hudson, en el que volvió a mostrarse huraño, solitario y atormentado. Kazan insiste en su autobiografía en enjuiciar negativamente este papel, afirmando que «cuando intentó crear un personaje mayor que él, parecía un debutante». Pero la industria cinematográfica no hacía caso de estas observaciones y Dean fue nominado por segunda vez al Oscar, aunque tampoco lo obtuvo.

Durante el rodaje de *Gigante*, James Dean cambió su Porsche 356 convertible, con el que había participado en varias carreras —con el número 75— por un precioso Porsche 550 Spyder, plateado, con el número 130 en la parte trasera del coche y en el que pintó su apodo «Little bastard» (pequeño bastardo). Pero la Warner Bros le prohibió participar en competiciones durante el rodaje de *Gigante*. Por ello, una vez terminado el mismo, el 30 de setiembre de 1955, Dean se puso al volante de su Porsche para dirigirse a Salinas, donde el 2 de octubre debía participar en una carrera. Pero cuando circulaba a casi 200 km/h, en la intersección de la Ruta 466 y la 41, cerca de Cholame, se cruzó en su destino un Ford, contra el que chocó violentamente, muriendo en el acto. Poco antes del accidente había sido sancionado por circular a velocidad excesiva.

Los funerales fueron celebrados el 8 de octubre, en un clima de histeria colectiva, con miles de jóvenes de ambos sexos llorando su muerte y con miles de ciudadanos perplejos por la súbita y prematura muerte del actor más prometedor de Hollywood.

Nunca sabremos cuál hubiera sido la evolución artística de James Dean; tampoco si, como Brando, hubiera sufrido un tan notorio deterioro físico. Será un eterno misterio imaginar a Dean interpretar papeles distintos de joven rebelde y nuestra imaginación no adivina a Dean haciendo de padre de Tom Cruise en una película de los primeros años noventa.

Aunque James Dean fue enterrado en el sencillo Park Cementery de su villa natal, Fairmount, bajo una modesta lápida que reza «James B. Dean. 1931-1955», su leyenda sigue viva en la memoria de las generaciones posteriores, que han hecho de él un mito entre los mitos, un actor de culto y un personaje imprescindible para entender un tiempo en el que los jóvenes empezaron a rebelarse con causa.

Judy Garland: se apagó una estrella

Para comprender el éxito y la leyenda de Judy Garland es preciso conocer algunas claves de su vida y entender que millones de espectadores de todo el mundo y especialmente americanos, la identificaron con la edad juvenil en su versión más alegre e inocente y con un tiempo lleno de interrogantes y de sórdida realidad bélica.

Como ocurre con todas las actrices y actores que subieron a un escenario antes de aprender a leer y escribir, la vida de Judy Garland está marcada por esa precocidad y por su prematura adicción a los tranquilizantes y los estimulantes, que con alegre irresponsabilidad recetaban algunos médicos a los actores en la década de los cincuenta, para que pudieran dormir y al mismo tiempo estar activos durante las largas sesiones de rodaje.

Judy Garland nació el 10 de junio de 1922 en una pequeña localidad de Minnesota, Gran Rapids, en el seno de una familia de artistas de novedades, que no dudó en hacerla subir a los escenarios antes de los tres años y en agruparla junto a sus dos hermanas para formar el trío Gumm Sisters. En 1934 el citado trío se disolvió y fue entonces cuando Frances Ethel Gumm adoptó el hombre artístico de Judy Garland; pronto empezó a rodar películas y con sólo dieciséis años protagonizó la que sería su película de mayor éxito, *El Mago de Oz*, y la que la convertiría en el ídolo juvenil por excelencia de varias generaciones. En esta película, Judy Garland hacía una verdadera exhibición de espontaneidad, alegría y talento, y por ello obtuvo un Oscar especial de la Academia. Y es curioso recordar que para el citado papel, la Metro Goldwyn Mayer quería a la actriz precoz por excelencia, Shirley Temple, pero su estudio, la Twenty Century Fox, se negó en rotundo a prestar a su máxima estrella a una productora rival. También es anecdótico recordar que Judy Garland no tuvo problemas para interpretar a una niña de doce años, cuando en realidad ya había cumplido los dieciséis. En *El Mago de Oz*, Judy Garland además de interpretar, cantaba y muy bien por cierto, una canción que sería todo un símbolo de esa época: *Over de Rainbow* (Más allá del arco iris), canción por la que Marilyn Monroe sentía especial debilidad.

Su carrera como artista juvenil duró varios años, teniendo como pareja de andanzas al impetuoso Mickey Rooney, junto al que protagonizaría varias películas hasta 1942, en que la Metro decidió que ya era hora de abandonar los calcetines y de demostrar otras cualidades junto a Gene Kelly, en *Por mi chica y por mí*, película que fue un gran éxito.

En 1944 rodó *Meet me in Saint Louis*, durante cuyo rodaje se enamoró de su director, el gran Vincente Minelli. La película era un musical innovador y en ella interpretó dos canciones inolvidables, *Trolley Song*, y *The boy next door*, y durante muchos años fue la segunda película más taquillera de la Metro después de la legendaria *Lo que el viento se llevó*.

En 1945 se casó con Minelli y en ese mismo año rodó una película «maldita», *El reloj*, única de su filmografía no musical y que pretendía emular las cintas de realismo europeo tan en boga y en la que se narraba la historia del encuentro de una oficinista con un soldado de permiso. Judy acreditó su capacidad para conmover al espectador, pero éste se sintió defraudado por el tono sórdido de la historia.

En 1946 dio a luz a su hija Liza, y a partir de ese año empezó a tener problemas de peso que intentó paliar con la ingesta de benzedrina para adelgazar, pero como no le dejaba dormir, le obligaron a tomar píldoras. Todo este cuadro empezó a gestar su declive artístico y cinematográfico, sufriendo un cúmulo de miedos e inseguridades ante las cámaras. En este estado rodó en 1948 *El pirata*, dirigida por Minelli y de nuevo con Gene Kelly, de quien sentía celos por su complicidad con el director. En ese mismo año rodó con Fred Astaire *Desfile de Pascua*, que fue un gran éxito de taquilla.

Pero Judy Garland había empezado su lento camino hacia la autodestrucción y poco después hubo de ser ingresada en un sanatorio, aquejada de una fuerte depresión. Y después de rodar *En aquel viejo verano*, con Van Johnson, y *Repertorio de verano*, con Gene Kelly, abandonó la Metro Goldwyn Mayer, e intentó suicidarse por primera vez. Las noticias de su crisis con la productora fueron portada de todos los periódicos y le provocó una grave crisis matrimonial, separándose de Vincente Minelli en 1951.

Durante algunos años ningún estudio se atrevió a contar con sus servicios, dedicándose —con éxito, por cierto— a ofrecer recitales musicales con la protección de su segundo marido Sidney Luft, que consiguió que fuera la Warner Bros quien le ofreciera retornar al cine para rodar la que en mi opinión es su mejor película, *Ha nacido una estrella* (1954), en la que interpreta de forma dramática a una aspirante a actriz que llega al estrellato al mismo tiempo que la carrera de su esposo (James Mason) entra en decadencia. Bajo la sutil dirección de George Cukor, Judy Garland realizó un gran trabajo, mezclando los registros cómicos y dramáticos, y la película cosechó un notable éxito de taquilla, ingresando más de seis millones de dólares.

De su matrimonio con Luft nacieron dos hijos, Lorna, en 1952, y Joey, en 1955, y pese a su éxito, su carrera cinematográfica se mantuvo en tono menor, interviniendo en un breve papel en *Pepe* (1960), con Mario Moreno *Cantinflas*, y en un papel secundario en *Vencedores y vencidos* (1961), por el que fue nominada al Oscar a la mejor actriz secundaria.

Para los amantes de la melancolía, en estos papeles ya no había nada de la Garland arrolladora; la actriz se mostraba envejecida a sus escasos cuarenta años y ya sólo podía aceptar papeles que se identificaran con la trayectoria vencida de una vida. El director John Cassavetes le ofreció un excelente papel en *Ángeles sin paraíso* (1963) que fue un notable fracaso, y también en 1963 intervino en la que sería su última cinta, *I could go on singing* (Podría seguir cantando), en la que interpretaba a una cantante famosa que se debatía entre la pasión por su carrera y el amor a su hijo, junto a Dirk Bogarde, el excelente actor británico.

En 1965, en pleno declive físico, se casó con Mark Herron, divorciándose al cabo de pocos meses, y ya sin fuerzas ni ánimo abandonó el rodaje de un melodrama *El valle de las muñecas*, siendo sustituida por Susan Hayward.

Aún volvió a casarse, también en 1965, con un hombre quince años más joven que ella, llamado Mickey Deans, con el que sufrió la última afrenta de su vida, al serle reclamados impuestos atrasados y tener que abandonar su casa.

En un último intento por olvidar su pasado y Estados Unidos, se instaló en Londres, donde el 22 de junio de 1969 su marido la encontró muerta en el lavabo, como consecuencia de una sobredosis de barbitúricos. Tenía cuarenta y siete años. Según su biógrafo Gerald Frank,

> Judy Garland se estaba destruyendo gradualmente. Tomaba la medicación para librarse de las ansiedades y cuando intentó dejarla, el dolor era tan intenso que tuvo que volver a tomarla. Su cura se convirtió en su enfermedad y su enfermedad en su cura.

Por la capilla ardiente instalada en la Funeral Chapel de Nueva York desfilaron varios miles de anónimos y devotos admiradores, quienes en su juventud sintieron por ella una adolescente atracción, y que ya adultos no quisieron dejar de ofrecerle una última oración por su atormentada y desgraciada vida.

Jean Harlow: la diosa platino

Dice Terenci Moix que la especialidad de Jean Harlow fue la comedia «como la exacta personificación de una cierta vulgaridad americana que, en un momento determinado, es capaz de burlarse de sí misma». Para quienes no vivimos su tiempo ni por tanto el impacto directo de su presencia en el cine, Jean Harlow es la primera vampiresa del cine y la primera mujer de Hollywood que se atrevió a teñirse el pelo de rubio platino. Por lo primero está en la historia del cine; por lo segundo es sin duda la mujer que abrió la moda a millones de anónimas mujeres de todo el mundo.

En vida, Jean Harlow fue una gran leyenda del cine, por sus extraordinarios retratos de mujeres exuberantes, atrevidas y rutilantes. Su muerte prematura, a los veintiséis años de edad, conmocionó a todo el planeta y su nombre ha quedado ya para siempre como un mito del siglo XX.

Tiene además Jean Harlow otro rasgo singular: ella creó un nuevo tipo físico de mujer, sin la clase de Irenne Dunne, la sofisticación de Carole Lombard, ni la voluptuosidad de Mae West. Jean Harlow instauró el papel de la provocación erótica. Su potencial erótico revolucionó la década de los años treinta y llenó de fantasía y de sueños la mente de los ciudadanos afectados por la depresión del 29. Y su tipo físico tuvo siempre seguidoras, entre las cuales es Marilyn Monroe la que lo encarnó con mayor éxito, hasta el punto de superar con creces el modelo, gracias a su toque personal de ternura que le hicieron única en la historia del cine.

Jean Harlow murió en plena juventud, cuando su carrera de artista estaba en sazón y cuando después de haber interpretado papeles tan arquetípicos de vampiresa, consiguió otros en los que acreditó sus dotes de comediante, por los que fue muy apreciada por la crítica. En 1933 participó en una de las películas que mejor han retratado el mundo de Hollywood, *Polvorilla*; dos años después rodó *Entre esposa y secretaria* junto a los memorables Spencer Tracy y Mirna Loy. Su filmografía tiene otros títulos tan relevantes como *Cena a las ocho*, *Tierra de pasión*, junto a un joven Clark Gable, con el que rodaría en 1935 su película más famosa, *Mares de China*, *Ángeles del Infierno* (1930) y *La jaula de oro* (1931), cuyo título original le valió su apodo de «la rubia platino». Y finalmente, en el último año de su vida, 1937, interpretó junto a Robert Taylor *Jugando a la misma carta*.

Su vida tiene algunos de los escándalos más notorios de la historia de Hollywood, ya que Jean Harlow se casó el 2 de julio de 1932 con Paul Bern, intelectual, guionista y productor de cine, que antes de ser el primer ayudante del mítico hombre de la Metro Goldwyn Mayer, Irving Thalberg, había escrito guiones para Ernest Lubitsch y Josef von Sternberg, y que era veintidós años mayor que ella.

Tan sólo dos meses después de la boda, la noche del 5 de setiembre de 1932, el mayordomo del matrimonio encontró el cadáver de Bern con un disparo en el cráneo, del calibre 38; el cuerpo estaba desnudo, tendido frente a un espejo, en el dormitorio de su esposa, en su mansión de Benedict Canyon. El mayordomo, en lugar de llamar a la policía, telefoneó a la Metro y poco después el propio Louis B. Mayer e Irving Thalberg se personaron en la casa, donde encontraron una nota escrita por Bern en la que le decía a Jean Harlow:

Mi muy querida.

Desgraciadamente, ésta es la única salida para reparar el daño que te he causado y borrar mi humillación. Te amo, Paul.

Espero que entiendas que lo de anoche sólo fue una comedia.

Meyer se guardó la nota y sólo la mostró a la policía, por consejo del jefe de publicidad del estudio. Pronto todo Hollywood supo que «lo de anoche», a que aludía la nota, era que para suplir su impotencia, Bern había tratado de penetrar a Jean Harlow con un consolador. Pero para que el escándalo tuviera todos los ingredientes, al día siguiente del hallazgo del cuerpo de Bern, su antigua esposa, Dorothy Millette, una rubia *starlet* se suicidó también, arrojándose al río Sacramento. Todo el mundo supo que detrás de la deslumbrante luz de los focos, la actriz había vivido un drama del que no se libraría hasta después de su muerte, acaecida de forma totalmente natural, como consecuencia de un súbito ataque de uremia.

Como cuando murió Rodolfo Valentino, su muerte desencadenó un llanto sincero y colectivo de millones de anónimos admiradores. La Metro organizó un solemne entierro y toda América acompañó en su dolor al actor William Powell, con el que la actriz mantenía un sólido romance. Había muerto Jean Harlow, «la novia de América», pero había sobrevivido el mito de la primera rubia platino de la historia del cine.

Carole Lombard: inolvidable en «To be or not to be»

Contemporánea de Jean Harlow, pero con otra personalidad, Carole Lombard es otra de las grandes actrices de Hollywood desaparecida en plena belleza y juventud. Había nacido en Indiana en 1908 y para muchos de los que nacimos en la inmediata posguerra mundial, su nombre estará unido para siempre al papel de actriz teatral en la maravillosa comedia de Ernest Lubitsch, *To be or not to be* (1941), en el que acreditaba unas excepcionales dotes cómicas y un notable atractivo.

Fue también esposa de Clark Gable, con el que se casó en 1939. Tres años después, a principios de 1942, murió en un trágico accidente de aviación, dejando para la historia del cine interpretaciones tan seductoras como la de *Bolero* (1934), en la que bailó con George Raft; *La comedia de la vida* (1934), con la sabia dirección de Howard Hawks; *Ahora y siempre* (1934), con Gary Cooper; *Candidata a millonaria* (1935); *Al servicio de los demás* (1936), en la que interpretó a una atolondrada hija de una familia de millonarios a cuyo servicio entra un mayordomo, interpretado por el inefable William Powell, con el que estuvo casada. En esta película, Carole Lombard fascinó a sus contemporáneos por la clase y personalidad con la que interpretó la faceta humorística e hilarante del personaje.

En 1939 rodó *El lazo sagrado*, junto a James Stewart, y *Dos mujeres y un amor*, junto al rey de la comedia, Cary Grant. En 1941, además de la ya citada obra maestra de Lubitsch, rodó con Alfred Hitchcock una película menor del magistral director británico, *Matrimonio original*, junto a Robert Montgomery.

Cuando murió era una de las actrices más bellas del cine y una de sus más cotizadas y respetadas intérpretes, y no es la historia de su vida la de las estrellas al uso. Pese a que su vida careció de los ingredientes morbosos de otras actrices, la evocación de su nombre se hace siempre en términos de sublime admiración y con la secreta liturgia que se tiene a las leyendas vivas de la historia del cine.

Tyrone Power: un gran galán

Tenía cuarenta y cuatro años cuando murió en Madrid, víctima de un infarto de miocardio; había venido a España a rodar *Salomón y la reina de Saba*, junto a Gina Lollobrigida. Era un galán ya maduro, que enfocaba con otras pretensiones artísticas su presencia en el cine y que había ofrecido a los amantes del séptimo arte una última obra cumbre de su filmografía, *Testigo de cargo*, película magistral de Billy Wilder en la que interpretaba a un hombre sin escrúpulos; y tiene mérito que ésa fuera su mejor interpretación porque a su lado destacaron un extraordinario Charles Laughton y una espléndida Marlene Dietrich.

Si su vida no se hubiera visto frustrada, es muy posible que la carrera de Tyrone Power se hubiera asimilado a la de otros muchos actores que envejecieron con dignidad. Pero su prematura muerte y la trascendencia de sus muchas interpretaciones en películas de éxito, le han convertido, con el paso de los años, en una leyenda del cine y en uno de sus más atractivos símbolos.

Nació en Cincinnati, Ohio, en 1914, y llegó al cine de la mano de su padre, también actor, pero no sin antes consolidar su profesión en el teatro, que por cierto nunca abandonó, y de hecho en los años cincuenta, cuando ya era muy famoso, llegó a interpretar alguna obra en los teatros londinenses.

Fue contratado por la Fox como galán para contrarrestar los elencos de la Metro Goldwynn Mayer, que contaba con Clark Gable y Robert Taylor, y de la Paramount, que tenía en su «cuadro» a Cary Grant y Gary Cooper.

Pronto se hizo un actor famoso por su especialización en amante de señoras maravillosas en películas románticas, y así cortejó a Loretta Young en *Amor y periodismo*, *Suez* y *Metropol*; a la adorable Myrna Loy en *Vinieron las lluvias*; a la bellísima Gene Tierney en *El hijo de la furia*, y a la indómita Maureen O'Hara en *El cisne negro*.

En 1942 protagonizó el remake de *Sangre y arena*, basada en la novela de Vicente Blasco Ibáñez, película que no fue su única incursión en el mundo de los toros, ya que en 1957, un año antes de su muerte, rodó *The sun also rises* (en español, *Fiesta*), según guión de Peter Viertel, sobre la novela de Ernest Hemingway. En esta última alternó con Ava Gardner y con un Errol Flynn espléndido, en la que sería una de sus postreras interpretaciones.

Como buen americano, Tyrone Power hizo la guerra durante tres años, enrolado en la Marina, donde alcanzó el grado de teniente, y su vivencia le sirvió para el rodaje de *Tiburones de acero* (1943), película al servicio de los objetivos e ideales de la segunda contienda mundial.

Su primera película después de la guerra fue *El filo de la navaja*, según la novela de Somerset Maughan, junto a actores de la categoría de Anne Baxter, Gene Tierney, Clifton Webb, Herbert Marshall y John Payne, pero fue en su siguiente film, *El callejón de las almas*, donde realizó un excelente trabajo, consolidándose como un actor capaz de transmitir algo más que el puro atractivo de sus facciones.

Sus siguientes proyectos le llevaron a rodar películas en

Europa, donde conoció a la actriz Linda Christian, con la que se casó en 1949, previo divorcio de su primera mujer, la actriz francesa Annabella. Su matrimonio con Linda Christian le hizo muy famoso en Europa, y con ella tuvo dos hijas, Romina y Taryn. Curiosamente, en otros momentos de su vida, ambas actrices tuvieron apasionados romances con el torero español Luis Miguel Dominguín.

En los años cincuenta su carrera se centró en el rodaje de películas menores, como *Correo Diplomático, El correo del infierno, El caballero del Mississippi* y *Caravana hacia el sur*, junto a la recordada Susan Hayward. En 1955, John Ford le brindó la oportunidad de acreditar su buena técnica interpretativa en *Cuna de héroes*, de nuevo junto a la pelirroja Maureen O'Hara, y poco tiempo después inmortalizó al pianista Eddie Duchin en el melodrama del mismo título, junto a la misteriosa y sensual Kim Novak, con la que hizo una pareja memorable.

Y cuando parecía condenado a administrar su madurez —tenía cuarenta y cuatro años—, Billy Wilder le ofreció el último gran papel de su vida, el de Vol en *Testigo de cargo*. Wilder ha revelado que Ty —como todo el mundo le llamaba— estaba magnífico en su película y especialmente en la escena muda en la que el protagonista elogia el sombrero de la mujer que va a ser asesinada.

> Tyrone era un actor al que le encantaban esas escenas mudas, porque su padre y su abuelo también estaban en el mundo del espectáculo. Sólo quería tener un buen papel.
>
> Por fin, lo consiguió.

Pier Angeli: no la olvidamos

Pero el resplandor de las cámaras de los estudios de Hollywood también cegó los bellos ojos de tantas jóvenes actrices, incapaces de distinguir la magia del celuloide de la sórdida y amarga vida real, en la que imperaban el desamor y la frustración. Con luz propia y con derecho a mi veneración más íntima está la bellísima y delicada Pier Angeli, que ha dejado a los amantes del cine algunos extraordinarios papeles, en los que acreditó una serena belleza, una notable sensibilidad y unas extraordinarias posibilidades de actuación. Me refiero a *Teresa* (1951), dirigida por Fred Zinnemann; *El Milagro del cuadro* (1951), dirigida por Richard Brooks; *Historia de tres amores* (1953), y sobre todos el de Norma Levine en *Marcado por el odio* (1956), en la que interpretaba a la joven esposa del famoso boxeador de origen italiano Rocky Graziano, papel que recreaba un espléndido Paul Newman.

Actriz de culto, mantuvo un intenso romance con James Dean, pero aunque ambos estaban muy enamorados, no se casaron porque a la madre de ella no le gustaba el joven actor, entre otras cosas porque no tenía creencias católicas. Sí le gustaba en cambio un mediocre cantante, Vic Damone, con el que Pier Angeli se casó en 1954 y tuvo un hijo, aunque el matrimonio duró sólo cuatro años. En 1962 volvió a casarse con un desconocido actor italiano, Armando Trovajoli, cuando ya sus apariciones en el cine nos provocaban lástima, por la ínfima calidad de las películas, muchas de ellas deleznables spaghetti western e ínfimos subproductos de terror. Por eso no nos extrañaría que se sintiera frustrada y depresiva, y que el 10 de setiembre de 1971, con apenas treinta y nueve años, decidiera quitarse la vida, ingiriendo una buena dosis de barbitúricos en la intimidad de su casa de Beverly Hills, en Los Ángeles. Había nacido en Cagliari, Cerdeña, el 19 de junio de 1932, y era hermana gemela de la que también sería actriz de cine con el nombre artístico de Marisa Pavan. Gracias a su incapacidad de vivir y a la magia del cine, su exquisita y delicada figura sigue intacta en mi memoria, sin padecer mácula alguna del implacable, feroz y devastador paso del tiempo. Hoy tendría casi setenta años.

Natalie Wood: María, María...

Como tampoco es posible olvidar a Natalie Wood, a nuestra entrañable María de *West Side Story*, la actriz que simbolizó en los primeros años sesenta la embriagadora emoción de nuestro prematuro primer enamoramiento, y que con tanta belleza interior interpretó a la pareja imposible de Warren Beatty en *Esplendor en la hierba*, y de James Dean en *Rebelde sin causa*, por cuyo papel fue nominada al Oscar a la mejor interpretación femenina.

Natalie Wood nació en San Francisco el 20 de julio de 1938 y su verdadero nombre era Natascha Gurdin. A la temprana edad de cinco años rodó su primera película, pues había sido criada en los estudios de cine, ya que su padre era decorador cinematográfico. Durante varios años interpretó papeles de niña, haciendo de hija de actores tan célebres como Orson Welles, en dos películas, o de John Payne en *De ilusión también se vive*.

En 1953 —con quince años— era sólo una niña prodigio capaz de emocionar en el papel de hija de Bette Davis en *La estrella* y no parecía fácil que se librara de ese estigma cuando, en 1955, el director Nicholas Ray se fijó en ella para el papel de *Rebelde sin causa*. Y si James Dean se convirtió en el mito de la juventud norteamericana, Natalie Wood hizo que su figura fuera la referencia obligada de las jóvenes soñadoras e ilusionadas de toda esa misma generación. Pero su carrera no tuvo continuidad en el éxito y sólo después de rodar entre 1956 y 1960 varias películas sin relevancia, como *Colinas ardientes, The girl he left behind, Centauros del desierto, Cenizas bajo el sol, El potentado* y *Los jóvenes caníbales*, le llegó de nuevo la oportunidad de sublimar un nuevo papel, el de la atormentada y sensible pareja de Warren Beatty en *Esplendor en la hierba* (1961), de la que todos nos enamoramos y por la que sentimos nuestro primer sentimiento de ternura.

Quienes la admirábamos por su belleza juvenil y su extraordinaria sensibilidad, soportábamos mal que perdiera la cabeza por Warren Beatty, pero no sabíamos que ese trastorno también se había producido en la vida real. Casada desde hacía algunos años con el también actor Robert Wagner, Natalie Wood se enamoró del conquistador de Hollywood Warren Beatty durante el rodaje de *Esplendor en la hierba*. Es nuevamente Elia Kazan quien nos ofrece un agudo testimonio de cómo era Natalie Wood y de su romance con Beatty, al afirmar que él no la quería en principio para el papel, porque la consideraba una niña-estrella, «pero cuando la vi —reconoce— percibí en ella un resplandor desesperado en su mirada de joven esposa de buena familia... que muestra una frustración secreta».

Kazan cuenta que Beatty tenía una confianza absoluta en su potencia sexual y que cuando él y ella se hicieron amantes, las escenas de amor ganaron convicción. En 1962, Natalie Wood se divorció de Robert Wagner, pero antes, en 1961, ofreció a la historia del cine una desgarradora y sensible interpretación del papel de María en *West Side Story*, cuya desgracia todos lloramos en el oscuro anonimato de las salas de cine y cuya canción era una primera invitación a bailar con la chica de nuestros sueños.

Desde entonces, la carrera cinematográfica de Natalie Wood tuvo notables altibajos pese a que hasta 1981 rodó un buen número de películas de relativo éxito, como *Amores con un extraño* (en 1965), junto a Steve McQueen, y por la que nuevamente fue nominada al Oscar, o *Bob, Carol, Ted y Alice* (1969), cinta curiosa y en la línea de las películas de la nueva libertad sexual que se respiraba en el mundo occidental, producto de la efervescencia del impacto del 68.

Antes cosechó un pequeño fracaso en su papel de la conocida bailarina Gipsy Rose Lee, en *La reina del vaudevil* (1962), lo que no fue óbice para que la joven Natalie Wood nos enseñara su magnífico cuerpo, perfectamente equilibrado de erotismo e ingenuidad.

Se casó en 1969 con el actor inglés Richard Gregson, pero se divorció de él en 1971, para volver a casarse con su ex marido Robert Wagner, y a partir de los primeros años setenta, su esplendor cinematográfico empezó a resentirse, refugiándose en la televisión, para la que rodó dos películas *remake* de otros tantos éxitos de Hollywood: *La gata sobre el tejado de cinc* y *De aquí a la eternidad,* papeles ambos en los que ofreció una imagen sensual y provocativa.

En 1981 y tras haber vuelto al cine para interpretar junto a Sean Connery la película de la moda catastrofista, *Meteoro,* aceptó el papel protagonista en *Brainstorm,* junto al joven actor Christopher Walken. Durante el rodaje, su cuerpo apareció flotando en las proximidades de la isla de Catalina, en California; se había ahogado al caerse de un barco de recreo donde cenaba con su marido Robert Wagner y su compañero de reparto. Era el 29 de noviembre de 1981 y Natalie Wood tenía cuarenta y tres años.

Sin la leyenda de Dean o Monroe, la prematura muerte de Natalie Wood elevó a categoría de mítica sus tres interpretaciones históricas en *Rebelde sin causa, Esplendor en la hierba* y *West Side Story,* por las que nunca la olvidaremos y por las que la considero una de las actrices que mejor supo mostrarnos la grandeza del alma femenina y el tierno sufrimiento de una adolescente.

Jean Seberg: toda una pionera

Como tampoco podrá borrar el tiempo la turbadora belleza de Jean Seberg, actriz de culto, cuya veneración es muy superior a la calidad de su carrera cinematográfica y que está claramente identificada con un tipo de mujer comprometida y musa de varios hombres importantes de su tiempo.

La aparición de Jean Seberg en la película de Jean-Luc Godard *A bout de souffle* fue toda una revelación y su estilo moderno influyó en todas las jóvenes francesas y europeas de su tiempo, y especialmente su pelo, muy corto, marcó toda una moda. Antes del mítico film, que inaugura prácticamente la *nouvelle vague* francesa, Seberg había sido la musa femenina del director Otto Preminger, que le brindó la oportunidad de debutar en el cine en 1957, interpretando a Juana de Arco en la película *Saint Joan* y en *Bonjour Tristesse* (1958), donde daba vida a una joven sensible y hedonista, enfrentada a dos ilustres y magníficos veteranos como David Niven y Deborah Kerr.

Su identificación con los escritores y temas europeos nos la hizo próxima a nuestra inquietud cultural de entonces, convirtiéndose para muchos de nosotros en el prototipo de joven libre y liberada de los años sesenta.

Volvió a rodar películas en el cine francés, pero fue en 1964, en *Lilith*, a las órdenes de Robert Rossen, cuando nos convenció de que su atractivo y sensualidad iban acompañados de unas grandes cualidades dramáticas. Su papel de joven perturbada provocó mi más íntima admiración.

Jean Seberg fue una joven comprometida con su época y se sintió atraída por hombres maduros, como su segundo esposo, el novelista Romain Gary, y por el emergente movimiento antirracista de los Black Panthers, que tanto agitó la sociedad norteamericana en los últimos años de la década de los sesenta. Seberg hizo de su militancia antirracista —como Jane Fonda— una bandera propia y una seña de identidad, hasta el extremo de inquietar al estreñido cerebro del todopoderoso director del FBI, Edgar Hoover, que no dudó, en 1970, en divulgar el rumor de que la actriz estaba embarazada de uno de los líderes de los Black Panthers. Todo Hollywood se hizo eco de tal insidia y las columnas sociales de los periódicos se llenaron de alusiones a que el hijo que la actriz llevaba en su seno no era de su marido; esta patraña desestabilizó tanto a Jean Seberg, que ésta dio a luz a un niño que murió a las pocas horas de nacer. Indignada y dispuesta a luchar por la verdad, Jean Seberg convocó al día siguiente a los periodistas, mostrándoles el cadáver de su niño blanco.

Este escándalo le provocó una profunda depresión, destruyó su matrimonio con el neurótico y nefasto Romain Gary, y le obligó a abandonar Estados Unidos, regresando a Europa, donde encontraba más comprensión y apoyo a sus ideas y forma de vivir. En 1970 interpretó *Aeropuerto*, película que inauguró la serie de films catastróficos, y en Italia rodó a las órdenes de Dino Risi *Andate di calore*, en la que estaba espléndida y bellísima.

Pero el daño ya estaba hecho y mi admirada Jean Seberg no pudo superar las frecuentes depresiones por las que fue varias veces hospitalizada; intentó suicidarse en distintas circunstancias y en 1978 sobrevivió al horror de lanzarse al paso del metro de París.

Aunque pareció recuperada de tan espantoso trance y habló de volver al cine, donde no actuaba desde 1976, en agosto de 1979 desapareció de su casa y durante varios días la policía estuvo buscándola por todo París, hasta que el 7 de setiembre, en un suburbio de París, Jean Seberg apareció muerta en el asiento trasero de su modesto Renault. Llevaba muerta once días, por una sobredosis de barbitúricos. Tenía sólo cuarenta años. Fue enterrada en el cementerio de Montparnasse y a su funeral asistieron Jean Paul Sartre y Simone de Beauvoir. Su tumba es permanente lugar de peregrinación y su turbulenta vida ha quedado como un testimonio vivo y auténtico de mujer y artista comprometida con las inquietudes de su generación.

Los rebeldes

La autodestrucción de las leyendas del rock

Si la dureza y la exigencia de los platós fueron y son la tumba de tantos jóvenes y si el mundo del arte y de la literatura ha trastornado más de una vida, el rock ha sido capaz de engendrar algunos de los más grandes mitos vivientes del siglo XX. En una de sus primeras canciones, George Harrison escribió que «la vida es muy corta y no se puede comprar otra». Y tan corta, ¿verdad Elvis, Jimi, Janis y John? Y fue un grupo inglés de rock, The Who, quien mejor ha expresado en una frase de su inolvidable canción *My generation* toda la razón de ser de este libro, dedicado a quienes alcanzaron la inmortalidad por haber muerto jóvenes. *I hope I die before I get old*[1] sublima todo el sentir de una generación rebelde, indómita y devorada por la desesperación, la búsqueda de un ideal de paz y amor y fatalmente destruida por el alcoholismo y la droga.

Para quien como yo sintió los primeros y frágiles instantes de juventud en los años cincuenta al compás del memorable *Rock around the clock* o del estremecedor y vibrante *Blue suede shoes*,[2] y que en los sesenta sintió la gran seducción londinense

1. «Confío que estaré muerto antes de ser viejo».
2. «Zapatos de gamuza azul».

envuelto en las notas de *Yesterday, San Francisco* o *Honky Tonk Woman*, la evolución de la historia del rock y de sus destruidos ídolos es la de su propia vida. Porque en aquellos años los gritos de la desgarradora Janis Joplin eran los de toda un ansiosa juventud, las baladas de Otis Redding, una sensual provocación a descubrir los cuerpos ajenos, y la música de Bob Dylan, una invitación formal a luchar por un mundo mejor. Para nosotros, los jóvenes de entonces, nada más atractivo y convincente para rechazar la escalada de armamentos, reivindicar la libertad o entender los primeros síntomas del movimiento pacifista y sentirse protagonista de aquel momento que enamorarse al son de *Suzanne* de Leonard Cohen, bailar como un poseso el sublime *Satisfaction* de los Rolling o escuchar el maravilloso *Are you lonesome tonight?* de Elvis, cogido de la mano de nuestra chica de entonces.

El rock ha sido siempre sinónimo de transgresión ya que si hubiera sido sólo música habría muerto nada más nacer, cuando en 1954 todos los jóvenes del planeta se estremecían bailando el *Rock around the clock* de Bill Halley. Y se ha dicho que el rock había muerto en 1959 cuando lo hicieron Buddy Holly y Richie Valens en accidente de aviación, o cuando lo hizo Eddie Cochran, en 1960, en accidente de coche, o en 1970, cuando en apenas unas semanas «cayeron» Gene Vincent, Jimi Hendrix y Janis Joplin. Y por supuesto, cuando víctima del alcohol y las drogas, en 1977, Elvis Presley apareció muerto en su cuarto de baño, y cuando en 1980, John Lennon caía asesinado en Nueva York.

Pero no ha sido así: el rock sigue vivo, porque es una música que invita a bailar y a pensar y porque siempre ha surgido un nuevo grupo o un nuevo cantante capaz de hacer vibrar a las nuevas generaciones y de simbolizar con su música el ritmo de un tiempo, la inquietud de una juventud y su inevitable desgarro. Pero qué duda cabe que en la iconografía del rock ocupan lugar privilegiado aquellos que murieron en plena juventud y que son leyenda viva del siglo xx.

En las siguientes páginas evocaré la vida y muerte de quienes a mi juicio son los grandes mitos de la música joven de ese siglo, y que además de por sus valores musicales, lo son, precisamente, por haber muerto en plena juventud y en la rotundidad de su creatividad, como símbolos de todo un tiempo, de toda una corriente de opinión y de toda una generación.

Un recuerdo a los pioneros: Buddy Holly, Ritchie Valens y Eddie Cochran

El cementerio del rock está lleno de ilustres tumbas. Desde 1950 hasta los primeros días del siglo XXI un buen número de grandes intérpretes del rock murieron en pleno éxito y juventud, convirtiéndose en leyenda. El camposanto musical tuvo sus primeros visitantes en tres jóvenes músicos, con los que comenzó la gran «escabechina» del rock.

El primero en caer fue el mítico Buddy Holly, cuyo verdadero nombre era Charles Hardin Holley, nacido el 7 de setiembre de 1936 en Lubbock, Texas, y que desde muy niño acreditó sus dotes musicales, estudiando piano y violín. En 1955, con sólo diecinueve años participó de telonero en un concierto de la gran estrella del rock Bill Halley y The Comets, con tal éxito que firmó un contrato con la casa de discos Decca, para la que grabó dos discos. Aunque no renovó el contrato con ella, en 1957 grabó para una filial de ésta, Brunswick Records, una canción que se haría famosa en Estados Unidos, *That'll be the day* y con la que intervendría en múltiples conciertos, junto a los Everly Brothers y Fats Domino. A finales de este año registró su primer LP, con canciones como *Peggy Sue* y *Oh, Boy*, que le hicieron mundialmente famoso. Apareció en el show de Ed Sullivan, lo que permitió que todos comprobaran que era blanco, aunque su música y ritmo parecieran surgir de un músico de color. Con sus canciones recorrió Inglaterra, Australia y por supuesto Estados Unidos.

En julio de 1958 conoció en la recepción de su casa de discos en Nueva York a la puertorriqueña María Elena de Santiago, con la que se casó un mes después, continuando su carrera en solitario por discrepancias con los Crickets. En enero de 1959 se unió a Ritchie Valens y Dion y los Belmonts para llevar a cabo una nueva gira por los estados. Viajaban en autobús, pero el 2 de febrero, después de actuar en Clear Lake, Iowa, Holly alquiló una pequeña avioneta Beechcraft Bonanza, para llevarle a él y a dos de sus acompañantes, Tommy Allsup y Waylon Jennings. Éste cedió su plaza a otro integrante de la banda, Big Booper, que estaba algo enfermo. Cuando Holly supo que Jennings se iba en el autobús, le dijo en broma que ojalá el autobús se estrellara, a lo que Jennings respondió con idéntico deseo para el avión. Por su parte, Allsup y Ritchie Valens se jugaron con una moneda al aire, quién acompañaba a Holly en el avión: ganó Valens.

La avioneta despegó poco después de la una de la madrugada del 3 de febrero, encontrando en su ruta un gélido viento del norte y una pavorosa tormenta de nieve. El piloto, Roger Peterson, pronto perdió la orientación y el avión cayó a tierra, muriendo los tres músicos y el propio piloto. Holly tenía veintitrés años. Fue enterrado el 7 de febrero de 1959 en su ciudad natal, Lubbock. Años más tarde, en 1972, el cantante Don McLean, autor de la gran canción *American Pie*, afirmaría que el día de la muerte de Buddy Holly y Ritchie Valens «fue el día que murió la música». María Elena perdió el hijo que esperaba al conocer la noticia. En homenaje a su suerte, Allsup abrió años más tarde un club al que llamó The Head's up Saloon (El salón de la cara arriba) en homenaje a la moneda que le salvó la vida.

Pese a la brevedad de su carrera o precisamente por ello y por su trágica muerte, Buddy Holly fue inmortalizado como un pionero del rock y sus canciones fueron interpretadas por cientos de artistas. Su influencia en el rock fue inmensa.

Con él murió también otro pionero de aquellos primeros

años del rock, Ritchie Valens, nacido el 13 de mayo de 1941, en Pacoima, Los Ángeles. Su verdadero nombre era Richard Steve Valenzuela y tras una infancia marcada por la separación de sus padres, pronto reveló su interés por la música, iniciándose en la interpretación de la inspirada en temas mexicanos. En 1956 se unió a una banda y pronto americanizó su nombre, añadiendo una «t» a Richie y convirtiendo su hispánico Valenzuela en Valens; grabó su primer single, «Come on, let's go», que llegó a situarse entre las cincuenta canciones más escuchadas de 1958, vendiendo más 750 000 copias. Pero no satisfecho con este éxito, Valens volvió al estudio y grabó un nuevo disco en el que incluyó en una cara la canción *Donna*, dedicada a una antigua novia de la escuela, Donna Ludwig; en la otra cara tuvo la ocurrencia de grabar *La Bamba*, un huapango, canción típica mexicana.

Donna era una balada preciosa, con la que los chicos de mi generación bailamos por primera vez con nuestras chicas y que escuchábamos embobados en nuestros primeros guateques, aunque fuera en la versión que hizo Cliff Richard, y que, como anécdota, recuerdo que fue el primer disco que compré. *Donna* llegó al número 2 de las listas en Estados Unidos, mientras que *La Bamba* alcanzaba el puesto 22, debiendo esperar a que años después, el «hispano» Trini López la hiciera mundialmente famosa.

En pleno éxito, Valens se unió a Buddy Holly en la gira por los estados, que concluyó con el fatal accidente de aviación que acabó con la vida de dos de los más prometedores intérpretes del primer rock. Ritchie Valens tenía diecisiete años.

Sólo un año después, el 17 de abril de 1960, se mataba en un accidente de coche otro de los nombres míticos de los primeros tiempos del rock y quien junto a Buddy Holly está considerado una auténtica leyenda del rock: Eddie Cochran. Ese día, Cochran se dirigía en un taxi al aeropuerto de Londres, cuando el vehículo se salió de la autopista A4, chocando con una farola. Eddie murió en el hospital de Bath dieciséis horas después.

Cochran, que como Holly y Valens también era blanco, había nacido el 3 de octubre de 1938 en Albert Lea, Minnesota, aunque poco después su familia se trasladó primero a Oklahoma City y más tarde a Bell Gardens en California, donde Cochran empezó a tocar en distintos conjuntos de música. Sus grandes éxitos empezaron en 1957, cuando grabó «Sittin in the Balcony», que llegó a situarse entre los veinte discos más vendidos del año, y sobre todo *Summertime Blues*, canción mítica de la historia del rock, de la que otros cantantes hicieron versiones, entre ellos, Janis Joplin.

Pero de Cochran mi canción favorita es *Com'on everybody*, porque era un rock sincopado con una parte instrumental fantástica y que figuró en el repertorio de muchos de los grupos que en esos años actuaban en Barcelona y sus alrededores, y en concreto en Valldoreix, donde yo pasaba los veranos y en cuyo hotel Rusiñol actuaban conjuntos de rock, como Los Catinos, Ruffo y sus Cuatro y Los Mangas Verdes, formados por muchos de los integrantes de mi pandilla de verano, y con alguno de los cuales sigo manteniendo amistad y recordando aquellas canciones con olor a fresca noche de verano, a jersey St. Michael y al perfume o colonia de aquellas niñas que nos enamoraban con su primera audacia femenina. Como decía, el *Com'on everybody* de Cochran está grabado en mi memoria y ante el espejo y sin testigos soy aún capaz de cantarla con la fuerza y el ritmo que exigía. Por cierto: *Com'on everybody* fue grabada por Cochran el 9 de octubre de 1958 y fue el resultado final de varios ensayos de otra canción también mítica, *Let's get together.*

En Bristol (Inglaterra) actuó por última vez en público el 16 de abril de 1960. Al día siguiente sufrió el accidente mortal en Chippenham, cuando —como he narrado anteriormente— se dirigía al aeropuerto de Londres en un taxi, en el que también viajaban su novia Sharon Steeley y el también cantante de rock Gene Vincent, que resultaron heridos. Tenía veintidós años.

Su último disco, «Three Steps to heaven», apareció en el Reino Unido pocas semanas después de su muerte, alcanzando un gran éxito. Cochran tuvo siempre un gran éxito en Inglaterra, lo que explica que fuera el ídolo juvenil de George Harrison, que admitió siempre su influencia, y de miles de jovencitas que suspiraban por el rebelde intérprete americano. Muchas de sus canciones han sido interpretadas años después por grupos tan famosos como los Rolling Stones, Sex Pistols, The Who, U2 y solistas de la categoría de Paul McCartney y Rod Stewart.

Inolvidable Otis Redding

La leyenda negra del rock se cobró algunos nombres ilustres en los años sesenta, como la cantante Patsy Cline, intérprete de la memorable canción *Crazy*, que murió el 5 de marzo de 1963 a los treinta años, al estrellarse en Camden, Tennessee, su avión privado Piper Comanche, y el cantante Sam Cooke, asesinado a tiros el 11 de diciembre de 1964 —en defensa propia— en el Hacienda Motel de Los Ángeles por la encargada del mismo, Bertha Franklin, quien declaró a la policía que Cooke había atacado e intentado violar a su acompañante, Elisa Boyer. Cooke nos ha dejado para la memoria colectiva de aquel tiempo dos grandes éxitos: *What a wonderful World* y *You send me*, emitidas más de cuatro millones de veces a través de la radio.

Pero sin duda es Otis Redding la personalidad musical desaparecida más significativa en esta década, por relevancia innovadora de sus canciones y el impacto que causaron en la juventud de los últimos años sesenta. Nacido el 9 de setiembre de 1941 en Dawson, Georgia, Redding era hijo de un predicador baptista y fue en el coro de su iglesia donde acreditó su extraordinaria voz. Aprendió a tocar el piano, la guitarra y el órgano y admiraba a Little Richard.

Después de unos inicios en compañía de algunos grupos, en 1962 participaba en la grabación de un disco con Johnny Jenkins y los Pinetoppers cuando en un descanso interpretó alguna canción en solitario, llamando la atención de los responsables del Estudio Stax, que le ofrecieron un contrato. En 1963 llegaron los primeros éxitos, con el single «These arms of mine», del que se vendieron más de 800 000 copias, y en los años siguientes dejó para la historia algunas de las canciones más importantes de la década, como *Respect, Shake, Try a little tenderness, I've been loving you too long, What a wonderful world, Pain in my heart, Lucille* y *Hey, hey baby*. Hizo dos versiones de canciones en las que superó la original: *Satisfaction (I can't get no)*, de los Rolling Stones, y *Stand by me*, que hizo célebre el cantante italiano Adriano Celentano. En 1966 su gran éxito fue *Fa, fa, fa* y en 1967 *My Girl* y *Day tripper*.

En junio de 1967 participó en el Festival de Monterrey, junto a Jimi Hendrix, Janis Joplin y Simon y Garfunkel, y el 6 de diciembre de 1967, Otis se reunió con los músicos para grabar en los Estudios Stax de Memphis un nuevo disco en el que incluyó la que sería su canción más emblemática, *Sittin'on the dock of the bay* (Sentado en el muelle de la bahía). Tres días después, concluido un concierto en Madison, Wisconsin, se subió a su flamante avioneta bimotor Beechcraft para volar a Cleveland y despegó en medio de una intensa niebla. Sólo cuatro millas duró el vuelo, ya que inexplicablemente cayó como una piedra al lago Monona, en cuyas aguas se ahogó la voz del intérprete de soul más importante, capaz de entusiasmar a los espectadores de sus conciertos con sus canciones y de provocar románticos sentimientos con sus memorables baladas. Tenía veintiséis años.

A su funeral asistieron muchos compañeros de profesión, que le admiraban, y fue enterrado en su rancho de Round Oak, cerca de Macon, su ciudad natal.

Tres meses después de su muerte, en enero de 1968, apareció el disco «Sittin'on the dock...», que en muy pocas semanas alcanzó el número 1 de las listas de éxito, y del que se vendieron más de cuatro millones de copias, obteniendo dos premios Grammy, al mejor cantante y a la mejor canción. Fue el tercer disco más vendido de 1968, por detrás de «Hey Jude», de los Beatles y «Love is Blue», de Paul Mauriat.

Jimi Hendrix: el salvaje del rock

Pero sin duda son Jimi Hendrix y Janis Joplin las dos grandes figuras del rock desaparecidas trágica y prematuramente, quienes han alcanzado el rango y categoría de leyenda viva de la música de la década de los años setenta. Por su personalidad, ambos siguen vivos en la memoria de quienes descubríamos entonces las primeras claves de la vida. Su muerte prematura y brutal fue un descubrimiento de que la vida no era un camino fácil y que había gentes de nuestra generación dispuestas a ir hasta el borde del precipicio para buscar otros paraísos.

En una de sus canciones favoritas, Jimi Hendrix decía:

> ... la historia de esta vida es más breve que un abrir y cerrar de ojos. La historia del amor es hola y adiós, hasta nuestro próximo encuentro...

Y así fue la vida de Jimi Hendrix. Un suspiro. Tan breve como sus escasos cuatro años de éxito, iniciados en 1966 y culminados con su misteriosa muerte en 1970. Un tiempo que coincide con la aparición del casete, del movimiento hippy en California, la orden del presidente Johnson de bombardear Hanoi y la de Ho Chi Minh de bombardear Saigón, las protestas en todo el mundo por la guerra del Vietnam, la catástrofe del Apolo I, la muerte del Che Guevara en Bolivia y los disturbios raciales en Detroit y Nueva York.

Con este escenario de fondo, la música de Jimi Hendrix es el testimonio de un individualista, pero capaz de sentir afinidad con los grupos extremistas, como los Black Panthers o con los grupos hippies pacifistas, y de un negro que sabía que su música entusiasmaba a los blancos.

Jimi nació el 27 de noviembre de 1942 en Seattle, hijo de Al Hendrix y de Lucille. Fue bautizado como John Allen Hendrix y durante sus tres primeros años fue educado por una familia amiga, ya que su padre se encontraba en la guerra y su madre se sintió incapaz de sacarle adelante. A su regreso del frente de combate, Al se llevó a su hijo y le bautizó de nuevo como James Marshall Hendrix.

Desde muy niño demostró su inclinación por la música y aprendió a tocar en solitario la guitarra. Le gustaban BB King y Muddy Waters y era zurdo. A los diecisiete años, y después de haber participado en algunos conciertos en el colegio, abandonó los estudios para alistarse en el ejército, en un regimiento de paracaidistas. Llegó a saltar veinticinco veces, pero en la última se fracturó la clavícula, por lo que fue licenciado con honores, dedicándose desde ese día a tocar con un grupo recién creado, The King Casuals, formado con Bill Cox, con el que recorrió el sur de Estados Unidos.

Cansado del ambiente musical de Tennessee, decidió instalarse en Nueva York, donde al poco de llegar conoció a Faye Prigeon, una habitual de los clubes de Harlem, de la que se enamoró, entrando poco después a tocar como guitarra acompañante de los Isley Bros durante dos años; posteriormente, abandonó a éstos para acompañar con su guitarra a solistas de categoría como su ídolo BB King, Jackie Wilson, Sam Cooke, Ike & Tina Turner, Little Richard, Wilson Pickett y King Curtis. En 1965 se asoció con Curtis Knight y los Squires y fue durante un concierto en el Cheetah Club que se fijó en él Linda

Keith, la maniquí inglesa amiga del rolling Keith Richards, quien le dijo no entender cómo con un talento semejante se conformaba con actuar de secundario en su grupo. Gracias a la influencia de Linda, Hendrix creó un grupo llamado Jimi James y The Blues Flames, con el que desarrolló sus capacidades vocales, en las que él no confiaba.

Londres en la vida de Hendrix

En julio de 1966, Hendrix conoció al bajista y productor de The Animals, Chass Chandler, quien asombrado de su talento le propuso viajar a Londres, donde le aseguró podía desarrollar con mayor fortuna su personalidad musical. Cuando se disponía a obtener su pasaporte, descubrió que su partida de nacimiento no había sido nunca inscrita por lo que tuvo que posponer su viaje hasta el mes de setiembre, llegando a Londres el 24 de ese mes, sin un permiso de trabajo y con un visado para una semana.

Después de una primera *jam session* con Zoot Money, que quedó muy impresionado, Chandler le pidió a Eric Clapton que Hendrix pudiera tocar con su grupo, Cream, en el Regent Polytechnic. Clapton quedó encantado y desde entonces mantuvo un gran entendimiento musical con Hendrix, quien apremiado por el vencimiento de su visado aceptó viajar a París para acompañar al cantante francés Johnny Halliday, durante una gira por Francia. Jimi había creado su propio grupo, al que bautizó The Jimi Hendrix Experience. El 13 de octubre actuaron por primera vez en Evreux y cinco días más tarde lo hicieron en el Olimpia de París, con gran éxito. De regreso a Inglaterra, todo el mundo de la música empezó a respetarle y la prensa hablaba de él como de «el salvaje de Borneo».

En diciembre, Hendrix grabó para Polydor su primer disco en el que incluyó la canción *Hey Joe*, cuya entrada en las listas de éxitos fue fulgurante, empezando en el puesto 38 y llegando esas Navidades hasta el cuarto lugar, sonando con idéntica frecuencia que los *top* de la lista, *Green, green, grass of home* de Tom Jones y *Good Vibrations* de los Beach Boys. Hendrix apareció en varios programas de televisión y alternó en algunos conciertos con The New Animals y con los míticos The Who. En cuatro meses había conquistado Londres y firmado un contrato con la Warner Reprise, que puso a su disposición un presupuesto de publicidad de veinte mil dólares.

Chandler consiguió también que Hendrix y su grupo participaran en una gira por toda Inglaterra con Engelbert Humperdick y Cat Stevens y durante la cual, actuando en el Astoria de Londres, Hendrix prendió fuego a su guitarra con un mechero. El escándalo que provocó este incidente potenció las ventas de su nuevo disco, «Purple Haze», que alcanzó el número tres de las listas de éxito.

Durante esta gira, Hendrix acaparó la atención de los jóvenes, eclipsando a los demás actuantes, tanto por su música como por su indumentaria psicodélica, reflejo fiel de los símbolos del nuevo movimiento hippy. Hendrix se convirtió de pronto en el ídolo de una juventud dispuesta a adoptar como propio todo aquello que fuera *shocking* para las generaciones precedentes. El 14 de mayo de 1967, su disco «Are you experienced?» llegó al número tres de las listas de éxitos.

Su éxito popular y su prestigio como músico habían crecido tanto que Paul McCartney, que le admiraba, le propuso participar en el Festival de Monterrey de 1967, el primero de una serie de grandes festivales, como Woodstock y Wight, símbolo de la nueva música beat y del movimiento hippy. El festival se celebró el 18 de junio y Hendrix actuó después de The Who —que destruyeron sus instrumentos, ante el delirio de los jóvenes espectadores—, interpretando *Like a Rolling Stone, Purple Haze* y una versión definitiva de *Wild Thing* de The Troggs. Como colofón de su actuación, Hendrix también terminó destruyendo su guitarra.

Gracias al impacto de este festival, a Hendrix se le ofrecieron distintas actuaciones en Estados Unidos junto a grupos como Jefferson Airplane, con el que protagonizó un improvisado concierto en el Golden Gate de San Francisco. Durante su estancia en esta ciudad, Hendrix se inició en el consumo de LSD, y durante unas semanas realizó una gira por los estados americanos como telonero de The Monkees.

En agosto regresó a Londres, para preparar una nueva gira por Inglaterra durante los meses de noviembre y diciembre, en los que renovó su repertorio con canciones como *If six was Nine*, *She is so fine*, *One Rainy Day* y *Bold as love*, que llegó a ocupar el octavo puesto en las listas de éxitos. Durante la gira, Hendrix mantuvo serias disputas con su manager Chandler, que le reprochaba su adicción a la cocaína y el LSD. Su dependencia provocó la ruptura de sus relaciones con la gente que lo rodeaba y le incitó a protagonizar cada vez más escándalos como el que ocurrido en Gotemburgo (Suecia) en enero de 1968, al perder el control de sí mismo y destrozar la habitación de su hotel. Fue autorizado a ofrecer sus conciertos pero obligado a presentarse todos los días ante la policía sueca. Finalmente se le retiraron todos los cargos, previo pago de una considerable multa.

Durante 1968 concentró sus energías en conquistar el mercado norteamericano, cruzando el país de costa a costa integrado en un espectáculo junto a otros grupos como Soft Machine, The Electric Flag y The Animals, siendo protagonista de distintos escándalos, como el sucedido en Texas, cuyo concierto hubo de ser suspendido, y en Filadelfia, en cuyo hotel entraron de madrugada un grupo de chicas desnudas. En otra ocasión destrozó con una hacha la habitación del hotel en el que se alojaba.

Pese a su acendrado individualismo, Hendrix conectó con los movimientos de moda en Estados Unidos, los Black Panthers y el pacifista, y decidió alquilar una casa en Los Ángeles, donde durante semanas organizó grandes fiestas en las que se consumían grandes cantidades de drogas. Bajo los efectos de éstas, Hendrix sufrió un grave accidente de circulación con su espectacular Chevrolet Corvette, que conducía pese a no tener la licencia de conducir.

El grupo empezó a tener distintas crisis, motivadas en parte porque Hendrix bebía y estaba drogado continuamente, pero no llegaron a separarse. Su nuevo disco «Electric Ladyland» salió en octubre de 1968 y al hilo de su éxito volvió a Europa para realizar una gira.

De regreso en Estados Unidos, Hendrix y The Experience actuaron en distintas ciudades pero, al llegar a Nueva York, Jimi quiso abandonar al grupo, sin conseguirlo. Los demás integrantes le convencieron y gracias al alquiler de un jet privado, todos llegaron a tiempo de actuar en Detroit. Al entrar en Canadá, las autoridades canadienses encontraron heroína en su maleta, deteniéndole, aunque posteriormente le dejaron en libertad para actuar en Toronto. La gira concluyó en el Madison Square Garden de Nueva York con un positivo balance económico: las ganancias se elevaban a 75 000 dólares.

Woodstock: el festival de la década

Al final de la gira, Hendrix se encontró en Nueva York con su novia Devon Wilson, a la que estaba unido desde 1967, y con la que mantenía una relación extraña, ya que era ella, bisexual y drogadicta, la que le proporcionaba otras chicas con las que acostarse y a las que filmaba. En esa época, Hendrix se aproximó a los líderes del movimiento negro, que le animaron a que él y su música se identificaran más con su causa.

En febrero de 1969, Hendrix actuó por última vez en el Reino Unido, en el Royal Albert Hall de Londres y poco después intervino en el festival de Newport, percibiendo unos emolumentos de cien mil dólares, aunque su participación fue un desastre, ya que Hendrix, bajo los efectos del LSD, se sintió incapaz de controlar sus reacciones y de interpretar sus canciones. Después de Newport, participó en el Festival de Denver, junto al grupo de moda Credence Clearwater Revival, Joe Cocker y Iron Butterfly, rodeado de una fuerte presencia policial y antidisturbios, que tuvieron que intervenir con bombas lacrimógenas.

Poco después Hendrix abandonó al grupo The Experience, alegando en una entrevista en el programa de televisión «The Tonight Show» que su música era su religión y que él quería transmitir su espiritualidad en sus canciones; cansado, decidió tomarse unas semanas de descanso, alquilando una casa en Shokan, a 15 km de Woodstock, en la que ensayó con algunos músicos y no paró de drogarse.

Reapareció como invitado especial y mejor pagado del mítico Festival de Woodstock, junto a Janis Joplin, The Who, Sly and The Family Stone, Credence Clearwater Revival y Jefferson Airplane, actuando con una camisa de flores verde y una cinta en la frente. Cuando iba a comenzar su intervención se sintió indispuesto, por lo que se aplazó su participación hasta la mañana del día de clausura del festival, en la que intervino con un nuevo grupo al que había bautizado como Gypsys Suns and Rainbows.

Días después ofreció un concierto benéfico para el Harlem's United Block Association, con el fin de introducir su música entre la comunidad de color, y otro en el Salvation Club. Al término de éste salió a la calle con su propietario Bobby Woods, que era también su habitual suministrador de cocaína. A la mañana siguiente, Woods fue asesinado por una banda de drogadictos que también secuestró a Hendrix. La policía le interrogó para averiguar si sabía algo de lo ocurrido, pero Hendrix, completamente drogado, fue incapaz de recordar qué había pasado. La policía le dejó en libertad sin cargos.

El 8 de diciembre volvió a Canadá para asistir al juicio en Toronto por su anterior detención y nuevamente fue detenido en la frontera por posesión de drogas. Hendrix defendió su inocencia y fue absuelto, pero su imagen se había visto maltratada y en el mundo de la música cundió la alarma: la vida de Hendrix se deslizaba por la pendiente de la autodestrucción.

Recuperado aparentemente, Hendrix creó un nuevo grupo, al que llamó Band of Gipsy, con el que desarrolló una música mezcla de rock, funk y jazz, y con el que tocó por primera vez el 31 de diciembre de 1969 en el Madison Square Garden de Nueva York, en un concierto contra la guerra del Vietnam, ante 19 000 espectadores y que significó un absoluto desastre, ya que Hendrix se presentó completamente borracho y no fue capaz de interpretar más que dos canciones, después de las cuales se sentó en el escenario, gritando: «... lo siento, no nos soportamos...».

Disuelto el nuevo grupo, Hendrix se concentró en la producción de un nuevo disco, grabado en sus propios estudios de Nueva York y en ofrecer una serie de conciertos por Estados Unidos, en los que los nuevos Experience se sienten mejor actuando en vivo y en los que se aprecia la nueva aportación de Bill Cox en las canciones *Hey baby* y *Freedom*. Ambas canciones formarán parte del último disco del grupo, titulado «Cry of Love».

Hendrix muere a los 27 años

Aunque no le apetecía volver a Europa, Hendrix aceptó para participar en varios festivales, entre ellos el más célebre de todos, el de la isla de Wight, en el que intervino el 26 de agosto de 1970. Semanas después actuó en directo en otro festival en Fehman, Alemania, que sería el último que ofrecería, ya que el 17 de setiembre, ya de regreso en Londres, Hendrix salió a hacer varias compras con su nueva novia alemana, Monika Dannemann, volviendo a su hotel. La mañana del 18, Hendrix se levantó para tomar algunos somníferos; poco después volvió a acostarse y su novia se dio cuenta de que había vomitado, no consiguiendo despertarle, por lo que llamó inmediatamente a una ambulancia que lo trasladó al hospital, donde certificaron su muerte. Una mezcla de somníferos y de alcohol le había matado, ahogado en su propio vómito. Tenía veintisiete años. Los periódicos de todo el mundo lamentaron la muerte del que llamaban «el salvaje del rock». Eric Burdon declaró que Hendrix se había suicidado, aunque posteriormente lo desmintió. Jimi Hendrix fue enterrado en Seattle el 1 de octubre de 1970.

Janis Joplin: el trágico precio del inconformismo

El domingo 4 de octubre de 1970, sólo tres días después de que Hendrix fuera enterrado, Janis Joplin apareció muerta en su apartamento, como consecuencia de una sobredosis de heroína. Llevaba muerta más de dieciocho horas. Una de sus frases célebres fue: «Tal vez no acabes siendo feliz, pero que me follen si no lo voy a intentar. Si no lo intentas es como suicidarte el día que naces.»

Así de rotunda, de inconformista y de innovadora fue la vida de Janis Joplin, la primera mujer que destacó por sí misma en el masculino mundo del rock. Hizo una carrera en solitario en un tiempo dominado por la ansiedad, el afán por experimentar, el deseo de ser libre ante todo y el de gozar de todos los placeres, sin límite alguno. Joplin fue una pionera y una de las últimas mujeres famosas del siglo xx, cuya muerte se asocia al carácter irreconciliable de ser artista y mujer.

Pero ¿cuál fue la trayectoria vital de esta rebelde, desde su Texas natal hasta el día que murió con sólo veintisiete años? Janis Joplin nació el 19 de enero de 1943 en Port Arthur, Texas.

Hija de Seth Joplin, empleado de la Texaco, y de Dorothy, que tuvieron otra hija, Laura, seis años menor que Janis.

Según su madre, durante su infancia «Janis nunca hizo nada por lo que tuviese que corregirla». De niña le gustaba pintar, aprendió a leer antes de ir al colegio y se chupó el dedo hasta los ocho años. En su primera adolescencia se manifestaba tímida, ingenua, sugestionable y dispuesta a ayudar a cualquier persona. Era regordeta y con pecas y acné. De pronto, un día cualquiera, sentada en la mesa familiar, dijo ser partidaria de la integración de los negros y empezó a manifestar opiniones propias, a mostrarse ruda de modales, a vestirse como las niñas mayores que ella y a complacerse en ser un poco la niña que llamara la atención. Antes del último curso, Janis encontró un grupo de chicos con los que compartía el deseo de luchar contra el conformismo de Port Arthur; se comportaba como un chico más, vestía desaliñadamente, no usaba maquillaje, bebía más cerveza que nadie y mostraba un extraño placer en provocar a los demás. Algunos chicos y chicas de su edad la odiaban por su comportamiento, tan «masculino», procaz y provocativo.

Sus padres querían que estudiara dibujo pero pronto Janis mostró un escaso interés por el estudio, y sobre todo por seguir viviendo al calor de su familia. Llevada de su cada vez mayor pasión por la música, Janis planeó ir a Nueva Orleans para oír las bandas de Bourbon St., para lo cual mintió a sus padres, diciéndoles que iba a casa de una amiga del colegio. No llegaron muy lejos: sufrieron un accidente de circulación y regresaron a Port Arthur.

Pero la tendencia estaba ya marcada: rebeldía, insolencia, afán de libertad, gamberrismo, son los síntomas que marcaron los dieciocho años de Janis, que encontró trabajo de camarera y vendió entradas en un teatro, y que por las noches se reunía en una cafetería de moda con los beatniks locales.

Janis descubre su pasión por la música

En mayo de 1960, Janis se graduó en el Colegio Thomas Jefferson y empujada por su familia aceptó ingresar en el Lamar College, al que fue solamente un año, durante el cual tuvo que ser ingresada en un hospital por una infección de riñón. Bebía como un cosaco y, a la vista de sus primeros signos de desequilibrio, fue al psiquiatra durante varios meses.

Ante el cariz que mostraba Janis, en el verano de 1961, sus padres le animaron a viajar a Los Ángeles a casa de una de sus tías, para ver si encontraba un trabajo. Le pagaron el billete de ida y al poco de llegar encontró un trabajo como operadora de una compañía telefónica, pero con su primer sueldo dejó la casa de su tía y alquiló un apartamento en Venice, cerca de la playa y donde se reunían los primeros hippies de la época. Allí conoció a uno de sus mejores amigos, Powel St. John, y vivió intensamente la experiencia hippy.

Transcurrido un año, decidió volver a casa de sus padres, donde permaneció hasta el verano de 1962, y fue en este año cuando empezó a cantar en público, imitando la voz desgarrada y ronca de su cantante favorita, Bessie Smith. Durante ese año simultaneó sus primeros conciertos con la asistencia al Lamar College, llevando una vida normal, aparentemente, e incluso adoptando una apariencia física menos chocante: llegó a acostumbrarse al maquillaje y a recogerse el pelo. Salía con algún chico de su edad y se tomaba con él algunas cervezas. Volvía a dormir siempre a su casa. Pero esta aparente normalidad duró poco: las seis cervezas se convirtieron en diez, y luego en una botella de aguardiente.

Sin mediar explicación alguna, volvió a abandonar la casa familiar para irse a vivir a una comuna beatnik con varios amigos y siguió cantando blues y rock en algunos tugurios junto con Lanny Wiggins (bajo) y Powel St. John (armónica), con los que había creado el grupo The Walker Creek Boys. Janis se tornó violenta y perturbadora, no paraba de acostarse con todos los «tíos» que le apetecía y solía emborracharse todas las noches. Y por supuesto se introdujo en el mundo de la «hierba», después de haber probado el «peyote» en la Universidad de Austin, en la que se había matriculado. También empezó a habituarse a tomar Seconal. Años después, reconocería a un periodista en una entrevista: «Quería fumar droga, tomar droga, joder con la droga, lamer droga, chupar droga, aspirar droga...»

En enero de 1963 escribió una carta a sus padres contándoles lo angustiada que estaba, pero cuando su madre fue a buscarla averiguó que se había marchado en autostop con un tal Chat Helms, cuya familia vivía en Fort Worth. Tardaron cincuenta horas en llegar a San Francisco y la misma noche de su llegada, pese a estar mugrienta y hambrienta, cantó en un bar llamado Coffee and Confusion, en la avenida Upper Grant. La pareja se instaló en el apartamento de un amigo y Janis actuaba por las noches en distintos lugares de moda, ya con cierto éxito; todo San Francisco hablaba de la chica que cantaba con una voz prodigiosa blues, folk y jazz. El verano de 1963 fue invitada al Festival de Monterrey, pero curiosamente pasó desapercibida para los espectadores; no para un grupo de drogadictos que una noche la agredieron. También pasó inadvertida en Nueva York, donde estuvo una corta temporada en el verano de 1964, actuando en un pequeño club del East Village, llamado Glug's.

De regreso en la costa Oeste, en mayo de 1965 empezó a pensar en ingresar en un hospital para curarse la adicción a los estupefacientes y las drogas y reconoció a su amiga Janice Knoll que creía estar loca. Poco después, en el verano de 1965, en un súbito ataque de lucidez y de conformismo, Janis volvió a Port Arthur, para matricularse en Sociología en la Universidad de Lamar. Para evitar que sus padres vieran sus pinchazos en los brazos se los cubría siempre con jerséis de manga larga y en este tiempo trató de apartarse de las drogas y de encontrar en el confort familiar y de los amigos de siempre una definitiva rehabilitación. Vivió durante casi un año en Port Arthur como una estudiante, frecuentó al psiquiatra, al que le reconoció su sufrimiento, e incluso se enamoró de un chico de San Francisco, con el que estuvo a punto de casarse.

Cantar era su única felicidad

La deserción final de este joven le causó un gran trauma y de nuevo en su interior reaparecieron los fantasmas, la angustia y la tentación de la búsqueda desesperada de una nueva vida vertiginosa. Y sobre todo, su decepción le permitió darse cuenta de que lo único que la hacía feliz era cantar. Trató durante un año de apartarse de las drogas, pero en realidad no lo consiguió nunca. Y en marzo de 1966 empezó a cantar en un club de Austin llamado The Eleven Door y a actuar con un grupo local, Thirteen Floor Elevators, hasta que poco después apareció por el local Travis Rivers, un amigo de Chat Helms, quien la animó a volver a San Francisco para unirse a una nueva banda recién creada, Big Brothers and the Holding Company, grupo con el que se haría famosa. Janis se sentía atraída sexualmente por Rivers y, llevada por esta atracción, el 27 de mayo de 1966 se despidió de su familia diciéndoles que se marchaba a San Francisco y que quería apostar por el blues. También se despidió de su psiquiatra y de sus amigos.

Poco días después de llegar, el 10 de junio de 1966, Janis actuaba por primera vez con los Big Brothers en el Avalon Ballroom y se mostró firme en su estilo y con renovadas ilusiones por convertirse en cantante profesional. Alquiló una habitación en la calle Pine, pero semanas después se instaló con el resto de la banda en Laguanitas, una población rural del valle de San Jerónimo. Aquí comenzó su transformación y el largo camino hacía la fama, el éxito y la autodestrucción. Conoció a un guitarrista, James Gurley, con el que se lió, al mismo tiempo que intimaba con su mujer. Una noche escuchó a Otis Redding y se quedó completamente anonadada, al comprobar que ésa era la forma que ella quería para transmitir su sensibilidad musical. Con su grupo viajaron a Chicago, donde grabaron su primer disco para la compañía de discos Mainstream.

En enero de 1967 actuó en un festival de rock en el parque Golden Gate de San Francisco y su nuevo manager, Julius Karpen, consiguió que la invitaran al Festival de Monterrey, previsto para el mes de junio de ese año. El primer día intervinieron The Who, que destrozaron sus instrumentos e hicieron estallar bombas de humo sobre el escenario, y Jimi Hendrix, que por su parte levantó una pira funeraria. Janis intervino el segundo día junto a Otis Redding, Jefferson Airplane y The Mamas & The Papas, impresionando a los miles de jóvenes con su desgarradora voz y sobre todo a los muchos productores de discos y agentes, entre ellos a Albert Grossman, que ya lo era de Bob Dylan, y que se convertiría en su manager hasta su muerte.

Grossman les ofreció ganar cien mil dólares al año, pero puso una condición: «Nada de droga. Si alguno de vosotros —les dijo— está enredado con ella no tiene sentido que sigamos adelante.» Grossman consiguió que la CBS comprara el contrato con la compañía Mainstream por 250 000 dólares y una vez firmado el mismo, Janis viajó a Port Arthur para pasar las Navidades en familia. En enero de 1968 descubrió que estaba embarazada como fruto de una relación esporádica con un drogadicto, con el que estuvo pinchándose. Viajó a México para abortar y reconoció a sus íntimos que lo había pasado muy mal.

Su primera gira por Estados Unidos se inició en Nueva York el 17 de febrero en el Anderson Theatre, interpretando entre otras canciones, *Catch me, daddy, Summertime, Piece of my Heart* —que repitieron hasta cuatro veces— y *Love is like a ball'n Chain*. Por cierto que entre las chicas que hacían los coros había una que se haría famosa por su matrimonio con el beatle Paul McCartney, Linda Eastman. Durante la gira, coincidió una noche con el cantante de The Doors, el «maldito» Jim Morrison, al que rompió en la cabeza una botella de su whisky favorito, Southern Comfort.

Simultáneamente grabaron para la Columbia su disco de mayor éxito, «Cheap Thrills», que estuvo en el mercado a principios de agosto y su nombre alcanzó tal dimensión que una foto de Janis figuró en la portada del suplemento cultural del *Time*, como símbolo de la música del 68, aunque Janis fuera demasiado independiente de los acontecimientos que durante esa primavera y verano convirtieron a la juventud de ese tiempo en protagonista de una nueva exigencia vital. Janis se inquietaba más por los problemas del espíritu y de los sentimientos. El éxito no alteró su voracidad vital: se acostaba tanto con hombres como con mujeres y se mostraba como una persona libre, desinhibida y nada convencional. Según uno de sus mejores amigos, Powell St. John, «lo que ella quería era una persona a quien amar, pero no formaba parte de su naturaleza lograr estar satisfecha y feliz».

La propia Janis resumió mejor que nadie su aliento vital con esta frase, que podría ser el lema de toda esta ilustre generación, devorada por el ansia, las drogas y la autodestrucción:

> Para mí, es preferible tener diez años de máximo vivir pleno, que vivir hasta los setenta años sentada en una maldita silla de ruedas mirando la televisión.

Se cumplió el sueño: morir joven

Nada hizo Janis para que su deseo fuera incumplido; vivió sus veintisiete años con una voracidad implacable, jadeando al cantar, gritando como una desesperada su lamento vital, devorando hombres y mujeres y dejándose cautivar por todos los paraísos artificiales. A quien quisiera oírla repetía sin cesar: «cantar es como un orgasmo» y en una entrevista en el *Newsweek* afirmaba:

> ...yo no quiero hacer ninguna cosa mediocre, indefinida. Tengo veintiséis años y todo lo que me preocupa son esos veintiséis años y no los cuarenta y cinco.

Y añadía: «Nunca veré mis treinta.»

En el otoño de 1968, Janis había roto con los Big Brothers, aunque aún actuaron juntos, por última vez en Hawai, el 7 de diciembre. Los críticos empezaron a proclamar que Janis tenía una voz «negra», mientras ella veía fascinada varias veces la representación de la ópera *Hair*.

En el invierno de 1968 estuvo internada en un hospital de Nueva York a causa de una fuerte bronquitis y cuando salió, plena de energía, se compró un Porsche y una casa en Larkspur, en California; creó una nueva banda a la que llamó Fantality (mezcla de «fatalidad» y «realidad») y grabó la que sería una de sus canciones más inolvidables, *Kozmic Blues*, con una estrofa que nadie de mi tiempo ha podido olvidar:

> ...el tiempo pasa, los amigos se alejan, yo sigo adelante, pero no sé bien por qué empujo con tanta fuerza, chico, e intento hacerlo para llegar a otro día solitario.

Pero Janis también tenía sus momentos de duda y desazón.

> Tengo mucho miedo —dijo en la misma entrevista del *Newsweek*— de convertirme en una de esas roncas viejas que andan dando vueltas por los barrios bajos y jodiendo con todos los chavales jovencitos.

Y para no llegar a los treinta, ni pensar más que en el día a día, Janis se drogaba sin piedad y cada vez más con heroína, porque prefería aquellas drogas que disminuían la conciencia, atenuaban la magnitud de su ansiedad. No le gustaba la «hierba» porque estimulaba la experiencia y los sentidos.

En abril de 1969, Janis viajó a Europa, actuando en Amsterdam, Copenhague, Estocolmo, París y en el Royal Albert Hall de Londres. En mayo fue portada del *Newsweek*, como símbolo del renacimiento del blues y como reconocimiento al impacto que en la juventud del mundo entero causaban canciones como *As Good as you've been to this world*, en las que decía «...él dirá que puede hacerte muy feliz pero solamente te hará llorar» o «...ellos nunca van a amarte mejor, chica, y ellos nunca van a amarte como se debe, así es que será mejor que te largues ya mismo...».

En agosto de 1969 participó en el Festival de Woodstock, al que asistieron más de cuatrocientos mil jóvenes, dedicados al placer y las drogas, y que más que un festival pareció una ceremonia religiosa, una reafirmación de un nuevo estilo de vida. Ya para la historia, Woodstock será el símbolo de aquella época y una suprema declaración del imperio de la droga. Su actuación fue mediocre y para olvidarla alquiló una furgoneta y se perdió en un campamento en un bosque, junto a un lago, donde nadó, hizo una vida sana y trató de dejar la heroína, nuevamente sin conseguirlo. Cuando supo que su amiga Nancy Gurley había muerto por sobredosis dijo: «Alguna gente muere y otra sobrevive. Yo soy una superviviente. Espero tener más suerte que ella con las drogas.»

Decepcionada, volvió a Nueva York donde estuvo sin cantar desde octubre al 9 de diciembre de 1969, Día de Acción de Gracias, en el que actuó en el Madison Square Garden, junto a Ike y Tina Turner y los Rolling Stones, y donde sufrió una crisis terrible, insultando al público: «¡Qué mierda pasa con vosotros!» Días después aceptó el consejo de algún amigo para visitar al doctor Rotschild, que le impuso un tratamiento de Dolophine (metadona) durante varios días. Luego fue a dar un concierto en Nashville, donde interpretó por primera vez la canción que la hizo mundialmente famosa, *Me and Bobby McGhee* y que llegó al número 1 de las listas de éxito en 1971, el año siguiente de su muerte.

En febrero de 1970 viajó a Río de Janeiro para disfrutar de su Carnaval, donde conoció a David Niehaus, con el que continuó viajando por la costa brasileña hasta San Salvador de Bahía. Parecía enamorada y con fuerza para hacerle caso y abandonar las drogas, pero cuando regresó a Los Ángeles y él se reunió con ella poco después, ya no era la misma. Su estado físico empeoró y algunos días más tarde, su amiga Linda, con la que compartía su casa, la abandonó. Desesperada, Janis le pidió que se quedara y en el fragor de la disputa le preguntó: «¿Piensas que voy a continuar siendo una drogadicta por el resto de mi vida?», a lo que Linda contestó con un rotundo: «¡Sí!»

En abril de 1970 formó el que sería su último grupo, Full Tilt Boggie y se hizo tatuar en la muñeca y en el corazón la frase: «Esto es para los chicos.» En ese año también tuvo un largo romance con el cantante country y actor de cine Kris Kristofferson, y estuvo casi seis semanas sin drogarse. En agosto fue entrevistada en el «Dick Cavett Show», en el que dijo muchas cosas como que «... los hombres siempre te quitan algo más de lo que están dispuestos a darte» y en el que cantó *Get it while you can,*[3] canción que terminaba con esta premonitoria frase: «... porque puede ser que no estemos aquí mañana». Preguntada por el feminismo, Janis fue muy crítica y, sin temor a que la tacharan de retrógrada, dijo:

> Las feministas dan la impresión de que hace meses que no se divierten; están enloquecidas con eso de que no les dan esto

3. «Consíguelo mientras puedas.»

o aquello. Que hagan rock. A mí también me faltan un montón de cosas. No tengo paz espiritual, ni un hogar tranquilo, no tengo un marido en quien confiar... pero me lo paso bien y me parece que eso es lo que importa.

El 12 de agosto tuvo lugar su última actuación en público, en el Harvard Stadium, a la que asistieron más de cuarenta mil personas, y poco después regresó a su casa en Port Arthur, para asistir a una reunión de ex alumnas de la escuela. Semanas más tarde se enamoró de un extraño joven, Seth Morgan, punk de acomodada familia con el que pensaba casarse. El 11 de setiembre volvió a pincharse después de algunos días de abstinencia y el 18 de setiembre, al conocer la noticia de la muerte de Jimi Hendrix, dijo: «Me pregunto qué dirán de mi muerte», añadiendo, convencida:

> ¡Maldita sea! Me ha ganado de calle. No me puedo morir el mismo año que otra gran estrella. Dos estrellas del rock no se pueden morir en el mismo año.

Se equivocaba. El jueves 1 de octubre fue al peluquero y modificó su testamento anterior, realizado en 1968 y por el que dejaba todos sus bienes a su hermano Michael y a su amiga Linda Gravenites y nada a su hermana y a sus padres. En esta nueva última voluntad, Janis, más unida a sus padres y hermana después de su estancia en Port Arthur, acordó que la mitad de sus bienes fueran para ellos, una cuarta para cada uno de sus hermanos y los bienes de la casa para sus amigos. También dispuso que se destinaran 25 000 dólares para organizar una gran fiesta en el caso de que muriese.

El viernes 2 de octubre habló con un amigo, al que preguntó cuáles eran los trámites precisos para casarse y el sábado 3 llamó al Ayuntamiento de Landmark, para interesarse por los requisitos de una licencia de matrimonio. También trató de encontrar a su proveedor de drogas, al que finalmente localizó y con el que se citó en su hotel. Se sabe que en algún momento de esa tarde, el «camello» estuvo en el hotel y le proporcionó una heroína muy pura, que Janis se inyectó antes de cenar. Después discutió con Seth por teléfono y luego fue al estudio de grabación, donde se limitó a escuchar la parte instrumental de las canciones. Al concluir, quedaron que el domingo ella haría la parte vocal, y Janis condujo su Porsche hasta el bar Barney's Bearsery donde tomó dos vodkas con naranja con un par de amigos. Llegó al hotel hacia las doce y media de la noche.

En algún momento de esa noche fue a su cuarto y se inyectó de nuevo heroína. Guardó la aguja en una caja china y bajó a la recepción del hotel para pedir al conserje que le cambiara cinco dólares para comprar tabaco, regresando de nuevo a su cuarto. Nada más cerrar la puerta, dio unos pocos pasos y cayó fulminada, muerta.

Su cadáver fue descubierto al día siguiente, cuando el conocido doctor Noguchi[4] dictaminó que llevaba dieciocho horas muerta, producto de una sobredosis de heroína. Además se descubrió que producto de la caída, la cantante se había roto la nariz y que ese mismo fin de semana en Los Ángeles había habido varias muertes por sobredosis, probablemente suministrada por el mismo proveedor.

Las honras fúnebres fueron oficiadas en el Westwood Village Mortuory el 7 de octubre de 1970 y, de acuerdo con su último deseo, sus restos fueron arrojados al viento a lo largo de la costa de Marin County, en California, desde una avioneta.

No he olvidado su voz y me estremece oírla cantar su *Cry baby*. Cuando algún día busco los orígenes de muchas cosas, recurro a su recuerdo vocal para no olvidar lo que fueron aquellos años y revivir la emoción sentida con su lamento genera-

4. El mismo doctor que hizo la autopsia de Marilyn Monroe en 1962 y de Natalie Wood, años después.

cional, desgarrado, brutal y siempre inmortal. Murió tan joven, que no ha sido olvidada. Murió tan pronto que hoy su voz es un icono adorado por quienes en 1968 y desde entonces han deseado vivir la vida al ritmo vertiginoso de un Ferrari y con la intensidad de un estremecedor terremoto.

ROCK DURO Y TAN DURO: LA LEYENDA DE JIM MORRISON

Pero en la década de los sesenta no hubo solamente la música de los Beatles y los Rolling Stones. Si los primeros fascinaban por sus melodías, los segundos simbolizaron pronto el lado más duro del rock, hasta el punto de que se ha dicho que unos tenían una vertiente femenina mientras que los Rolling eran plenamente masculinos. Y al hilo de su música más agresiva surgieron otros muchos grupos a ambos lados del Atlántico, de los que sin duda The Doors fueron los más famosos, especialmente por la personalidad de su máxima figura, Jim Morrison, muerto a los veintisiete años en París y cuya tumba sigue siendo treinta años después lugar de peregrinación de quienes le adoraron en vida y quienes se acercan al cementerio parisino de Père Lachaise, donde también reposan los restos de otros ilustres como Edith Piaf, Oscar Wilde y Federico Chopin.

La biografía de Morrison es la apología de un provocador y uno de los mejores ejemplos de lo que el escritor Félix de Azúa llama el síndrome de Rimbaud, es decir aquel que convierte a un artista en un personaje. Obsesionado con hacer literatura de la música y con la poesía de Rimbaud, Baudelaire, Nieztsche y William Blake, tomó de un poema de éste el nombre del grupo musical —«... hay cosas que son conocidas y cosas que son desconocidas y entre ellas están las puertas»—, llevando su pasión literaria a su propia vida y en la mejor tradición de un «maldito» vivió la vida de forma convulsa, atormentada y trágica.

James Douglas Morrison nació en Melbourne, Florida, el 8 de diciembre de 1943 y después de una adolescencia difícil, a mediados de los años sesenta conoció en la Universidad de Los Ángeles, donde estudiaba Historia del Arte, teatro y cine, al teclista Ray Manzarek y con él, el guitarra Robbie Krieger y el batería John Densmore, fundaron The Doors. Desde su origen el grupo quiso dar testimonio de su tiempo y ser la espita que encendiera la pasión de la convulsión social y política de aquellos años. Las letras de sus canciones llevaban una dosis notable de descaro y erotismo y la aparición de su primer disco, «The Doors», en marzo de 1967, supuso un tremendo impacto en la sociedad norteamericana de entonces; tuvieron especial éxito tres canciones de este disco: *Break on trough, The end,* cuya duración excedía los once minutos y en cuya letra había una mención a sus progenitores («... padre quiero matarte, madre quiero follarte...») que como es lógico escandalizó a todo el mundo y motivó que fuera vetada por numerosas emisoras de radio, y *Light my fire,* que fue la cuarta canción más vendida del año y estuvo tres semanas en el número 1 del Billboard. En 1968 su canción más famosa fue *Hello, I love you.*

Estos dos años de éxito dieron paso a una sucesión de escándalos protagonizados por Morrison, que finalmente fue detenido por la policía por simular en el escenario del Dinner Key Auditorium de Miami, el 1 de marzo de 1969, la masturbación, el sexo oral y mostrar en pleno concierto sus genitales; fue condenado a quinientos dólares de multa y a ocho años de trabajos forzados, pena que el cantante conoció cuando estaba actuando en el Festival de la isla de Wight, huyendo a París para escapar de la extradición. Por esta razón y porque siempre se sintió atraído por la capital francesa se quedó a vivir en ella, dedicándose a escribir poesía y a «beber como un cosaco» en los tugurios del Marais, barrio en el que vivía y en el que era conocido por sus excesos con las drogas y el alcohol. En su apartamento de la calle Beaux Arts vivía con su novia Pamela Courson, como él adicta a todo tipo de drogas, y que le sobreviviría muy poco, ya que moriría de sobredosis el 25 de abril de 1974.

El 2 de julio de 1971 fue al cine y a la salida se encontró mal. Pudo llegar a su apartamento, donde se dio un baño y allí le encontró muerto su novia. Al parecer la muerte le sobrevino por una sobredosis, que le provocó un paro cardíaco. Fue enterrado en el cementerio parisino de Père Lachaise el 7 de julio y sólo cinco personas asistieron a sus exequias fúnebres, entre ellas el director de cine francés Agnes Varda. Desde entonces su tumba ha sido lugar de peregrinación de miles de jóvenes curiosos de todo el mundo atraídos por la extraña leyenda de quien se autodefinía «poeta del caos» y una de cuyas frases preferidas era: «...sólo me interesa la rebeldía, el caos y en definitiva cualquier actividad sin sentido».

Elvis Presley: la leyenda del rey del rock

Con motivo del veinticinco aniversario de la muerte de Elvis Presley, la revista *Forbes* publicó un reportaje en el que confirmaba que Elvis Presley era la persona muerta que más negocio había generado entre los meses de junio de 2001 a 2002.[5] Además, en el mundo hay más de seiscientos clubes de fans del cantante y su tumba en su casa de Graceland recibe al año una media de seiscientos mil visitantes, sólo superada por la Casa Blanca. Y es que el impacto de su música y la leyenda de su nombre siguen provocando admiración en las generaciones posteriores. ¿Cómo es posible que un artista surgido en el año 1954 y muerto en 1977, siga causando tal veneración en un mundo en el que el rock ya no es la expresión musical dominante, ni lo son las circunstancias culturales, sociales y políticas que marcaron los veinte años de vida activa del «rey del

5. Treinta y ocho millones de dólares.

rock»? ¿Cómo es posible que Elvis Presley siga siendo un ídolo y una leyenda? A la peculiaridad de su irrupción en el mundo de la música, a su fenómeno divulgador y a su fatal final hay que atribuir sin duda que en el año 2002 la sola evocación de su nombre despierte un universal sentimiento de admiración y de afecto, privativos de quienes, como Elvis, supieron —en vida— provocar un unánime entusiasmo y reconocimiento.

Elvis Aaron Presley nació en Tupelo (Mississippi) el 8 de enero de 1935; sus padres eran granjeros humildes, que pronto vendieron sus tierras para ir a vivir a la cercana Memphis. Pero el nacimiento del pequeño Elvis estuvo marcado por un hecho trágico, que influiría en su vida y sobre todo en la de su madre Gladys: seis horas después de nacer murió su hermano gemelo Jesse Garon.

Influido por la religiosidad de sus padres, el joven Elvis empezó a demostrar su afición a la música, cantando en la iglesia y actuando, a los diez años, en un concurso escolar, en el que quedó segundo. Por su undécimo aniversario, sus padres le regalaron una guitarra, que costó 12 dólares, y con ella aprendió a cantar con un joven grupo y a imitar a Bill Halley. Recién graduado, en 1953 empezó a trabajar de camionero en la empresa Crown Electric, hasta que un día leyó un anuncio en el que la compañía de discos Sun Records ofrecía grabar un disco por dos dólares. Grabó dos canciones y durante 1954 siguió actuando en conciertos y grabando un nuevo disco con el bajo Bill Black y el guitarra Scotty Moore. Cuando el 7 de julio de ese año, Dewey Phillips incluyó su canción *That's all right mama* en su programa «Red, hot and blue», de la radio local WHBQ de Memphis, la centralita de teléfonos se inundó de llamadas interesándose por quién era su autor y pidiendo su repetición. De este disco se vendieron rápidamente más de veinte mil copias, creándose un verdadero fenómeno de masas y un auténtico escándalo entre determinados sectores sociales, que vieron en la música del joven cantante una provocación a sus creencias.

Su éxito llamó la atención de un personaje que será decisivo en su carrera: Tom Parker, apodado el Coronel. Parker le ofreció comprar su contrato con Sun Records y firmar otro, por 35 000 dólares, con la RCA. Este contrato se firmó el 20 de octubre de 1955 en el hotel Warwick de Nueva York y por la rescisión del mismo, el dueño de Sun Records, Sam Phillips recibió 25 000 dólares. El Coronel Parker se convirtió —para siempre— en el manager de Elvis, que con sus primeros cinco mil dólares en el bolsillo se compró un espectacular Cadillac.

Había nacido Elvis Presley y con él el primer gran ídolo del rock, capaz de entusiasmar a la juventud americana y mundial con canciones tan inolvidables como *Jailhouse rock, It's now or never, Heartbreak Hotel, Shake, Tutti Frutti, Don't be cruel, Blue Suede Shoes, Ready Teddy*. Su primera aparición en el famoso programa de televisión «El Show de Ed Sullivan» fue seguida por 56 millones de espectadores, que asistieron atónitos y entusiasmados a los sensuales movimientos de Elvis, pese a que las cámaras sólo le enfocaron de cintura para arriba. De ahí que se le llamara «Pelvis Rock». Su voz grave era capaz de acariciar un blues y de estremecer de ritmo.

Fue también el Coronel Parker quien vio las posibilidades de Elvis como actor de cine, firmando un contrato con la Paramount primero y después con la Metro Goldwyn Mayer, para interpretar películas de relativo éxito como *Love me tender, Loving You, Jailhouse Rock* y *King Creole*, rodadas entre 1956 y 1957.

Con sus primeros millones de dólares le compró a su madre, por la que sentía pasión, una gran mansión —Graceland— de veintitrés habitaciones, en el South Bellevue Boulevard de Memphis, que la pobre apenas si pudo disfrutar ya que murió el 14 de agosto de 1958, poco después de haber cumplido cuarenta y seis años.

En este año, y por consejo de su manager, Elvis rechazó cumplir con el servicio militar en Servicios Especiales y fue destinado a las tropas americanas en Wiesbaden, Alemania, desde donde mantendría viva su imagen, pese a la lejanía, y donde conocería a su «chica», Priscilla Beaulieu, que entonces sólo tenía quince años. Fue un amigo común quien, para conseguir salir con ella, le ofreció conocer al cantante. En su primer encuentro, Elvis cantó algunas canciones, imitó a Jerry Lee Lewis y se mostró sencillo, rodeado de su padre Vernon y de su abuela Minnie, con los que vivía. En un segundo encuentro, la llevó a su cuarto y a solas le habló de su tristeza por la muerte de su madre, de su inquietud porque su padre saliera con otra mujer, y se besaron.

Para que pudieran seguir viéndose, el padre de Priscilla —oficial de carrera— exigió conocer al cantante y que éste fuera a buscarla y a dejarla personalmente cada vez que quisiera verla. Elvis les convenció de que así lo haría y les dijo cuánto deseaba estar con ella y cuidarla. En la intimidad de sus primeros encuentros, Elvis le contó a Cilla que soñaba con ser un gran actor de cine como Marlon Brando, James Dean, Rod Steiger o Karl Malden y con mantener su popularidad a su regreso a Estados Unidos. También le reconoció que era muy tradicional y que era partidario de que la mujer estuviera en casa. Un día, para superar su cansancio, Elvis tomó unas pastillas de Dexedrine y le reconoció que también tomaba somníferos, ya que era insomne.

Elvis vuelve a Estados Unidos y deja de cantar

El 1 de marzo de 1960, Elvis concluyó su servicio militar y regresó a Estados Unidos. Veinte días después de su llegada llamó a Priscilla, como le había prometido que haría, pero pronto pareció haber olvidado a la joven, centrando su carrera en el cine, por consejo del Coronel Parker. Rodó en octubre de 1960 *GI Blues* y poco después *Flamingo Star*. En 1961 protagonizó

Wild in the country (El indómito) junto a Tuesday Weld, Hope Lange y Millie Perkins, y *Amor en Hawai*.

Y de pronto, sin previo aviso y ante el asombro de todo el mundo, Elvis tomó una decisión histórica que no tiene justificación ni comprensión alguna: el 26 de agosto de 1961 ofreció en el Bloch Arena de Pearl Harbor su último concierto en directo. En pleno éxito, cuando su estilo inicial —algo más brusco— empezaba a serenarse, Elvis decidió apartarse del mundo de la música, de las giras y conciertos para centrar su vocación artística en el cine, en el que, pese a algunas películas de éxito, no conseguiría reconocimiento como actor. Pero es que, además, su retiro coincidió con la aparición de Bob Dylan, los Beatles y los Rolling Stones, quienes captaron a la juventud de los primeros años sesenta con sus canciones dedicadas a cantar la libertad, el amor, el placer, la paz y en contra del autoritarismo y las guerras.

Elvis se refugió en su mansión de Graceland con una numerosa cohorte de ayudantes y secretarios, y en la primavera de 1962 llamó a Priscilla para invitarla a pasar dos semanas con él en Los Ángeles y Las Vegas. Los padres de ella accedieron y aunque en estas dos semanas durmieron juntos, él rechazó hacer el amor, alegando que ya llegaría el momento y que ella debía seguir «intacta». Viajaron juntos a la ciudad de los casinos, donde Elvis jugaba por las noches y dormía durante el día. Volvieron a verse en las Navidades de ese año y en una de las noches que pasaron juntos, Elvis le dio unas pastillas de Placidyl, que provocaron que Priscilla se desvaneciera y permaneciera dormida durante dos días. Por Navidad le regaló un perro caniche, y la noche de Fin de Año el cantante se emborrachó, contrariado por el nuevo matrimonio de su padre. Según su testimonio, esa noche estuvieron a punto de hacer el amor, pero finalmente él se negó, reiterando sus argumentos y añadiendo la teoría de que «si somos capaces de dominar nuestros apetitos sexuales, seremos capaces de dominar todos nuestros deseos». Esta teoría era perfectamente compatible con que Elvis tuviera sus aventuras o que durante el rodaje de *Viva las Vegas*, en 1964, mantuviera un apasionado romance con la actriz sueca Ann Margret.

Finalmente, y con la promesa a sus padres de que iría a la escuela, Priscilla se instaló en Graceland de forma definitiva, formando parte del escenario habitual de la vida de Elvis Presley, supliendo el ejercicio práctico de su amor con la grabación de escenas eróticas, la creación de situaciones equívocas y el gusto por los disfraces... Para no ser molestados por los fans, Elvis alquilaba salas de cine para él solo y se deleitaba viendo varias películas al mismo tiempo, con toda su compañía, entre las que desde hacía unos meses figuraba la extraña personalidad de su peluquero, Larry Geller, cuya llegada a Graceland alteró por completo la armonía existente, desencadenando los celos, el miedo y las tensiones entre todos, y que fue quien estimuló el mundo místico de Elvis, enseñándole que además de Jesús estaban Mahoma y Buda, «todos ellos elegidos —según él— por Dios para cumplir con una misión». Geller llevó a Elvis a un centro de meditación, el Self Realization Fellowship Center, donde conoció el pensamiento de un tal Paramahansa Yogananda, fundador del centro y «autor» del libro *Autobiography of a yoghi*.

En 1965 rodó tres películas musicales, de una de las cuales, *Harum Scarum*, Elvis esperaba mucho ya que en ella hacía un papel inspirado en los que protagonizaba Rodolfo Valentino, pero la verdad es que fue un fracaso, porque la película era un horror. Pero Elvis no perdía la esperanza de ser tomado en serio como actor; mientras, en este año Bob Dylan entusiasmaba a la juventud con su música folk y los Beatles conquistaban el mercado americano, aprovechando su estancia en Estados Unidos para visitar a Elvis, su gran ídolo, en Graceland, con el que hablaron durante una agradable sobremesa en la que Brian Epstein y el Coronel Parker jugaron al billar.

Otra de las pasiones de Elvis de esta época fueron las motos, llegando a tener hasta once Triumph y una Harley Davidson, con las que gustaba rodar a gran velocidad embutido en un traje de cuero negro, acompañado de su numeroso séquito y de Priscilla, a la que había regalado una Honda 350. Y por supuesto, también en estos años, Elvis quiso adentrarse en el mundo de las drogas. Se habituó a la marihuana y un día llegó a probar media dosis de LSD, experiencia que no repitió ya que le produjo alucinaciones.

En la Navidad de 1966, Elvis regaló a Priscilla un anillo de diamantes y diciéndole que «el momento ha llegado» le pidió que se casara con él. Poco después, y en contra de la opinión de su padre, compró un rancho de 65 ha en Horn Lake, Mississippi, que le costó medio millón de dólares, hipotecando Graceland. Allí se instalaron todos, con sus dieciocho caballos y sus rancheras. Como consecuencia de este capricho, su padre habló con el Coronel Parker, para advertirle que las finanzas del cantante y actor iban mal. Como primer remedio, su manager le firmó una nueva película, *Clambake*, y aunque a Elvis no le gustó el guión su padre le convenció de que debía aceptar. Elvis quiso rebelarse, alegando que no quería dejar el rancho y que si quería ganar dinero sólo tenía que ir a Nashville y grabar varias canciones, que «siempre será mejor que esas asquerosas películas». Pero finalmente aceptó.

El segundo remedio aplicado por el Coronel fue reconducir la vida de Elvis, recomendándole alejarse del mundo esotérico en el que vivía, porque le perjudicaba, y como consecuencia de ello, Larry Geller abandonó el rancho y poco después Elvis y Priscilla quemaron todos los libros que éste les había dejado.

Como consecuencia de todas estas tensiones, Elvis engordó, pasando a pesar más de 90 kg, y es así como le recordamos todos en las imágenes de su boda con Priscilla que finalmente tuvo lugar el 1 de mayo de 1967 en el hotel Aladdin de Las Vegas, ante escasamente cien invitados. Concluida la ceremonia volaron a Palm Springs en el reactor privado de Frank Sinatra. Esa noche, nueve años después de haberse conocido y cinco de convivir juntos, Elvis y Priscilla hicieron el amor por primera vez.

Pronto Priscilla quedó embarazada, mientras Elvis rodaba otras películas, y aunque en principio ella reconoce que eran felices —se habían comprado una casa modesta en Los Ángeles— algunos meses después su relación empezó a deteriorarse como consecuencia de su alejamiento por los rodajes y de los rumores de idilio entre Elvis y Nancy Sinatra. El 1 de febrero de 1968 nació Lisa Marie y entonces decidieron vender el rancho e instalarse definitivamente en Graceland, donde Priscilla atendía a la pequeña. Justo después del parto, Elvis dejó de interesarse sexualmente por ella y a vivir su vida, alejado de su hogar. Durante el rodaje de una de sus películas, Priscilla acudió a una academia de baile, con el objetivo de recuperar su figura, y a las pocas semanas tuvo un romance con su profesor, quien le hizo sentirse querida y apreciada.

En ese año, viajaron a Hawai, donde pasaron unas semanas de tranquilidad y donde conocieron al cantante galés Tom Jones, por el que Elvis sentía gran admiración y que él creía de color, ya que al oír por primera vez *Green, green grass of home*, creyó que sólo un negro podía tener esa voz.

Elvis regresa a la canción con gran éxito

Desde 1957 hasta 1968, Elvis había rodado más de treinta películas; pero desde 1961 no había cantado en público. El Coronel le reconoció que sus películas no daban más de sí y que si quería volver a cantar, podría hablar con alguna casa discográfica. Elvis accedió y Parker llegó a un acuerdo con la cadena de televisión NBC quien le hizo una oferta para grabar un programa de televisión. Elvis recuperó la ilusión, preparó concienzuda-

satélite, fuera visto por más de 1 500 millones de espectadores de cuarenta países de todo el mundo.

Ya no interesaba al mundo del cine, que sólo encontró en él al personaje que una y otra vez repetía el mismo papel: chico indómito, vividor y roquero, rodeado de bellezas, de lugares exóticos y que después de tontear con todas ellas se quedaba con la más formalita. Pero a sus casi cuarenta años un proyecto cinematográfico le entusiasmó: su amiga Barbra Streisand le propuso encarnar el papel principal del remake de la película de Judy Garland *A star is born* (Ha nacido una estrella). El Coronel se opuso al dudar de la capacidad del director —amigo de la Streisand— y no admitir que su nombre figurara en segundo lugar detrás de la nueva diva de la música. El papel fue finalmente interpretado por Kris Kristofferson.

Entre 1974 y 1975 redujo drásticamente sus apariciones públicas y con frecuencia repetía a sus amigos que le horrorizaba la idea de ver morir a su padre y que prefería morir él antes. También aseguraba con extraña seguridad: «No viviré mucho más de cuarenta años.» Así fue.

En 1976 su salud se resintió. Empezó a olvidar las letras de las canciones y en el escenario —en sus raras apariciones— se comportaba como si el público no existiera. Elvis perdió todo interés por su vida profesional y se suspendieron algunos de sus espectáculos. Elvis se encerró en un mundo imaginario, obsesionado con las armas de fuego y con las amenazas de muerte que recibía, como otros muchos grandes artistas. Tenía una nueva novia, Ginger Alden, veinte años más joven que él, y que no le seguía en sus actuaciones. En abril de 1977, Elvis cayó enfermo y su gira hubo de ser cancelada. El 20 de junio actuó por última vez en público, en el Market Square Arena de Indianápolis.

El 16 de agosto se acostó a las cuatro de la mañana después de jugar al tenis con su primo Bill Smith. Pero una vez en su habitación, Elvis no pudo conciliar el sueño y se levantó de nuevo para leer un rato. Cuando Ginger se despertó a las nueve de la mañana, Elvis seguía leyendo. Ginger volvió a dormirse y cuando despertó de nuevo a la una de la tarde, Elvis estaba muerto en su cuarto de baño. Tenía cuarenta y dos años.

Mientras llegaba una ambulancia, su leal Joe Expósito le hizo el boca a boca, pero sin éxito. Se dijo que Elvis había muerto de una crisis cardíaca, pero ciertamente murió de una sobredosis de barbitúricos. Su cuerpo fue llevado al Memphis Funeral Home y posteriormente expuesto en el hall de Graceland, donde miles de personas de todo el mundo vinieron a darle el último adiós.

El oficio religioso se celebró en el cementerio de Forest Hill, a cinco kilómetros de Memphis, y al mismo asistieron más de setenta y cinco mil personas que contemplaron la comitiva fúnebre de diecinueve coches Cadillac y cien furgonetas llenas de flores. En el oficio estuvieron —entre otros muchos actores— Ann Margret, George Hamilton y miles de anónimos admiradores del cantante que más había hecho porque el rock and roll fuera la música emblemática de varias generaciones de jóvenes desde el fin de la segunda guerra mundial. Pocos años después —el 2 de octubre de 1979— por razones de seguridad, ya que su tumba fue profanada y robada, hubo de ser inhumado y vuelto a enterrar en un lugar privado, el Jardín de las Lamentaciones de Graceland.

Su tumba es uno de los lugares más visitados de Estados Unidos. Había muerto el Rey del Rock. Víctima de su propia imagen y destruido por los mismos que satisfacían cada uno de sus deseos. No tuvo la oportunidad de ser humano. Durante su vida vendió más de trescientos millones de discos. Rodó 33 películas. En Internet hay más de cien páginas dedicadas a Elvis Presley. A su muerte, su cuenta corriente tenía un millón de dólares. En 1993 la suma ascendía a cien millones de dólares.

A su muerte, el presidente Jimmy Carter dijo que «Elvis cambió para siempre la cultura norteamericana», mientras que el órgano del Partido Comunista ruso, *Izvestia*, afirmó: «Presley fue víctima del imperialismo que procuró estrujar el máximo provecho de sus venas de oro.» Por último, John Lennon, tan proclive a las afirmaciones rotundas, dijo: «*Before Elvis was nothing*» (Antes de Elvis no hubo nada).

Keith Moon y «My Generation»: la canción símbolo de una generación

Sólo unos meses después, el 7 de setiembre de 1978, era el batería del grupo británico The Who, Keith Moon, quien se iba al otro mundo a los treinta y un años, como consecuencia de una fatal sobredosis de treinta pastillas de Heminevrin. Moon fue encontrado muerto en el baño de su apartamento de Park Street, en Londres, el mismo en el que cuatro años antes había encontrado la muerte la «gorda» Mama Cass, del grupo The Mamas and The Papas.

The Who, integrado por el citado Keith Moon (batería), Peter Townshend (guitarra), Roger Daltrey (guitarra) y John Entwistle (bajo), fueron los abanderados del movimiento «mod», surgido en Inglaterra en 1964 como contrapunto a la música de grupos como los Beatles, pronto aceptados por la sociedad pese al recelo inicial con el que fueron recibidos. Su éxito se basó principalmente en haber sido los intérpretes de la canción *My Generation*, auténtico compendio del código de valores de los años sesenta, basado en el hedonismo sin límites y en el inconformismo más convincente. The Who, como The Kinks y The Small Faces, son los máximos representantes de una vibrante música juvenil, dirigida al sector pop de este tiempo, caracterizado por su arrogancia y enfrentados en las ciudades británicas con los rockers.

Moon era el auténtico pirata del grupo y tocaba la batería como un poseso, pero Peter Townshend, el solista del grupo, tampoco se quedaba atrás en sus exhibiciones y al final de sus conciertos solía romper su guitarra después de haber agitado el brazo como un molino. Su éxito también tuvo su fundamento en el espectáculo salvaje que ofrecían en el escenario y que provocaba la histeria del auditorio y la fascinación de unos jóvenes que desde su aparición quedaron impresionados. Un hito de esta conducta ocurrió el 20 de mayo de 1966 en el Rikki Tik de Newbury cuando, durante la interpretación de *My Generation*, Townshend golpeó con su guitarra la cabeza de Moon, o cuando el 16 de mayo de 1969, Townshend fue detenido tras una pelea con un policía de paisano que había subido al escenario del Fillmore East de Nueva York, tratando de arrebatar el micrófono a Roger Daltrey para avisar que el edificio contiguo estaba ardiendo. Townshend lo golpeó en la entrepierna creyendo que era un fan exaltado. Otros episodios de su turbulenta trayectoria sucedieron en 1973 en Newcastle durante la interpretación de *Quadrophenia*, en la que Townshend abandonó el escenario hecho una furia y en San Francisco, también en 1973, cuando Keith Moon se desmayó en el escenario, sustituyéndolo en las tres últimas canciones un joven del público, capaz de hacerse con los platos y el charles de su batería. Finalmente, entre un auténtico rosario de incidentes, hay que mencionar la detención y encarcelamiento del grupo en Montreal, en el ya citado año 1973, acusados de haber destrozado la suite de su hotel. Por cierto que, hablando de hoteles, la cadena Holiday Inn les prohibió alojarse en los suyos, después de que el 23 de agosto de 1967 destrozaron su habitación, al negarse los camareros a servir más alcohol con el que celebrar el cumpleaños de Keith Moon. Entre sus hazañas figura el haber inscrito en el libro Guinness el concierto más ruidoso de la historia, el celebrado en el Chareton Athletic de Londres. A cincuenta metros del escenario se midieron 120 decibelios: la potencia total fue de 76 000 watios.

En 1965 tuvieron dos canciones entre las más vendidas,

I can't explain y *Anyway, anyhow & anywhere*, pero donde Townshend acreditó sus dotes de compositor lúcido y capaz de transmitir los sentimientos y las sensaciones de aquella juventud fue en *My Generation*, cuya frase estrella y emblemática era «...espero morir antes de envejecer...», que también hicieron suya otras leyendas del rock como Janis Joplin y Elvis Presley. La canción reflejaba el inconformismo y la desesperanza de la juventud de entonces y fue el perfecto preludio de todo el nihilismo de uno de los últimos episodios de autodestrucción en el mundo del rock, personificado por Kurt Cobain en los años ochenta, muerto también en plena juventud.

My Generation es una explosión de rhytm and blues y una referencia vital de los valores de escepticismo y de la simbología estética del pop art, representados por las chaquetas con la bandera inglesa, las camisetas con dianas, inspiradas en la creatividad del pintor Jasper Johns. Otra de sus estrofas decía:

> *...people try to put us down, just because we get around. Things they do look awful cold, I hope I die before I get old... This is my generation, this is my generation, baby.*

Otros hitos en su carrera fueron su participación, el 25 de mayo de 1967, en los coros del primer concierto Our World, emitido en directo a los cinco continentes, vía satélite, en el que los Beatles cantaron *All you need is love*, y su activa participación en el festival de Monterrey de 1967, junto a Jimi Hendrix, Janis Joplin, Otis Redding y Simon y Garfunkel, y en los festivales de la isla de Wight de los años 1969 y 1970.

A su muerte, Moon fue sustituido por el batería de Small Faces, Kenny Jones, y con él siguieron actuando regularmente durante los años setenta; después de un breve retiro, reaparecieron en 1985, durante el concierto benéfico celebrado en el estadio de Wembley para recoger fondos para evitar el hambre en Etiopía, Live Aid, promovido por el cantante Bob Geldof.

Después de otra desaparición de algunos años, reaparecieron en 1996, para intervenir en otro concierto benéfico en Hyde Park, ante 150 000 espectadores en el que también tomaron parte Bob Dylan y Eric Clapton.

Pese a no figurar en las listas de éxitos, The Who han seguido actuando en los últimos años y volvieron a ser noticia en el año 2002 con motivo de la muerte el 26 de junio de su bajista de siempre, John Entwistle, a los cincuenta y siete años, víctima de un ataque al corazón. Los dos supervivientes anunciaron que habían decidido seguir actuando.

John Lennon: mucho más que un beatle

Apenas el mundo se había recuperado de la muerte del «Rey», cuando el 8 de diciembre de 1980 todo el planeta se estremeció al conocer la noticia de que un loco había asesinado en Nueva York a John Lennon, cuando regresaba a su apartamento en el edificio Dakota. Tenía cuarenta años. La Humanidad entera se dio cuenta de cuánto había significado Lennon para la historia de la música moderna y en concreto para el rock and roll. Con su muerte desaparecía también la figura más relevante de los Beatles, el grupo musical más importante de todos los tiempos y quien mejor simbolizaba la revolución musical llevada a cabo durante los últimos veinte años.

Lennon fue el inconformismo en estado puro, el símbolo de todas las causas de los años sesenta y setenta, el músico capaz de imaginar que el mundo era una inmensa protesta contra la guerra y quien mejor expresó los ideales de paz de toda una generación. Además, como miembro más destacado de los Beatles, fue creador de una nueva época en la cual todas las tradiciones fueron renovadas y estimuladas por su energía creativa.

Pero para llegar a ser el beatle más carismático y una de las personalidades más notorias de su tiempo, tuvieron que pasar muchas cosas: una infancia infeliz, una adolescencia rebelde, una pasión y unas dotes para la música especiales, un afán de notoriedad notable y un inconformismo tal que le llevó a provocar siempre y —por amor— a romper el grupo musical más importante del siglo XX.

John Lennon nació en Liverpool, el 9 de octubre de 1940. Su padre, Freddie, era marino y por ello estaba siempre embarcado. Su madre, Julia, no se ocupó mucho de él, hasta el extremo de que cuando tenía cuatro años, al quedarse embarazada de un soldado galés, le confió a un tío suyo. Su padre consiguió salvar momentáneamente el matrimonio, adoptando al nuevo bebé y consiguiendo que John volviera a su casa. Pero dos años más tarde, en 1946, la madre de John les abandonó de nuevo para irse a vivir con un tal John Dykies. Su padre, decepcionado, desapareció, ignorando durante mucho tiempo que Julia se había desembarazado de John, enviándole a casa de su hermana Mimi.

Por esta inestabilidad afectiva, la infancia de Lennon fue difícil y turbulenta. John creció solo, agresivo, egoísta y enfrentado a la severidad y convenciones sociales de su tía Mimi, de la que únicamente se liberaba para ir solo al cine, a ver películas del Oeste americano. Fue expulsado en distintas ocasiones de la escuela por mala conducta; molestaba a sus compañeros de clase, les robaba sus libros y se convirtió en el «jefe» de una banda de chicos inadaptados, que traían de cabeza a los profesores. La situación motivó que en setiembre de 1952, cuando tenía doce años, fuera enviado a otra escuela, la Quarry Bank Grammar, donde continuó haciendo de las suyas.

El rock aparece en la vida de John Lennon

Cuando John tenía catorce años escuchó en la radio el *Rock around the clock* de Bill Halley y su vida cambió. Empezó a vestirse como un *blouson noir*, adoptó la estética más rockera y empezó a suplicar a su madre —a la que veía de vez en cuando— que le comprara una guitarra para imitar a su nuevo ídolo, Elvis Presley, cuya canción *Heartbreak hotel* le tenía entusiasmado. Por fin su madre accedió y Lennon, que aunque no lo supieron a tiempo era disléxico, empezó a tocar su instrumento y a intentar emular la música y los solos de guitarra de Eddie Cochran, Fats Domino y Little Richard. Su disfunción se convirtió en una virtud musical y concedió a sus futuras composiciones un sello peculiar.

A los diecisiete años empezó a buscar músicos para crear su propio grupo y el 6 de julio de 1957 —fecha histórica de la historia de la música— conoció a Paul McCartney, también de Liverpool y que, aunque un año menor, tocaba ya muy bien la guitarra, especialmente un trozo de la canción de Eddie Cochran, *Twenty Flight Rock*. Se cayeron muy bien y Paul le propuso que se uniera a ellos un amigo suyo, George Harrison. Como éste tenía sólo catorce años, John prefirió que esperase un año. El grupo se llamó The Quarryman y permaneció unido hasta 1959, año en el que se separaron por sus continuas peleas, que tenían siempre por protagonista a John.

Lennon se inscribió en el Liverpool College of Arts, donde su comportamiento no mejoró, mientras Paul y George continuaban sus estudios en el Liverpool Institute. En los recreos se juntaban los tres y fue entonces cuando John y Paul acordaron firmar conjuntamente todas las canciones que escribieran. En 1958 murió la madre de John y esto acentuó aún más su conflicto interno: bebía, se comportaba de forma violenta, peleándose con todo el mundo y se mostraba cínico y vulnerable. En este año, Lennon se enamoró de una compañera de curso, Cynthia Powel, pero los padres de ésta no aprobaban la relación, dado el perfil conflictivo de John Lennon, que además sólo pensaba en la música y en crear un nuevo grupo. Por fin, George Harrison se incorporó al nuevo proyecto, con Paul McCartney, pero había un problema: ¿qué nombre ponerle? Y fue Stuart Sutcliffe, que compartía apartamento con John, quien propuso primero The Beetles. Lennon cambió el *bee* por *beat*, que quería decir «ritmo» y así surgió el nombre de The Beatles, con el que serían mundialmente famosos. Sutcliffe abandonó sus estudios de arte para ser el bajo del grupo. Como batería incorporaron a Tommy Moore.

Su primera gira les llevó a Escocia y al término de la misma, Moore dejó el grupo, sustituyéndole Pete Best, que actuaba con los Blackjacks. Con él viajaron a Hamburgo, para cumplir unos contratos en el Club Indra y posteriormente, en 1961, en el Top Ten Club. En Alemania, todos llevaron una vida enloquecida, con sexo y alcohol abundantes, menos Sutcliffe que se enamoró de una chica alemana, Astrid Kircherr, y abandonó el grupo para seguir sus estudios. Meses después Sutcliffe se vio envuelto en una pelea que le produjo una hemorragia cerebral, falleciendo poco después.

De vuelta en Liverpool fueron contratados por el Cavern Club, donde alcanzaron gran éxito y grabaron un primer disco con el cantante Tony Sheridan, en el que incluyeron una versión de una canción entonces de moda, *My bonnie*. Este disco se vendió muy bien, llamando la atención de Brian Epstein, dueño de la tienda de discos NEMS, que intrigado se acercó a escucharles en octubre de 1961. Se hizo amigo de ellos y en enero de 1962 se convirtió en su manager.

Con Epstein volvieron a Hamburgo en abril de 1962, donde conocieron la muerte de Sutcliffe, lo que afectó mucho a Lennon, cuyo carácter empeoró si cabe aún más, ahogando en alcohol sus tensiones internas. El 23 de agosto de 1962 se casó con Cynthia, que estaba embarazada, aunque su matrimonio fue un secreto durante muchos meses. John Charles Julian vino al mundo el 8 de abril de 1963 y sólo entonces los millones de fans supieron que su beatle estaba casado.

El 1 de enero de 1963, los Beatles grabaron una prueba para la casa de discos Decca, cuyo responsable, Dick Rowe, ha pasado a la historia por su olfato e intuición musical..., ya que rechazó firmar un contrato con ellos, ocasión que aprovechó el productor de la casa EMI, George Martin, quien les propuso hacer unas grabaciones en junio de 1963. En este momento abandonó el grupo Pete Best, incorporándose el cuarto beatle, Ringo Starr, cuyo verdadero nombre es Richard Starkey. Con él, los Beatles grabaron un primer disco, con dos canciones *Love me do* y *Please, please me,* compuestas respectivamente por McCartney y John Lennon, que en mayo de ese año se colocó en el primer lugar de la lista de éxitos, lugar que ocupó hasta diciembre del mismo año. A éste siguió un segundo, grabado en una noche, en el que incluyeron *I saw her standing there* y el mundialmente famoso *Twist and shout,* con el que recorrieron el planeta, conquistaron el corazón de todos los jóvenes y se convirtieron en el mayor y más importante símbolo del Reino Unido.

Su éxito fue tal que entre 1963 y 1967 sus canciones estuvieron siempre en el primer lugar de ventas del Reino Unido, siendo únicamente destronados por Bob Dylan, los Rolling Stones, en LP, y por The Animals, The Hollies, The Kinks y Spencer Davis Group, en singles. En febrero de 1964, su canción *I want to hold your hand* conquistó Estados Unidos, país que recorrieron en clamor, siendo entrevistados en el show de Ed Sullivan, cuya emisión fue seguida por más de setenta millones de espectadores. El éxito continuó con *A hard day's night,* sobre el que rodaron una película del mismo título y que también fue un gran acontecimiento.

El dúo Lennon-McCartney se reveló como compositor tanto de canciones de gran ritmo como de baladas románticas, que no sólo entusiasmaban a los jóvenes sino que pronto acabarían gustando a otras generaciones. Recuerdo muy bien un artículo en la desaparecida revista *Destino* del escritor Baltasar Porcel, que empezaba así: «Ayer por la tarde estuve oyendo música clásica, es decir a los Beatles...» La frase, escrita hacia 1967 o 1968, cuando *Michelle* o *Yesterday* ya sonaban en cualquier hogar del planeta, me sonó extraña pero no la olvidé y el tiempo le dio totalmente la razón. Hoy, los Beatles suenan tan clásicos como Beethoven o Mozart.

Lennon encuentra a Yoko Ono y desaparecen los Beatles

El éxito permitió a John acreditar en público su verdadero carácter irónico, burlón y provocativo, y así, en cierta ocasión, pronunció la primera de sus muchas frases célebres. Al término de un concierto, dijo: «Los que están en las localidades menos caras, aplaudir; los otros pueden limitarse a hacer sonar sus joyas.» En su vida privada, John olvidó a su mujer e hijo y se lanzó a una vertiginosa carrera por la senda de las drogas, refugiándose en su palacio de Weybridge donde se pasó todo el invierno de 1965 consumiendo marihuana, disfrutando de sus muchos coches de lujo y probando el LSD. Probablemente bajo sus efectos, fue cuando declaró en una entrevista publicada el 4 de marzo de 1966, en el *Evening Star* de Londres, que «los Beatles somos más populares que Jesucristo», lo que ocasionó una ola de protestas en muchas sociedades occidentales y especialmente en la muy puritana norteamericana, que estaba literalmente escandalizada. A pesar de que Lennon pidió excusas al iniciar su gira por Estados Unidos y Japón, en ambos países recibieron amenazas de muerte. En Filipinas, los Beatles protagonizaron otro escándalo menor, al negarse a saludar a Imelda Marcos, la mujer del dictador. De común acuerdo, los

Beatles decidieron que su concierto en el Candlestick Park de San Francisco, celebrado el 29 de agosto de 1966, fuera el último que representaban en público.

El 9 de noviembre de 1966, Lennon acudió a la Indica Gallery, invitado por su dueño, John Dunbar, con el que se entendía muy bien y con el que solía compartir «viajes» de LSD. Dunbar estaba casado con la que posteriormente sería musa del rock inglés, Marianne Faithfull, que le dejó por Mike Jagger. Allí encontró a Yoko Ono: el flechazo entre Lennon y Yoko fue inmediato y desde ese mismo instante se hicieron inseparables. Yoko apareció en las grabaciones en el estudio, Yoko estaba en todas partes, pero atribuir a su omnipresencia la ruptura del grupo sería exagerado; probablemente actuó de desencadenante de una crisis que afectaba a todos y cada uno de los Beatles y que pasaba por la búsqueda futura de otros caminos. Para George era la sugestión india; para Ringo, el cine; para Paul, el arte. Los cuatro sabían que eran lo suficientemente ricos para no tener que trabajar el resto de sus vidas.

Durante 1967, en el apogeo del movimiento hippy, los Beatles sacaron el disco «Sargeant Pepper and his lonely hearts Band», que se convirtió en el símbolo de todo este movimiento, compartiendo tal honor con dos canciones inolvidables y que evocan mis primeros viajes a Londres: *A whiter shade of pale*, de Procul Harum, y sobre todo la maravillosa *San Francisco*, de Scott McKenzie. En esta época, era Paul quien de hecho dirigía al grupo, programaba las grabaciones y organizaba la mínima vida común de los cuatro. John, en pleno *love* con Yoko, compuso tres prodigiosas canciones, evidencia de su gran talento: *Strawberry fields forever*, *Lucy in the sky with diamonds* y el trozo de Sargeant Pepper titulado *All you need is love*, que resonará siempre como el himno pacífico de todo un tiempo y de todo un sueño.

Siguiendo el interés de George Harrison por la doctrina espiritual del yogui indio Maharishi Maheshy, los cuatro beatles visitaron la India y fue en Bangor donde conocieron la noticia de la muerte de su manager Brian Epstein, por una sobredosis de barbitúricos, lo que afectó mucho a John. A su regreso, durante 1967 rodaron la película *Magic Mistery Tour*, durante cuyo rodaje John se reconcilió con su padre, al que compró una casa en Brighton y al que no había visto desde 1964, y por el que supo las verdaderas causas de su abandono de años atrás.

En febrero de 1968 y pese a estar unido a Yoko desde hacía año y medio, John aceptó que Cynthia les acompañara en un nuevo viaje a la India, que concluyó de forma decepcionante, al descubrir la dudosa moralidad del ashram Maharishi. Se negaron a aparecer juntos en una emisión en la televisión americana y los Beatles admitieron en público su error. Poco después, Lennon hizo pública su relación con Yoko y con ella participó en una exposición de escultura en la catedral de Coventry, en la que expusieron un glande gigante, lo que provocó el escándalo correspondiente. Durante varias semanas, la nueva pareja se encerró en el apartamento de Ringo Starr, dedicada al consumo de heroína, a beber champán y a tomar caviar.

En setiembre de ese año, John y Cynthia se divorciaron, y lo mismo hizo Yoko de su marido, Tony Cox; ambos fueron tratados con generosidad por John y Yoko, deseosos de vivir con plena libertad su amor y de exhibir en público su compenetración y su afán de notoriedad, como cuando presentaron su disco «Two virgins», en cuya portada aparecieron desnudos.

Mientras, los Beatles sacaron un nuevo disco —conocido como el doble álbum blanco— con nuevas canciones, de tanto éxito como *Hey Jude*, pero sin hilo conductor como prueba de la progresiva distancia entre ellos y de su cada vez más inminente separación. De hecho, Lennon ya vivía al margen del grupo, Georges no ocultaba su deseo de adquirir un cierto mayor protagonismo como compositor y sólo Paul insistía en apostar por la pervivencia de los Beatles.

El 18 de octubre de 1968, John y Yoko fueron detenidos

por la policía al descubrir droga en su apartamento y dos semanas después Yoko perdió el hijo que esperaba. Durante el juicio por posesión de cannabis, John se declaró culpable para evitar que la expulsaran a ella del Reino Unido, y el tribunal le condenó al pago de una multa de 150 libras esterlinas. Poco después empezaron a grabar un nuevo disco —«Abbey Road»— y la presencia de Yoko se hizo habitual en el estudio; los cuatro disputaban por cualquier cosa y eso prolongó la grabación hasta bien avanzado 1969, apareciendo finalmente en el mercado en setiembre. En una cara figuraba otra de las muchas canciones históricas, *Come Together*, de la que John se sentía especialmente contento; en cambio, en la cara B, la mayoría eran canciones compuestas por Paul y grabadas de acuerdo con técnicas modernas, que a John le disgustaban profundamente.

Mientras, durante el año 1969 pasaron muchas cosas en la vida de John y Yoko, que ya se convirtieron definitivamente en un ingrediente imprescindible de la imaginería a la moda; por lo pronto se casaron en el Consulado británico en Gibraltar y pocos días después, en plena luna de miel, hicieron su primera aparición pública en favor de la paz, posando desnudos en la cama del hotel Hilton de Amsterdam, ocasión que Lennon aprovechó para pronunciar su histórica frase, *Give peace a chance* (Dar una oportunidad a la paz), que daría la vuelta al mundo y que se convertiría en el lema de millones de pacifistas, identificados para siempre con la extravagante pareja. Animados por este eco, John compuso la canción *La balada de John y Yoko*, que ha quedado también como el símbolo de las ideas pacifistas de entonces, en contra de la escalada de armamentos en Vietnam, la proliferación de los bombardeos y del indiscriminado uso del Napalm.

En mayo de 1969 viajaron a Toronto para participar en una gran manifestación a favor de la paz y allí grabaron la canción que hacía honor a la frase *Give peace a chance*, que también fue el himno de tantos y tantos manifestantes en Londres,

Nueva York, Madrid o París. A Lennon le gustaba que lo llamaran Mr. Ono; Yoko no quería que la llamaran Mrs. Lennon.

En plena vorágine pacifista, Lennon tuvo que regresar a Londres para terminar de grabar «Abbey Road» y para calmar los rumores que daban por hecha la disolución del grupo, lo cual era cierto, pero no convenía a la promoción del disco ni a los acuerdos que ya habían adoptado de encargar a Allen Klein —que también lo era de los Rolling Stones— la administración de sus asuntos, y una de cuyas primeras decisiones había sido la creación de un sello propio de los Beatles. Nada más llegar al Reino Unido, John y Yoko sufrieron un accidente en Escocia con su Austin Maxi, resultando heridos; en cuanto salió del hospital, Lennon hizo instalar los restos del coche accidentado en el salón de su nueva mansión en Tittenhurst Park, cerca de Sunningdale, y terminada la grabación del disco, viajaron de nuevo a Canadá para participar en un espectáculo musical de *revival* del rock and roll, en el que también tomaron parte Chuck Berry, Gene Vincent —que moriría poco después— y Little Richard. Pero la novedad en la participación de Lennon fue que lo hizo de forma improvisada junto a Eric Clapton, el batería Alan White y el bajista Klaus Voorman, experiencia que le fue tan gratificante que decidió constituir con ellos la Plastic Ono Band y anunciar a Paul, George y Ringo que todo había terminado, pero éstos le convencieron de nuevo de que no hiciera pública su decisión para que el plan financiero desarrollado por Klein, y basado en el éxito de «Abbey Road», surtiera efecto. John aceptó.

En octubre de 1969, Yoko volvió a abortar y John, creyendo que la causa era su abuso de las drogas en los últimos años, viajó a Grecia para someterse a una cura de desintoxicación y a su regreso protagonizó un nuevo escándalo al renunciar al título de Caballero de la Orden del Imperio Británico, que les había concedido la reina de Inglaterra, en protesta por la intervención inglesa en la guerra de Biafra y por el apoyo británico a las tropas americanas en Vietnam. En la misma declaración, que levantó una oleada de comentarios negativos en Inglaterra, aprovechó para quejarse del trato que los críticos habían dedicado a su canción *Cold Turkey* en la que relataba su dolorosa experiencia de liberación de la heroína, gracias a la metadona.

Decidido a seguir luchando por la causa de la paz, Lennon promovió un concierto en Londres con el lema «Paz en Christmas», en el que intervino la Plastic Ono Band, compuesta en esta ocasión por George Harrison, Eric Clapton, Keith Moon, Billy Preston y el propio Lennon, y además sufragó una campaña de vallas publicitarias en las principales ciudades del mundo con la inscripción «La guerra ha terminado. Si tú quieres. Feliz Navidad. John y Yoko». También anunció su proyecto de un congreso mundial sobre la música y la paz a celebrar en 1970 en Toronto, al término de una entrevista con el primer ministro canadiense Pierre Trudeau, que por razones económicas y de organización no pudo celebrarse.

A principios de 1970, John y Yoko siguieron protagonizando distintas excentricidades, como cuando al regreso de un viaje a Dinamarca, donde se habían cortado el pelo al cero, anunciaron que habían cambiado sus cabelleras por un pantalón manchado de sangre de Cassius Clay, con la intención de subastarlo para obtener fondos en la lucha por la paz. Lennon también anunció que, a partir de ese instante, todos los beneficios de sus canciones serían destinados a promover la paz en el mundo.

En mayo salió al mercado el que sería el último trabajo conjunto de los Beatles, «Let it be», en el que de forma esporádica habían colaborado durante el invierno de 1969 y su éxito fue inmediato, relevando en el número 1 de las listas a la canción que llevaba varias semanas, *Bridge over troubled water*, de Simon y Garfunkel. Cumplido el acuerdo de respetar el anuncio de disolución hasta que «Let it be» estuviera en el mercado, fue Paul McCartney quien anunció su deseo de dejar los Beatles y la noticia dio la vuelta al mundo, causando tristeza y gran impresión. El proyecto musical más importante de muchos años no superaba los diez años de vida, renunciando a un tremendo prestigio, a una proyección económica futura sin límites y a continuar ejerciendo colectivamente un liderazgo musical, estético y moral de la juventud de su tiempo. Habían desaparecido como grupo, pero no como músicos. Los Beatles dejaban de ser una referencia generacional pero gracias a su influencia y a su oportunidad pasaban a ser inmortales, porque su recuerdo permanece vivo desde entonces. Habían «muerto» los Beatles, pero ahí estaban Paul McCartney, George Harrison, Ringo Starr y John Lennon para seguir haciendo música y para ser además de beatle, ellos mismos.

«Imagine», obra cumbre del nuevo John Lennon

En los diez últimos años de su vida, John Lennon hizo muchas cosas importantes: ser padre, ser fiel a sus ideas, contribuir con su actitud vital a eliminar las injusticias del mundo y componer la más bella canción de mucho tiempo y culmen del lamento pacifista que anidaba en su alma: *Imagine*. Sólo por ella, Lennon merecería estar en la Historia del siglo XX y en la inmortalidad. En plena efervescencia del rock «duro», con grupos que habían hecho del legado pop un bronco mensaje, lleno de violencia musical e incluso física, *Imagine* demostró que había una alma y una sensibilidad dispuesta a soñar e imaginar un mundo sin violencia, sin países y sin fronteras. Por esta canción insuperable, millones de jóvenes y de adultos de todo el mundo le veneraron con tristeza a su muerte y le lloraron en silencio, desde el más íntimo dolor y desde el más recóndito rincón del planeta.

Tras la separación de los Beatles, John siguió su camino sin remordimiento alguno y buscando un mínimo de serenidad interior con la que apagar los traumas de su infancia y sus contradicciones. Este deseo le hizo seguidor en 1970 de un tal Arthur Janor, creador de la terapia Primal, consistente en gritar para liberar los traumas infantiles. Encantado de esta experiencia, Lennon declaró que la terapia Primal era «la cosa más importante que me ha ocurrido después de mi encuentro con Yoko y el hecho de haber nacido». Gracias a esta terapia, John confesó haber encontrado a Dios como forma de eliminar los tormentos del pasado y de su obsesiva búsqueda de «la madre», y se dedicó a ella con la misma intensidad que lo había hecho a la droga y a la espiritualidad oriental. Por supuesto Yoko le siguió en la experiencia y juntos hicieron un curso, del que John salió tan reafirmado que inmediatamente se peleó con su padre al que reprochó su fracaso como progenitor y con el que no volvería a hablar hasta que éste se encontró en el lecho de muerte, en 1976.

En enero de 1971 concedió una entrevista a la revista *Rolling Stone* en la que con su ironía habitual desmitificaba a los Beatles y la música de los años sesenta, diciendo: «... el mundo sigue siendo igual, lleno de injusticias, como antes. No ha pasado nada; estábamos disfrazados». Durante este año, mantuvo alguna polémica pública con Paul, que despreciaba sus últimas actividades, y que exigía se disolviera la sociedad The Beatles, para constituir un fondo común del que cada uno podía tomar el dinero, acuerdo que se mantuvo hasta 1975. Pero en este año, también John tuvo que apoyar a Yoko en la recuperación de su hija Kyoko, de la que en realidad Yoko apenas se había ocupado y que había desaparecido con su padre, Tony Cox. Después de múltiples averiguaciones, supieron que ambos estaban en Nueva York, y John y Yoko tuvieron que viajar allí, para lo cual John pidió un visado de nueve meses. El 13 de agosto de 1971, John Lennon salió del aeropuerto de Heathrow: ya no volvería a pisar suelo inglés.

A John le encantó Nueva York, donde se integró en la atmósfera de Greenwich Village y se hizo seguidor de los extremistas de izquierda, guiados por Jerry Rubin, en cuyas manifestaciones públicas participó en numerosas ocasiones. También lo hizo a favor del líder de los White Panthers, John Sinclair, lo que llamó la atención de la Oficina de Inmigración, que en febrero de 1972 le comunicó que su visado había concluido, decretando su expulsión del país, decisión que John recurrió. Cuatro años duraría este litigio, durante los cuales fue espiado por el FBI. En agosto de 1972 organizó un concierto en el Madison Square Garden de Nueva York, a favor de los niños disminuidos y en 1973 empezó a trabajar en su disco «Mind Games», encerrado en su recién adquirido apartamento del Dakota Building.

Ruptura y reconciliación con Yoko

En 1973, Lennon volvió a consumir grandes cantidades de alcohol y de drogas y se produjo su ruptura con Yoko, que duró más de año y medio. En este tiempo, John se fue a vivir a Los Ángeles con su secretaria May Ray, una chica que no tomaba drogas y con la que tampoco encontró el sosiego, acentuándose tanto su carácter bronco y turbulento que en cierta ocasión fue echado a patadas del Club Troubador, después de una pelea, y en otra destrozó la casa de su productor, Lou Adler, en Bel Air, viéndose obligados sus amigos a atarlo a la cama para que no continuara con los desperfectos.

Al contrario de «Mind Games», que no tuvo ningún eco, sí lo tuvo su siguiente producción, realizada en octubre de 1974 y en el que una canción, *Whatever gets you trough the night* alcanzó el primer lugar de las listas de éxito, motivo por el cual Lennon declaró: «Estoy sorprendido de haber conseguido hacer algo bueno porque es la obra de un artista maldito.»

A finales de 1974 regresó a Nueva York, instalándose en un apartamento de East 52 St. donde trató de llevar una vida tranquila, reuniéndose con algunos amigos como Mike Jaegger —al que apreciaba mucho—, y Elton John, con el que hizo una apuesta: si Elton alcanzaba el número 1 de las listas, le prometió que actuaría en público con él. Y así fue: el 28 de diciembre de 1974, Lennon subió al escenario del Madison Square Garden para intervenir en un concierto de Elton John, cantando dos canciones de su repertorio beatle, *Lucy in the sky* y *I saw her standing there.*

En marzo de 1975 volvió con Yoko y deseoso de tener un hijo se sometió a un tratamiento de acupuntura para mejorar su esperma, con el resultado de que ella quedó embarazada. Se volvieron a casar simbólicamente y decidieron que John se ocuparía del niño y Yoko trabajaría para la familia. En efecto, el 9 de octubre de 1975, Yoko, que tenía treinta y cinco años, dio a luz un bebé al que bautizaron Sean Taro Ono Lennon, y al que Lennon iba a dedicar los próximos cinco años, realizándose como padre, olvidando la música por completo y viajando por el mundo, disfrutando de su anonimato. También aprovechó este tiempo para acercarse a su olvidado hijo Julian, que ya tenía trece años, y al que enseñó a tocar la guitarra durante unas vacaciones. En 1976 murió su padre y consiguió su anhelado permiso de residencia permanente en Estados Unidos. Por su treinta y ocho cumpleaños, Yoko le regaló un fonógrafo, para que pudiera escuchar sólo discos de 78 rpm ya que no le gustaba nada el rock de los setenta.

John Lennon, asesinado

En el último año de su vida, 1980, Lennon alcanzó su plena madurez como ser humano. Se había realizado como padre y durante el tiempo que había permanecido alejado de la música había recuperado su secreta creatividad musical. Iba a cumplir cuarenta años, y en agosto había realizado uno de sus sueños:

un crucero de Rhode Island a las Bermudas, en el que aprendió mucho de sí mismo y en el que tuvo que superar muchos riesgos junto con el resto de la tripulación.

A su regreso compuso veinte nuevas canciones para un LP que produciría su propia casa de discos, Geffen Records. El disco, titulado «Double Fantasy», salió el 17 de noviembre y fue recibido como la prueba definitiva de su madurez creativa, destacando entre todas las canciones la memorable *Woman*, que quedaría como el póstumo legado de su fabulosa capacidad musical y como postrer homenaje a la música y a la mujer de su tiempo.

El 8 de diciembre, poco antes de las once de la noche, llegaba a su apartamento en el edificio Dakota cuando un loco, Mark Chapman, al que Lennon había firmado un autógrafo ese mismo día, le disparó cuatro tiros por la espalda. Nadie sabe aún hoy por qué lo hizo. Sólo se sabe que era un fan de Lennon. Su asesinato, como otros ocurridos en Estados Unidos, evidenció el absurdo y la fragilidad de un sistema, en el que los ídolos estan a merced de la locura de un desequilibrado.

Lennon fue incinerado en el Hartsdale Crematorium de Nueva York y cuatro días después, el 14 de diciembre de 1980, toda la ciudad guardó, a petición de su viuda, los diez minutos de silencio más emocionantes de la moderna historia del mundo.

Pero la muerte de John Lennon fue el resorte final y definitivo para que todo el mundo se diera cuenta de la dimensión universal de su música y de su personalidad, decisivas en la historia de la música. Su muerte prematura, violenta y trágica, le ha convertido ya para siempre en una leyenda viva, sugerente y rica de unos años inolvidables de la historia de los años sesenta, en las que el empuje creador de Lennon y de los demás beatles nos hizo sentir que con ellos empezaba una nueva dimensión de nuestra juventud, una enorme ilusión por el futuro y un pleno reconocimiento del hecho sociológico de ser joven. Con Lennon murió su descaro, su insolencia, su permanente desafío a las convenciones; con él desapareció el primer beatle pero con él se hizo inmortal un tipo de música que fue rock y también melodía romántica, fue moderna y clásica, a la vez, y sobre todo original, nueva, distinta, nuestra.

La angustia de vivir

Van Gogh: un loco maravilloso

¿Hay quien pueda dudar que Vincent Van Gogh es uno de los ejemplos más evidentes de personalidad convertida en leyenda, desde el momento mismo de su muerte? No hay hoy pintor más universal ni artista cuya obra haya alcanzado tan alto grado de conocimiento y cotización. Toda la Humanidad admira la obra y la apasionada vida del pintor holandés.

Pero en 1890, cuando el pintor muere a los treinta y siete años, sólo algunos iniciados habían conocido la obra de Van Gogh, cuyos cuadros se habían exhibido un año antes de su trágica muerte en los museos y salones de artistas, mereciendo solamente un breve comentario en las revistas especializadas.

A este ominoso y vergonzante silencio en el aprecio de sus contemporáneos, se une el hecho ya conocido de que uno de los pintores cuyos cuadros obtienen en las subastas de nuestros días la más alta cotización, y que figuran en las mejores pinacotecas del mundo, sólo consiguió vender un cuadro en vida, muriendo en la más absoluta miseria.

Fue al poco tiempo de su muerte cuando los críticos y expertos en arte se interesaron por la obra de Van Gogh, reparando en la potencia cromática y en la riqueza de colorido de sus cuadros, que el pobre Van Gogh había legado a sus pocos y humildes sucesores. Sólo cuando Vincent Van Gogh se encontraba recluido en el hospital de Auvers-sur-Oise, los expertos consideraron que diez cuadros suyos merecían figurar en el Salón de los Independants de marzo de 1890, sólo cuatro meses antes de que Van Gogh, desesperado, se pegara un tiro en el citado hospital, después de haber tratado de llamar la atención de todo el mundo con su pintura.

Van Gogh tuvo que morir para ser reconocido; tuvo que vivir la pasión por la pintura y por la vida con una intensidad devastadora y destructiva, para que años después toda la Humanidad admirara sus flores, sus campos de trigo y sus personajes. Tuvo que sufrir como un poseso el anhelo de realizarse, para que las posteriores generaciones se rindieran a su convincente sinceridad artística.

¿Habría recibido ese reconocimiento póstumo si hubiera vivido hasta los ochenta años? ¿Sus cuadros se cotizarían como hoy si Van Gogh hubiera pintado otros mil lienzos? ¿No es precisamente la imposibilidad de que haya más Van Gogh lo que hace que su obra merezca esa posterior rendición iconoclasta? Probablemente, la respuesta a estos interrogantes es afirmativa, porque es la muerte precoz y la imposibilidad de continuidad de su obra lo que hace de su vida y de su trayectoria artística una leyenda. Y como en el caso de Toulouse-Lautrec y de Modigliani, el nombre de Vincent Van Gogh figura en lo más alto de los grandes artistas del siglo XIX y es sin duda una de las personalidades artísticas más importantes de la historia.

Determinar el momento preciso en el que —como en el caso de otros protagonistas de este libro— la vida de Van Gogh toma un camino hacia el desastre final, es sumamente difícil, ya que toda la vida del pintor holandés es una desbocada carrera hacia la catástrofe. Todos los actos de su vida vienen marcados por un anhelo desesperado y por una búsqueda agónica de la razón de vivir, encontrada finalmente en la pintura.

Pero aun así, en una vida tan llena de decepciones y de renuncias como la de Van Gogh, hay hitos y claves, que precipitan un angustioso y permanente sinvivir, como su frustrado deseo de llevar la palabra de Dios, el rechazo amoroso de su prima Kay, la continuada decepción sufrida por la poca estima que sus cuadros recibían de todo el mundo artístico, o también el trauma que experimentó al pelearse con su amigo Gauguin, lo que le desestabilizó finalmente. Por ello, procede hacer una síntesis biográfica de la vida de este holandés angustiado, que nació el 30 de marzo de 1853, en un pequeño pueblo al norte de Brabante, Groot Zundart, como hijo primogénito del pastor protestante Theodorus Van Gogh y de Anna Cornelius Carbentus.

Cuatro años después nacería su hermano Theo, con el que estaría siempre tan unido y con el que mantendría una correspondencia emotiva y hermosa, modélica en lo profundo y ejemplar en cuanto argumento de una fraternal relación.

La pasión por la palabra de Dios

Después de cumplir con sus estudios, en enero de 1873 entró a trabajar en Bruselas, en la sucursal de la firma Goupil, para después trasladarse a Londres, por cuenta de la misma empresa. Ya en esta época, se muestra interesado en la pintura y de ahí sus visitas a los museos del Louvre y Luxemburgo, con motivo de una breve estancia en París.

En Londres se enamora locamente de Ursula Loyer, que le rechaza de forma terminante, y cae en una depresión muy profunda, de la que tardará en salir. En 1875, a finales de mayo, su empresa le traslada definitivamente a París, donde vuelve a visitar los museos y galerías de arte, entusiasmándose con la pintura de Corot y de los pintores holandeses del siglo XVII. En esta época, y por influencia de su padre, lee la Biblia, lo que le estimula y reconforta tanto que decide emprender el camino de la evangelización.

En abril de 1876 se traslada a Ramsgate, en los alrededores

de Londres, y de julio a diciembre, por consejo del educador Stokes, se instala en Isleworth, suburbio obrero de Londres, donde aquél ha trasladado su escuela, y donde ejerce de ayudante del predicador Jones, pastor metodista. El 6 de noviembre pronuncia su primer sermón.

En Navidades regresó a casa de sus padres, en Etten, que alarmados por su estado físico y su cansancio, le convencen de que no vuelva a Inglaterra. Pero la determinación de Vincent es total: quiere dedicar su vida a ofrecer testimonio de la palabra divina y por ello, con la ayuda económica de su padre, en mayo de 1877 viaja a Amsterdam para preparar sus estudios de Teología. Después de estudiar durante varios meses, a un ritmo de veinte horas al día, no se le consideró apto ni merecedor del título de evangelizador. Decepcionado, aceptó sumergirse en la miseria y pobreza de Borinage, un pequeño pueblo minero de Bélgica, donde predicó la palabra de Dios y se dedicó en cuerpo y alma a los pobres. Vincent vive allí una experiencia angustiosa y traumática, prolongada con los seis meses que pasó en Wasmes, también en la región minera belga de Mons; allí durmió en una inmunda choza y no dudó en descender a las profundidades de los terroríficos pozos, para llevar consuelo y aliento a los mineros. Tal es su dedicación, que vulnera las estrictas normas de la Escuela de Evangelización, que no le renovó el contrato por exceso de celo.

Vincent no entendía las razones de sus superiores y sufrió por ello una íntima decepción, que le llevó a preguntarse si estaba capacitado para representar a una Iglesia de tan estrechas miras y capaz de renunciar a los hombres que daban su vida por los demás.

Vincent se atormentaba por este fracaso y abrió su inquietud a las personas que conocían su vocación, como su profesor de latín y griego, Mendes da Costa, con el que una tarde, a finales de mayo de 1879, mantuvo una larga conversación, paseando por Amsterdam. Al pasar por delante de la casa donde vivió Rembrandt, Mendes le dijo:

—Murió olvidado y pobre.

—Sin embargo, no murió desgraciado —contestó Vincent.

—No —repuso Mendes—. Se había expresado a sí mismo por completo y conocía el valor de su obra. Aunque era el único de su tiempo en reconocerlo.

—¿Y le parece que eso fue suficiente para él? ¿Y si se hubiese equivocado? ¿Si el mundo hubiera tenido razón en despreciar su obra?

—Lo que el mundo pensaba le dejaba indiferente. Rembrandt sentía necesidad de pintar, una necesidad imperiosa. El valor principal del arte, Vincent, reside en la expresión que da el artista. Rembrandt realizó lo que él sabía y la pintura era el propósito y la razón de ser de su vida; eso le justificaba. Incluso si su trabajo hubiese carecido de valor, hubiera tenido mucho más mérito su vida que si hubiese desechado su inclinación para convertirse en un rico comerciante.

—Es cierto —reconoció Vincent.

—El hecho de que la obra de Rembrandt proporcione goces al mundo entero —prosiguió Mendes— es enteramente fortuito. Triunfó en su vida, a pesar de haber sido despreciado por sus contemporáneos. La calidad de su perseverancia y la lealtad a su idea fue lo principal, más importante aún que la calidad de su trabajo.

—¿Y cómo puede saber un joven que la carrera que ha elegido es la que le conviene? Por ejemplo, puede haber pensado hacer algo de particular en la vida y luego comprender que se ha equivocado.

Mendes le dijo que

nunca se puede estar seguro de nada, Vincent, sólo se debe tener el coraje y la fuerza de hacer lo que se cree bien... Si en este momento está usted seguro de que quiere servir a nues-

tro creador en una forma o en otra, entonces deje que esa fe sea su guía futura. No tema poner su confianza en ella.

Pero Vincent insistió en su obsesión:

—¿Y si no estoy cualificado para ello?

—¿Para servir a Dios?

—No: quiero decir si no estoy cualificado para convertirme en un sacerdote universitario, erudito y sabio.

Mendes le tranquilizó:

—Cada uno de nosotros posee integridad, calidad de carácter, Vincent. Si nos tomamos el trabajo de observarle, hagamos lo que hagamos, lo haremos bien...

—¿Y si no permanezco en Amsterdam para recibirme de eclesiástico?

—No importa... Haga lo que haga, usted lo hará bien. He tenido la oportunidad de conocer la pasta de que está usted hecho y sé que es buena. Muchas veces en su vida creerá usted que ha fracasado; pero terminará por encontrarse a sí mismo, y ese solo hecho justificará su vida.

Vincent recordaría siempre esta conversación, y su sola evocación le daba fuerzas para seguir adelante. La volvió a recordar cuando salió de Mons, porque había perdido a Dios y se había perdido a sí mismo.

Pasión por la pintura

Se encontraba en el momento crucial de su vida y lo sabía. Comprendía que había algo bueno en él y decidió hacerlo. Un claro día de noviembre de 1879, Vincent estaba sentado cuando vio salir de la mina a uno de los trabajadores. Algo le llamó la atención en aquel hombre e introduciendo la mano en su bolsillo sacó el sobre de una carta que había recibido de su casa y un lápiz y comenzó a dibujar rápidamente la negra figura que

cruzaba el campo. Luego salió otro trabajador, más joven, más erguido y Vincent tuvo tiempo de dibujarlo al dorso de la carta de su padre antes de que desapareciera entre las chozas del pueblo.

Vincent había empezado a dibujar y ya no dejaría de hacerlo, de forma frenética, en los próximos once años de su vida. Su pasión inicial le llevó a recorrer doce kilómetros para comprar un bloc de papel y unos lápices en el pueblo más próximo.

Cuando escribió a su casa no les dijo lo que estaba haciendo. Sabía que no le entenderían y que criticarían que siguiese sin saber qué hacer con su vida. Con frenesí copiaba sin parar cuadros y hacía bocetos de todo lo que caía en sus manos. Por ello, por fin se animó a escribir a Theo para pedirle que le enviara *Les travaux des Champs* de Millet, reconociéndole que «si vieras mi trabajo no lo encontrarías mal del todo», añadiendo: «Si logro continuar trabajando, creo que me pondré bien de nuevo.»

Pero tenía que hablar con el artista de su trabajo para cerciorarse de sus fallos y virtudes. Necesitaba que otro pintor le dijera qué es lo que hacía bien y sobre todo qué es lo que hacía mal. Pensó a quién podía recurrir hasta que una tarde lluviosa, en que se hallaba copiando en su cuarto, recordó al reverendo Pietersen, que en su estudio de Bruselas le había dicho: «Pero no hable de esto a mis colegas», en referencia a su vocación de pintor. Le quedaban tres francos en el bolsillo, dinero insuficiente para ir en tren hasta Bruselas, pero no se arredró. Tomó entre sus bocetos uno que representaba a un minero saliendo de su trabajo, otro de una mujer frente al fuego preparando la comida y otro de una joven recogiendo *terril* —el carbón de las minas—, y con sus tres bocetos bajo el brazo caminó toda la tarde, la noche y parte del día siguiente, un total de cincuenta kilómetros. Le quedaban aún treinta, pero sus zapatos estaban destrozados y tenía los pies llenos de heridas. Estaba cansadísimo, hambriento y sediento, pero se sentía feliz.

Llegó a las afueras de Bruselas la tarde del segundo día, sin un céntimo; su aspecto era deplorable, tenía la cara sucia, el traje lleno de barro y tierra, y los zapatos dejaban ver sus pies lastimados. Pero recordaba muy bien donde vivía el reverendo, que le recibió con una afectuosa sonrisa: «¡Vincent, hijo mío. Cuánto me alegro de volverle a ver!» El reverendo comprobó que Vincent estaba en muy mal estado y le aconsejó que descansara. Vincent se acostó a las seis de la tarde y durmió hasta las diez de la mañana del día siguiente. Vincent le reveló que había empezado a pintar y con gravedad le confesó:

> Reverendo, comienzo a encontrar más placer en la pintura que en la predicación. He estado dibujando algo durante estos últimos tiempos y traigo tres de mis bocetos para que usted los vea. ¿Quisiera usted decirme qué piensa de ellos?

El reverendo observó los bocetos y le hizo una primera observación que impresionó a Vincent.

—Usted debe de estar trabajando muy cerca de sus modelos. ¿No es así?

—Sí. La mayoría de mis trabajos los hago en las chozas de los mineros y éstas son muy pequeñas.

—Comprendo. Eso explica su falta de perspectiva. ¿No podría encontrar un lugar donde pudiera estar más alejado del modelo? Estoy seguro que mejoraría mucho.

Después, el reverendo le indicó con una regla lo que estaba mal en uno de los dibujos, le explicó la técnica elemental y reprodujo la figura sobre otro papel.

—Bien. Ahora hemos dibujado esa mujer correctamente, pero ya no es una mujer del Borinage recogiendo carbón, sino una mujer cualquiera encorvada. Le he dado proporción a su figura, pero le he quitado carácter. Esa figura suya no está mal —prosiguió el reverendo—. El dibujo es pésimo, los

valores equivocados. Pero este boceto tiene algo, algo que usted ha sabido captar. ¿Qué es, Vincent?

—No sé... yo sólo la dibujé tal como la vi. Es simplemente una mujer del Borinage.

—Tiene usted razón, Vincent. Esa mujer no es nadie en particular, es simplemente una mujer del Borinage. Ese algo que usted ha sabido captar es el espíritu de la mujer del minero y eso, Vincent, es mil veces más importante que el dibujo correcto.

Emocionado, Vincent agradeció sus palabras, accedió a su petición de regalarle uno de los bocetos y al día siguiente regresó feliz a Wasmes con un par de zapatos nuevos que le había regalado el reverendo Pietersen, que también le pagó el billete de vuelta. En el tren, Vincent pensaba «si al reverendo le ha gustado mi trabajo, a los demás también les agradará». Se equivocaba, pero había encontrado su camino.

Haciendo caso de los consejos del reverendo, alquiló una choza en la calle principal de Wasmes por nueve francos mensuales y dedicó los siguientes meses a pintar mineros y a sus mujeres desde el amanecer hasta que oscurecía y luego copiaba su trabajo a la luz de la lámpara. Un día, sin esperarlo, Theo vino a visitarle y se asustó de verlo tan enfermo, mal cuidado y viviendo en condiciones de insalubridad tan malas. Durante unos meses, Theo había dejado de enviarle dinero y al verle así le pidió perdón; para él, Vincent había sido más importante incluso que su padre y su madre. Theo le insistió en que creía en él y que si no le había escrito en el último año fue por negligencia, no por reprobación. Y sin que Vincent le dijera nada, Theo comprendió que su hermano quería ser pintor.

—Sí, Theo. Siempre he sentido la necesidad de dibujar, pero nunca me lo he permitido. Ya en Amsterdam, cuando estudiaba, y luego en Bruselas. ¡Pero temía interrumpir mi verdadero trabajo! Algo pugnaba por surgir en mí y siempre lo he ahogado. Y heme aquí, a los veintisiete años, sin haber hecho nada.

—No importa, Vincent. Con tu fuerza y tu voluntad podrás realizarlo mil veces más que un principiante. Tienes toda la vida por delante.

Theo le prometió darle dinero todos los meses para que pudiera desarrollar su vocación, «aunque necesites años para triunfar». Vincent le admitió que por fin «se había encontrado a sí mismo».

Animado, Vincent regresó a Etten, donde vivían sus padres. Pasó unos días de descanso, en los que encontró la comprensión de su madre, pero también el escepticismo de su padre, con el que mantuvo frecuentes discusiones, ya que el reverendo Theodorus no entendía la actitud de su hijo, su confianza en su aptitud para la pintura.

—Si tuvieras habilidad natural, no tendrías que repetir los dibujos docenas de veces y lo harías bien la primera vez.

—La naturaleza siempre empieza por resistirse al artista, papá, pero trabajaré seriamente y no me dejaré desanimar por esa resistencia.

—Te equivocas, hijo mío. El trabajo de un artista o es bueno o es malo. Y si es malo, no es un artista. Debe comprender eso desde el principio y no perder su tiempo y sus esfuerzos.

—Pero —alegó Vincent— ¿y si su arte le hace sentirse feliz a pesar de ser malo? El artista siempre se arriesga a eso, padre.

Aunque Theo le propuso ir ya a París, Vincent no se consideró maduro y prefirió ir a La Haya, para progresar en su aprendizaje junto a su primo, el pintor Anton Mauve, y la tutela de Mijnheer Tersteeg, amigo de Theo y gerente de la casa Gaupil en la capital holandesa.

Vincent llegó a La Haya en 1881 y aunque al principio todo el mundo trató de ayudarle, acabaron dándole la espalda, rechazando unos la tosquedad de su pintura, otros su falta de técnica, y todos su carácter y estilo de vida, que en opinión de Tersteeg y Mauve, era impropia de un Van Gogh. Y es que a las pocas semanas de su llegada, en un café, Vincent había conocido a una infeliz prostituta, Cristina, a la que todo el mundo llamaba Sien, con la que encontró la dulzura y el cariño, para olvidar el terrible rechazo de su prima Kay, que juró que jamás le amaría. Vincent se volcó en su afecto hacia Sien, a la que dio cobijo en su humilde casa, para alejarla de la bebida y la prostitución, a cambio de que aceptara ser su modelo y cuidar de la casa y preparar la comida. Sien tenía ya cinco hijos, de otros tantos desconocidos padres y estaba esperando un nuevo bebé, también de padre anónimo. Vincent se vio rechazado socialmente —por mantener esta relación— y acabó por hacer perder la paciencia a su primo Anton Mauve, que le había iniciado en la acuarela. El comerciante Tersteeg le animó al principio a seguir trabajando para tratar de vender sus dibujos, pero después de saber que vivía con una prostituta no quiso saber nada más de él.

Vincent pasó penurias económicas y gastó todo su dinero en comprar pinturas, en pagar la manutención, en el alumbramiento de Sien y en abonar el alquiler mensual de su estudio. Sin estar enamorado apasionadamente de ella, Vincent sentía por Sien una enorme compasión y le reconfortaba ser solidario con ella y compartir su mutua miseria. Le obsesionaba encontrar la mujer con la que hacer realidad la frase que había leído en uno de sus libros de cabecera, *Michelet*, y que decía: «Es necesario que una mujer sople por ti, para que seas hombre.»

Pero tras el nacimiento del niño y ante el brutal rechazo de todos sus apoyos, la relación con Sien se deterioró de forma notable, hasta el punto de que Vincent se dio cuenta de la necesidad de abandonar La Haya, después de que su hermano Theo le hubiera visitado, conocido a Sien y comprado los primeros tubos de pintura, para que pudiera empezar a pintar al óleo.

Antes de dejar La Haya, Vincent recordó alguna de las primeras conversaciones con su primo Anton Mauve, al que un día le planteó desesperado:

—¿Qué debe hacer un hombre cuando necesita ganarse la vida con sus dibujos?

—Créeme, Vincent —le contestó Mauve—; si triunfas demasiado pronto, sólo conseguirás matar al artista que hay en ti.

—Yo quiero ser fiel a mí mismo, primo Mauve, y expresar cosas verdaderas a mi modo. Pero cuando hay necesidad de ganarse la vida... he hecho algunas cosas que pienso que tal vez Tersteeg...

—Enséñamelas.

Mauve echó una mirada a las acuarelas que Vincent le tendió y sin ningún miramiento las rompió en mil pedazos.

—Sigue siendo tú mismo, Vincent —dijo—, y no corras tras los compradores. Deja que aquellos a quien tu pintura agrade vengan hacia ti.

A mediados de 1883, Vincent recibió la visita de su padre, que le animó a volver a su casa, hablándole de la belleza de Nuenen, de la sencillez de su iglesia, y de su cementerio, lleno de cruces blancas.

Convencido, en setiembre de 1883 dejó La Haya. Cristina y su pequeño bebé, Antonio, fueron a despedirle a la estación. Nunca más volvería a verles.

En La Haya, su estilo de dibujo había experimentado una notable evolución. Si hasta entonces se había preocupado por reproducir lo que veía, guardando fidelidad a la naturaleza y con la mayor corrección posible, en La Haya empezó a expresar cada vez con más fuerza sus sentimientos hacia los motivos elegidos. Los dibujos de sus figuras, originalmente aislados, se fueron transformando de forma progresiva en pequeñas historias con una gran carga expresiva que trataban tanto las relaciones emocionales como los diferentes vínculos entre las figuras. De esta época son célebres sus dibujos *Muchacho cortando hierba con una hoz* (1881), *Despacho de lotería estatal* (1882), *Sien con cigarro sentada junto a la estufa* (1882), *Sorrow* (1881) y *Mujeres cargando sacos de carbón* (1882), la mayoría de ellos hoy expuestos en el Rijksmuseum de Amsterdam y en el Kröller-Muller, de Otterlo.

En Nuenen, Vincent vivió los años 1884 y 1885, pintando la vida de los campesinos, buscando inmortalizar, como hiciera Millet en su prodigioso *El Ángelus*, la sencilla vida de las gentes de Brabante, con sus faenas de campo, sus telares y con el realismo que le inspiraban su compasión por ellos y la denuncia de su situación. Mantuvo una ingenua y candorosa relación con su vecina Margot Begemann, muchacha soltera, como sus cuatro hermanas, de casi cuarenta años, que intentó suicidarse cuando su madre y sus hermanas se opusieron a que contrajese matrimonio con Vincent, por el que sentía un gran amor y al que repetía constantemente que era más importante amar que ser amado. Este incidente le alejó de su familia, refugiándose en la rectoría donde siguió pintando. Un día de marzo de 1885 su padre murió, y aquella misma noche los hermanos Vincent y Theo hablaron del trabajo de Vincent, de sus progresos y proyectos. Theo le contó que si un día la casa Goupil le ponía al frente de uno de sus establecimientos, «comenzaré a vender a los impresionistas».

—¿Impresionistas?, ¿quiénes son? —preguntó Vincent.

—Los pintores más jóvenes de París: Eduard Manet, Degas, Renoir, Claude Monet, Sisley, Courbet, Lautrec, Gauguin, Cézanne, Seurat.

—¿Y por qué se llaman así?

—Porque en una exposición celebrada en París en 1874, Claude Monet expuso un cuadro titulado *Impresión: el sol levanta*, y un crítico calificó aquella exposición como una exhibición de «impresionistas», y con este nombre se han quedado.

—¿Trabajan con colores claros u oscuros?

—Claros, ¡desprecian los colores oscuros!

—Entonces no creo que podría trabajar con ellos. Tengo intención de cambiar mi colorido, pero me parece que lo oscureceré en vez de aclararlo.

—Tal vez cambies de opinión cuando vengas a París.

—¿Y empiezan a vender sus cuadros?

—Manet ha vendido alguno.

—¿Y cómo viven entonces?

—Son verdaderos bohemios. Rousseau da lecciones de violín; Gauguin pide dinero prestado a sus amigos de la Bolsa; a Seurat le ayuda su madre, que es rica, y a Cezanne, su padre.

—¿Les conoces a todos?

—Sí, poco a poco voy conociéndolos. He tratado de persuadir a los dueños de Goupil para que les dejen un pequeño rincón en la Galería para sus exhibiciones, pero no quieren saber nada de los «impresionistas».

—Necesitaría conocer a artistas como ésos...

—¿Y por qué no vienes a vivir a París conmigo?

—Aún no estoy preparado. Necesito terminar mi trabajo aquí.

Poco después, Van Gogh siguió pintando desde su cuarto de la rectoría donde conoció a una joven, Stien de Groot, de diecisiete años de edad, hija de una honesta familia campesina, cuya alimentación principal eran las patatas, el café negro y de vez en cuando el tocino. Poco después, Stien quedó embarazada y todo el pueblo, y su padre, entre ellos, culpó a Vincent de abuso sexual. Stien habló con Van Gogh y le reveló que el padre de la criatura era el ayudante del rector Pauwels y Vincent juró no decirlo a nadie, aun a costa de que el pueblo le declarara su total enemistad.

Ante esta actitud, Vincent pensó que lo más conveniente era abandonar Nuenen. Pero antes de dejar Brabante quería producir su primer gran cuadro, y por ello durante varios días pintó a la familia de Groot cenando, hasta que por fin se sintió satisfecho con su obra. Había pintado *Aldeanos comiendo patatas* (1885), su primer gran óleo. También de esta época es *La torre del cementerio de Nuenen*, que representa a tres mujeres y dos hombres sentados en torno a una pequeña mesa con tazas de té y una fuente de patatas, en una cabaña de techo bajo.

En esta escena campesina, Van Gogh experimentó nuevas combinaciones de colores que debían reflejar la seriedad y los sentimientos del pintor, que retocó una y otra vez las cabezas y finalmente las ejecutó con pinceladas toscas y rápidas con la intención de que la pintura espontánea transmitiera la sensación de primitivismo.

De esta época son también *Labrador con mujer sembrando patatas* (1884), que hoy puede verse en el Museo Van der Heydt, en Wuppertal, y *Cabaña* (1885), expuesto en el Kunstinstitut und Städliche Galerie, de Frankfurt.

París: el descubrimiento del nuevo arte

A finales de noviembre de 1885, Van Gogh marcha a Amberes donde tras algunos problemas es admitido en la Academia, con cuyos pedagogos tendrá notables diferencias. Pero lo más significativo de su paso por la ciudad belga es su estudio de la pintura de Peter Paul Rubens, cuyo tratamiento del color le fascinó. Decoró su habitación con xilografías japonesas en color y trató de vender alguno de sus cuadros de campesinos de Nuenen, sin éxito, lo que entendió porque su oscuridad le desagradaba a él mismo. De esta época, sus cuadros más notables son *Retrato de una muchacha* (1885),[1] donde ya se observa la elección de colores más claros, y *Muelle con barcos de Amberes* (1885).[2] Pero a principios de marzo de 1886 se sintió tan enfermo y solo que, sin avisar, viajó a París, instalándose en casa de su hermano Theo, quien después de comprarle alguna ropa, le acompañó a la sucursal de la Casa Goupil, que dirigía él mismo, en el n.° 19 del bulevar des Italianes. Theo le pidió que subiera al piso de arriba para ver los cuadros de los impresionistas que allí guardaba. Vincent regresó poco después apesadumbrado y se dejó caer en una silla, exclamando: «¿Estoy en un manicomio?» Acababa de ver con sus propios ojos cuadros de Degas, Monet y Manet, llenos de sol y vida exuberante. Le confesó a Theo que el color más oscuro que usaba Monet era diez veces más claro que el más claro que podía encontrarse en los cuadros de todos los museos holandeses. Volvió a sentarse y después de permanecer en silencio largo rato, le dijo a Theo:

> He comprendido la sencilla causa por la que la pintura había sufrido una revolución tan absoluta. Estos pintores han llenado el aire de sus cuadros. ¡Han descubierto el aire y la luz!

Theo captó el estado de conmoción de su hermano y le dijo:

1. Colección Alfred Nyler de Nueva York.
2. Rijksmuseum de Amsterdam.

—Vincent, comprendo lo que sientes. Estás aturdido, pasmado. ¿Verdad que es extraordinario? Estamos desembarazándonos de casi todo lo que la pintura ha considerado sagrado hasta la fecha.

Y Vincent, abatido, contestó:

—¿Por qué no me lo dijiste antes? ¿Por qué no me trajiste aquí antes? ¡Me has hecho perder seis largos años!

—De ningún modo, Vincent. Has aprendido tu arte. Pintas como Vincent Van Gogh y nadie más. Y te diré —continuó Theo— lo que debes hacer. Debes aprender cl colorido y la luz de los impresionistas, pero nada más. No debes imitar.

—Pero, Theo, ¡debo aprender todo de nuevo! ¡Todo lo que hago está mal!.

—Todo lo que haces está bien, excepto tu luz y color. Has sido un impresionista desde el día en que tomaste un lápiz por primera vez en el Borinage. Mira tus rostros, tus árboles, tus figuras... ¡Son tus impresiones! Burdas, imperfectas, pero filtradas por tu propia personalidad. Perteneces a tu época, y eres un impresionista.

Por consejo de Theo, Vincent trabajó en el taller de Cormon, donde pronto hizo amistad con Henri Toulouse-Lautrec, en el que admiró su pintura viva y colorista y la sinceridad con la que le contó la razón de su minusvalía. «Si no hubiera estado tullido, nunca hubiera sido pintor —le dijo Lautrec, añadiendo—: Soy rico, Van Gogh. Mi padre teme que le maldiga por haber traído al mundo a un lisiado y por eso me da todo lo que quiero.»

Un día, para olvidar la zozobra artística que invadía a Vincent, abrumado por sus pocos avances en la pintura, Theo le invitó a tomar el aperitivo en el restaurant Bataille y al poco de llegar apareció Paul Gauguin, del que Toulouse-Lautrec ya le había contado su rocambolesca historia y su dedicación absoluta a la pintura, después de abandonar su muy bien remunerado trabajo de corredor de Bolsa. Gauguin invitó a Vincent a probar el ajenjo y le llevó a su estudio, donde le mostró sus últimos cuadros.

Con presunción, Gauguin le dijo a Vincent que en París sólo había un hombre cuya pintura fuera tan buena como la suya: Georges Seurat. «Él es también un primitivo. Todos los demás están civilizados. ¿Quieres conocerlo?» Vincent asintió y después de cenar en Bruant, los dos llegaron a casa de Seurat, que accedió a que subieran a su estudio, pese a que eran las dos de la madrugada, para mostrarles su último cuadro, lleno de pequeños puntitos de color. Seurat le habló de la abstracción de los sentimientos con la que pintaba sus cuadros. «Los pintores deben aprender —insistió— a reproducir no la cosa, sino la esencia de la cosa. No la alegría, sino la esencia de la alegría.»

A pesar de la opinión de Toulouse-Lautrec, que decía que el estudio de Cormon era como la morgue, bajo su dirección Vincent concentró su furia creativa en el dibujo y posteriormente ya en pinturas al óleo, cuyos temas eran modelos del estudio o vistas de la ciudad, como *Vista de París desde Montmartre* (1886), que es uno de los mejores de esta serie.

Pero a Vincent le costó mantener su propia personalidad, porque de forma súbita y brutal recibió toda la influencia de los grandes impresionistas, que aunque agrupados bajo el mismo nombre tenían todos su propia personalidad. Por eso, un día Theo le reprochó que tratara de imitar a Seurat, a Gauguin o a Lautrec. Vincent, dolido, le contestó:

—No los imito, aprendo de ellos.

—Los imitas. Enséñame cualquiera de tus últimos lienzos y te diré con quién anduviste la noche anterior.

—Pero hago progresos, Theo; fíjate cómo mi colorido es mucho más claro.

—Retrocedes cada día más, cada nueva pintura tuya se parece menos a un Van Gogh. ¿Eres tan débil que necesitas imitar a los demás?

Pero Vincent siguió trabajando y frecuentando la amistad de Gauguin, Toulouse-Lautrec y Paul Cézanne, que una noche le habló de Père Tanguy, el único comerciante de París que se atrevía a colocar sus cuadros y los de los demás impresionistas en su escaparate.

En junio de 1887, Theo cambió su estudio por uno más amplio en el n.º 54 de la rue Lepic, en Montmartre, donde Vincent podría trabajar mejor. Pero la relación entre ambos hermanos se había vuelto tensa, por la desesperación con la que Vincent abordaba esta etapa de su formación. Le reprochaba a Theo que no tuviera valor para exponer a los impresionistas y éste a su vez le recriminaba que fuera tan desordenado y caótico en la convivencia. Un día, Gauguin le animó a vender sus pinturas en la galería de Père Tanguy, quien después de conocerle le pidió algunos cuadros para exhibirlos en su escaparate.

Poco después, Vincent propuso una noche en su casa, reunido con Gauguin, Cézanne y Seurat, exponer sus obras en los restaurantes y fondas de París, creándose así el grupo de pintores del *petit boulevard*, por contraposición a los que exponían en los *grands boulevards* y en las grandes galerías. Pero además de vivir intensamente la vida artística de París y de dedicar sus esfuerzos a la creación de una «colonia del arte», en la que todos los pintores podrían vender sus propias obras, Vincent siguió pintando cuadros que hoy nos permiten apreciar su evolución, como *Vista de París desde la habitación de Vincent en la rue Lepic* (1887), *Jarrón con coronas imperiales* (1887), que hoy se exponen en el Museo d'Orsay de París, o *Árboles y maleza* (1887), en el que trasladó sus experiencias impresionistas de un modo muy personal. También adoptó la técnica puntillista de Seurat en algunos lienzos, como su *Autorretrato* —propiedad del Rijksmuseum de Amsterdam—. Otra gran obra de este período es el famoso *Retrato de Père Tanguy* (1887) y el *Puente sobre el Sena en Asnieres* (1887), pequeña localidad cercana a París, donde solía ir a pintar en compañía del pintor Emil Bernard. De esta época es también *Un par de botas* (1886), que parece una pequeña concesión a la nostalgia de su época en Brabante.

De pronto, un día, Cézanne le habló del sol, de la luz, del color y de la belleza de la Provenza y sobre todo de Aix-en-Provence, donde el pintor pensaba refugiarse para pintar, huyendo de París. Vincent le reveló a Theo que él sentía la misma necesidad. No quería seguir exponiendo en el Café du Tambourin, ni escuchar más las teorías de unos y otros sobre la pintura. Estaba harto de sus interminables disputas. Añoraba cuando pintaba en el Brabante y en La Haya y era un pintor solitario y un hombre luchando contra el mundo. «Aquí en París —le reconoció— soy uno de tantos. Hay cientos de pintores a mi alrededor.» «Además —continuó Vincent— soy un pintor rural y quiero volver a mis campos. Quiero ir en busca de un sol tan ardiente que queme todo en mí.»

Theo le dio la razón:

> Mientras permanezcas en París, nunca te independizarás de tus maestros. Voy a encontrarme muy solo sin ti, Vincent, pero sé que debes partir.

Y fue Toulouse-Lautrec quien le sugirió a Vincent que viajara a Arles, donde le prometió que

> el colorido de los alrededores hace parecer anémicas las escenas africanas de Delacroix. Es el único lugar de Europa donde se puede gozar de la claridad japonesa. Es el paraíso de un pintor.

Al día siguiente, Theo y Vincent fueron a escuchar un concierto de música de Wagner; al regresar, hablaron de los últimos meses vividos y de sus recuerdos. Por la mañana, Vincent preparó el café para su hermano y mientras éste trabajaba en Goupil, colgó algunos de sus mejores cuadros y salió del apartamento, dejando a Theo la siguiente nota:

Querido Theo,

He partido para Arles y te escribiré en cuanto llegue allí. He colgado algunas de mis pinturas en el departamento para que no te olvides de mí.

Un fuerte apretón espiritual de manos. Vincent.

Arles: explosión creativa

Antes de que Van Gogh partiera hacia Arles, Theo había escrito a su madre:

> ... Vincent ha hecho un par de retratos que han salido muy bien, pero en vano. Es una lástima que no tenga ganas de ganar un poco de dinero, porque si quisiera, lo podría hacer muy bien. Pero no se puede cambiar a un hombre.

Pero en Arles, Vincent cambió, aunque no en el sentido al que aludía Theo en la carta. El contacto con la naturaleza, con el sol, con la luz de la Provenza, y con la soledad, enloqueció al pobre Vincent, cuyo desequilibrio natural acabó ofreciendo síntomas externos de desesperación. Y Vincent fue vencido por el agotamiento y las crisis nerviosas.

Cuando Vincent dejó París, ignoraba que tres cuadros suyos —una naturaleza muerta y dos panorámicas de París— habían sido seleccionados para figurar en el más prestigioso de los certámenes de pintura en París, el Salón de los Independientes, fundado en 1884 por un grupo de artistas e intelectuales con el objetivo de organizar exposiciones sin jurado y sin premios. Su llegada a Arles coincidió con una gran nevada, que ha quedado inmortalizada por su paleta en *Paisaje nevado* (1888),[3] pintado en condiciones extremas de frío. Van Gogh hizo suya la idea de pintar al aire libre y fue uno de los primeros artistas en elegir la Provenza como escenario. Pese a su riqueza monumental y arquitectónica, a Van Gogh le interesó de Arles su campiña, sus árboles, los caudales del Ródano, los puentes, en fin, todo aquello que estuviera en la naturaleza, aunque también pintó algunos excelentes motivos ciudadanos como su *Entrada de carnicería* (1888), *La sala de baile de Arles* (1888) y su propia casa, *La casa amarilla* (1888), poco después de alquilarla en mayo de 1888, situada en el n.° 2 de la place Lamartine y que fue destruida por un bombardeo en junio de 1944 durante la segunda guerra mundial, no siendo reconstruida.

De su estancia en Arles nos han quedado muchos de los cuadros más famosos de su producción pictórica, como son *La silla de Van Gogh*, *La habitación de Vincent en Arles* (1889), *La noche estrellada (cipreses y pueblo)* (1889), en cuya composición se aprecian ya síntomas de delirio. De su excursión a Saintes-Maries, pequeña localidad de la Camarga, junto al Mediterráneo, donde estuvo una semana, han quedado varias marinas, de entre las que destacan *Barcas de pesca en la playa de Saintes-Maries* (1888), *Barcas de pesca en el mar* (1888)[4] y la propia *Vista de Saintes-Maries* (1888).

Durante el verano pasó días enteros pintando al aire libre con el propósito de concluir los cuadros en un solo día. Estudió los efectos de luz y color y trató de plasmarlos sobre el lienzo. La expresión inmediata le pareció más importante que la re-

3. Obra propiedad del Museo Guggenheim de Nueva York.
4. Propiedad del Museo Pushkin de Moscú.

producción realista, ya se tratara de paisajes, retratos o naturalezas muertas de objetos sencillos: sillas, mesas, flores o un simple par de zuecos de madera. Pintó óleos como *Prado con puesta de sol* (1888), *Un par de zuecos de madera* (1888), *Autorretrato con caballete* (1888), *Campo de Trigo con vista de Arles* (1888)[5] y la prodigiosa *Llanura de Crau* (1888), impresionante escena estival en amarillo. Pero sobre todo en esta primera etapa de su estancia en Arles, Van Gogh pintó sus históricos girasoles, planta muy apreciada a finales del siglo XIX como flor ornamental, ya que simbolizaban las ganas de vivir y el idealismo. Van Gogh comparaba el efecto de sus girasoles con las vidrieras góticas de las iglesias, y en general sus cuadros solían contener de doce a catorce flores en distintas fases de crecimiento y colocadas en jarrones abombados. Uno de sus girasoles, el titulado *Catorce girasoles en un jarrón* (1889), fue adquirido en 1995 en una subasta por la Yasuda Fire & Marine Insurance Company de Tokio, que pagó por él 36 225 000 dólares. En setiembre pintó *Noche estrellada sobre el Ródano* y *Terraza del café en la Place du Forum*, prodigiosa experiencia de cuadros con luz nocturna.

A mediados de octubre llegó a Arles su amigo Paul Gauguin, con el que pretendió renovar la idea de hacer de Arles una colonia de artistas. Durante los primeros días de su estancia, Van Gogh trabajó con enorme motivación paisajes y naturalezas muertas, y retornó a los autorretratos, que intercambió con Gauguin. Pero, la armonía entre los artistas pronto desapareció y las violentas discusiones entre ambos, fruto de su explosivo carácter, de sus respectivos desequilibrios psíquicos y de su abuso del ajenjo, concluyeron con la crisis de la noche del 23 de diciembre, cuando Van Gogh, en un ataque de ira, se cortó el lóbulo de su oreja derecha con una navaja de afeitar, después de haber amenazado a Gauguin, que abandonó Arles inmediatamente.

5. Museo Rodin de París.

En pleno delirio, Van Gogh metió la oreja en un papel de periódico y se la dió a Rachel, prostituta amiga suya con la que mantenía una estrecha relación, antes de ser ingresado en el hospital de Arles, en un lamentable estado de excitación y neurosis. De la influencia de Gauguin en estos meses, hay dos grandes cuadros de Vincent: *Recuerdo del jardín de Etten (Mujeres de Arles)* (1888)[6] y, sobre todo, *L'Arlesienne, retrato de Madame Ginoux con libros* (1888),[7] pintado en una hora.

Van Gogh permaneció dos semanas en el hospital y a su regreso a la casa de la place Lamartine tuvo que enfrentarse al recelo y el temor de sus vecinos que dirigieron una solicitud al alcalde, exigiendo su internamiento en un manicomio. Mientras, Van Gogh recuperó su afán por la pintura y pintó dos de sus más famosos autorretratos, *Autorretrato con oreja vendada* (1889) —expuesto en el Courtauld Institute Gallery, de Londres—, y *Autorretrato con oreja vendada y pipa* (1889), propiedad de la colección Leich B. Block, de Chicago. Pero consciente de su estado, en un momento de lucidez, Vincent pidió a Theo que se ocupara de todos los trámites para su internamiento en un hospital, donde pudiera recibir tratamiento psiquiátrico.

Vincent encuentra su paz final

En mayo de 1889, Vincent abandonó Arles en dirección a la clínica de Saint-Paul-de-Mausole, un antiguo convento situado a dos kilómetros de Saint-Remy-de-Provence. Vincent se alojó en una habitación individual con un pequeño cuarto a modo de estudio, y pese al optimista diagnóstico del doctor Rey, siguió sufriendo alucinaciones, frustrándose así su esperanza de

6. Museo del Ermitage, San Petersburgo.
7. Metropolitan Museum of Modern Art, Nueva York.

bién conoció al crítico Albert Auvier, al que, en agradecimiento por su elogioso artículo, regaló uno de los cuadros de cipreses pintado en Saint-Remy y se encontró con Toulouse-Lautrec, quien con su habitual mordacidad le hizo a Vincent la siguiente apuesta: «¿A que tu nombre aparece antes que el mío en las esquelas?» La apuesta era una cena en el café Athens y seguida de una velada en la Ópera. Lautrec tenía razón.

Nada más llegar a Auvers-sur-Oise, Vincent escribirá a Theo:

> He conocido al doctor Gachet... Y me ha dado la impresión de ser bastante excéntrico, pero su experiencia como médico le debe mantener en equilibrio... estoy trabajando en un retrato suyo en el que lleva en la cabeza un gorro blanco.

En efecto, al día siguiente de su llegada, Vincent se puso a pintar retratos y paisajes de la ciudad con una intensidad cromática impresionante. Entre mayo y julio de 1890, Vincent pintó cerca de ochenta cuadros y sesenta dibujos, entre ellos lienzos de tanta calidad como *La iglesia de Auvers* (1890) —hoy propiedad del Museo d'Orsay—, *Retrato de Marguerite Gachet al piano* (1890), y el famoso *Retrato del doctor Gachet* (1890), adquirido en una subasta por un particular en 1990 —cien años después—, que pagó por él 75 millones de dólares.

En Auvers, Vincent seguía escribiéndose con Theo que, acompañado de su joven esposa y de su pequeño, fueron a verle. Pero Vincent se sentía inseguro: temía que Theo podía restringirle su asignación económica. De su tristeza final nos ha quedado el lienzo *Campo de trigo y cuervos* (1890), en el que de forma modélica se evidencia la tremenda carga simbólica de su pintura, y *Calle en Auvers con escalera* (1890), cuadro que sorprende por la serenidad de los tonos claros. De su desánimo, que aún hoy nos entristece y altera, son sus últimas cartas a Theo, en las que llegó a afirmar:

Si no fuera por tu amistad, llegaría a cometer suicidio sin tener remordimientos de conciencia, y aunque soy un cobarde, sé que acabaría haciéndolo.

Y así fue: el 27 de julio, Vincent salió después de comer a dar un paseo y en la soledad del campo se disparó un tiro junto al corazón, resultando herido de extrema gravedad. El revólver se lo había prestado el posadero, al que convenció de utilizarlo para espantar los cuervos que tanto le asustaban.

El doctor Gachet avisó rápidamente a Theo, que no se separó de su lado los dos largos días que duró su agonía. Vincent Van Gogh murió el 29 de julio de 1890, a los treinta y siete años de edad. El doctor Gachet pintó las facciones póstumas del pintor en un pequeño óleo, hoy propiedad del Museo d'Orsay de París. A las exequias fueron desde París el pintor Rousseau, el Père Tanguy, Auvier y Emile Bernard. Antes del entierro, todos acordaron colgar en la sala fúnebre cuadros de Van Gogh. Gachet dijo:

Vincent no está muerto. Nunca morirá. Su amor, su genio, la gran belleza que ha creado, seguirá eternamente enriqueciendo el mundo... fue un coloso, un gran pintor... un gran filósofo. Cayó mártir de su amor por el arte.

Van Gogh fue enterrado en el pequeño cementerio de Auvers, en medio de campos de trigo. Su hermano Theo murió sólo siete meses después, en Utrecht, el 25 de enero de 1891. En 1914 los restos de Theo fueron depositados en una tumba junto a la de su hermano.

En 1891, poco antes de la muerte de Theo, dos galerías francesas organizaron —como gran exclusiva— dos retrospectivas del pintor holandés, una de ellas en la galería Bernheim Jeune.

La trascendencia de la obra de Van Gogh fue notable y se manifestó en numerosos artistas franceses y alemanes, atraídos por sus colores puros y vivos. Entre los primeros, hay que hablar de los fauvistas y en particular de Henri Matisse, su principal exponente, y de Maurice Vlaminck y André Derain, promotores los tres de una pintura con un color independiente del objeto, como impresión, por ejemplo de la luz y el espacio. Y entre los alemanes, la influencia de Van Gogh se evidencia en los pinceles de Ernest Ludwig Kirchner, Karl Schmidt-Rotluff y Erich Heckel, fundadores en Dresde del movimiento artístico expresionista llamado *Die Brücke* (El puente).

Pero quizá la mayor influencia temática se haya dado en Francis Bacon, uno de los más grandes pintores del siglo XX, que pintó varias obras inspiradas en cuadros de Van Gogh.. Como conclusión, la pintura de Van Gogh puede ser considerada una de las que marcó el comienzo del arte moderno.

En lo personal, Van Gogh es hoy por hoy el pintor por antonomasia, el referente artístico de cientos de generaciones de este último siglo, conocido y venerado tanto en Japón como en Francia o en Estados Unidos. Las reproducciones de sus girasoles o de sus lirios figuran entre los motivos iconográficos más emblemáticos del siglo XX, y su vida es el paradigma y el ejemplo más notorio de la pasión en estado puro, de la obsesión creativa y de la angustia que implica la búsqueda de uno mismo y la dificultad de realizarse en la vida.

Por eso, como artista y como hombre, Van Gogh es inmortal y su obra y su vida están presentes en el recuerdo y en la vivencia de todos aquellos que buscan en la vida un sentido y una búsqueda decisivas.

Toulouse-Lautrec: el pintor humano

La apasionada vida de Henri Toulouse-Lautrec encontró pronto el camino que lo llevaría a morir con sólo treinta y seis años. En 1878, cuando sólo tenía trece años, sufrió una caída accidental y se fracturó el fémur izquierdo. Un año después, es el fémur derecho el que se quiebra. Ninguna de las dos fracturas es fortuita: el joven Henri padecía —en opinión de los médicos— una enfermedad ósea hereditaria, que la familia había pretendido púdicamente desconocer y que ya se le había manifestado a los diez años. Como consecuencia de ella, Toulouse-Lautrec sufrió la atrofia de las piernas, lo que condicionó el sentido de su vida, ya que encontró en la pintura el refugio enfermizo de su personalidad, pero también le llevó a un desesperado proceso de autodestrucción. Con ironía, el propio Lautrec llegó a decir: «Cuando pienso que yo no habría sido pintor si mis piernas hubieran sido un poco más largas...»

Pero si esa dolencia física marcó su existencia, el reconocimiento póstumo de su obra ha sido de tal magnitud que solamente conseguirá superarlo la desesperación de otro muerto precoz, Vincent Van Gogh. En vida, ambos fueron despreciados por el mercado del arte y los críticos, y desdeñados por el público. La notoriedad y el reconocimiento posterior de su pintura no ha cesado de crecer en todo el siglo XX hasta el extremo de ser considerado como un artista que profundiza en el hombre y uno de los más importantes pintores postimpresionistas y precursor del realismo, del que Munch será su principal exponente. Contemplar, como he hecho yo mismo para escribir este perfil biográfico con la perspectiva de su vida, uno de sus primeros cuadros, *Autoportrait devant une glace* (1880) es una ejemplar experiencia que me reafirma en el insuperable valor de la creación individual y artística como el principal motor del anhelo de vivir.

Por ello y porque evocar la vida de Henri Toulouse-Lautrec es hacerlo del último tercio del siglo XIX y asistir al nacimiento de una de las revoluciones artísticas más notorias de todos los tiempos y quizá la que en el arte ha ofrecido mayores personalidades y más variadas, merece la pena que señalemos que Henri Toulouse-Lautrec nace en Albi, el 24 de noviembre de

1864. Era hijo del conde Alfonso de Toulouse-Lautrec, cuyos orígenes nobles se remontan a los tiempos de Carlomagno, y de la condesa Adèle Marquette Tapie de Celeyran. Sus padres eran primos hermanos y pronto se separaron.

Henri creció en las propiedades familiares cercanas a Albi, pero a los ocho años se fue a vivir a París con su madre. En la escuela conoció a Maurice Joyant, que unos años después será su marchante, su mejor amigo y su biógrafo. Y ya en sus cuadernos escolares dejó la huella de su destreza en sus primeros dibujos y caricaturas. En la escuela recibió los imprescindibles rudimentos pictóricos, pero a los once años regresó a Albi, donde dos años después sufrió el accidente que marcaría su existencia, al fracturarse el fémur izquierdo. Para recuperarse tomó las aguas en Amelie-les-Bains y en Niza, pero un año después se fracturó el otro fémur. Como consecuencia de ambos percances, sus piernas sufrieron una notable atrofia muscular, sin llegar a desarrollarse con normalidad. Estos contratiempos de salud afectaron a sus estudios, pero aun así, consiguió superar el bachillerato en Toulouse, en 1881, y es entonces cuando con el apoyo de su padre regresa a París y decide dedicarse a su gran pasión: la pintura.

Amistad con Van Gogh

En 1882 pasa por el estudio de Léon Bonnat y desde setiembre del mismo año se convierte en alumno de Fernand Cormon. En esta época pinta su primer gran cuadro: *Le jeune Ronty a Celeyran*, de insólita composición, ya que la mitad inferior del cuadro está íntegramente dedicada a reproducir la tierra, mientras que la otra mitad representa a un joven jornalero que trabajaba en la casa familiar. En 1884 se instala en el n.º 19 de la rue Fontaine, en Montmatre, cerca del estudio del pintor Edgar Degas, que será de todos los de su generación el que mayor influencia ejercerá sobre él. En este año participa en Pau en su primera exposición colectiva y concluye el cuadro *La grosse Maria*, que representa el desnudo frontal e íntegro de una mujer. Pero su presencia en Montmartre se hace visible y habitual en los locales de moda y diversión, como el histórico Moulin de la Galette y el cabaret Le Mirliton, del que era propietario Aristide Bruant y donde expone sus cuadros. En casa de su maestro Cormon conoce un día de 1886 a Vincent Van Gogh, con el que hizo una gran amistad y del que hará un retrato memorable y probablemente el más fiel que se conoce del pintor holandés, en la mejor escuela de los impresionistas. El retrato, que puede verse en el Museo Vincent Van Gogh de Amsterdam, evidencia la fuerza que animaba a Van Gogh, y al pintarlo de perfil, Lautrec consiguió un aspecto ignorado del gran pintor holandés. Además, el cuadro plasma con gran realismo psicológico el «fenómeno Van Gogh».

Su amistad es la de dos marginados que se comprenden, aprecian y respetan. Lautrec le presentará a los otros pintores del *atelier* Cormon y con ellos integrarán la corriente del postimpresionismo, al que los historiadores de arte llamarán el «cloisonnismo».

En 1887, Lautrec se sintió atraído por los grabados en madera policromada japonesa, de cuya influencia es buena prueba el cuadro *Au cirque Fernando: L'Ecuyere*, considerado por los críticos como su primera gran obra. En dicho cuadro, el ángulo y la perspectiva del veloz galope del caballo y la actuación de unos payasos en el fondo superior, ofrecen un tratamiento que no es ni académico ni impresionista. Otra originalidad de esta obra es que el centro del cuadro está vacío, circunstancia que chocó al público de entonces, habituado a las composiciones construidas sobre una perspectiva central.

En su producción de años posteriores, Toulouse-Lautrec evidenció la influencia temática de Degas, especialmente apreciable en el cuadro *Mademoiselle Dihau an piano* (1890), inspirado en el que Degas pintó entre 1869 y 1872 con el mismo título. En ese cuadro, Lautrec mezcla el estilo impresionista con el «cloisonnismo» y consigue —como ya lo había hecho en el retrato de Van Gogh— plasmar la espontaneidad del instante y la esencia de la pianista. En febrero de 1888, Lautrec expuso su obra en Bruselas, donde Theo Van Gogh le compró el cuadro *Poudre de riz*, en el que muestra a una mujer maquillándose, realizado aún con técnica impresionista.

El pintor de Montmartre

Pero al año siguiente, 1890, en París se inaugura un local que será uno de sus símbolos históricos: el Moulin Rouge. Allí pasará Lautrec muchas noches, buscando inspiración para sus más famosos cuadros, como *La danse au Moulin Rouge*,[9] y en el que Lautrec consigue la profundidad de la sala, merced al tratamiento de adelante hacia atrás de los personajes.

Pero será otro local, el Moulin de la Galette, el que un año antes inspiró a Lautrec el cuadro *Au Bal du Moulin de la Galette*, en el que la barra del local en diagonal consigue dotar a la sala de la profundidad deseada. Al fondo, se ve a las gentes bailando y sólo los personajes acodados en la barra tienen rasgos precisos. El resto ofrece a la perfección la atmósfera que reina en una sala de baile y la fugacidad de los acontecimientos que en ella se producen.

En 1881 pintó otra de sus grandes telas, *A la Mie*, que representa a una pareja bebiendo, sentada en una mesa, y en la que la actitud y los gestos de los dos protagonistas ofrece una notable y exacerbada crítica social.

9. Propiedad del Philadelphia Museum of Art.

Pero la trayectoria artística de Toulouse-Lautrec sufrirá un giro decisivo en 1891, al introducirse —por la puerta grande— en el moderno y atractivo mundo del grabado y en concreto el *affiche*, el cartel. En octubre de 1891, Lautrec, que tiene veintisiete años, le escribe a su madre: «Mi cartel ha sido colocado en las paredes de París y pronto haré otro.»

Hasta el final de sus días, Toulouse-Lautrec hará unas 350 litografías, de las cuales treinta serán carteles. Algunos de ellos, como *Moulin Rouge: La Goulue* (1891), *Reine de Joie* (1892), *Bruant aux Ambassadeurs* (1892) y *Divan Japonais* (1892-1893) figuran entre las más célebres piezas de la cartelería de todos los tiempos. Bruant era un cantante, que además de «decir» las canciones insultaba y provocaba al público, y que durante muchos años tuvo un gran éxito en su cabaret de Montmartre, Le Mirliton, atrayendo tanto a los intelectuales como a los artistas. Fue, sin duda, un notable intérprete y precursor de la canción realista que hará furor en París y en toda Francia en el siglo XX y que alcanzará su cenit con Edith Piaf, Leo Ferré, Jacques Brel y Georges Brassens.

Otros de los personajes de aquel París que inmortalizó Lautrec fueron la cantante Yvette Guibert, a la que pintará en varios carteles de 1894, mostrándola en su extrema fealdad, y la famosa Jane Avril, de la que plasmará su cancán en el cartel *Jardin de Paris* (1893). En este año realizó su primera exposición individual y al año siguiente viajó a España y a Londres.

Pese a tener su propia casa en el 27 de la rue Caulaincourt, Lautrec vivía y pintaba en los prostíbulos de Montmartre y en concreto en el de la rue des Moulins, que quedará reflejado en el cuadro *Au salon de la rue des Moulins,*[10] en el que retrata las

10. Museo Toulouse-Lautrec de Albi.

prostitutas —con cuya vida y peripecia tanto se identificaría— a la espera de clientes. Es interesante señalar que el motivo principal y único de los cuadros y carteles de Toulouse-Lautrec son personajes. Y es que como él mismo afirmó:

> Sólo el personaje importa; el paisaje no debe ser otra cosa que un pigmento. El paisaje sólo debe servir para mejor comprender el personaje...

Por ello, Toulouse-Lautrec es —en razón de su interés por los seres vivos— uno de los artistas más consecuentes y más radicales de su época. Este gusto privilegiado por la representación del cuerpo humano muestra lo exigente que Lautrec era consigo mismo.

Y llevado del sufrimiento que provocaba su aspecto físico, Lautrec desarrolló una ironía de su propio aspecto, lo que se aprecia en sus numerosos autorretratos, en los que llega incluso a pintarse subido a un taburete para poder pintar. Como parece consecuente con su pintura, Lautrec se mostraba habitualmente sarcástico y tenía bien merecida fama de burlón. También es notable su fascinación por los disfraces, quizá como expresión inevitable de su deseo de ser otro distinto del que era.

Pintor humano

No hay artista que como Lautrec haya conseguido reproducir tan fielmente a los seres humanos con los que convivía. La vida era para él un único e inmenso teatro, un cabaret, un circo o una feria, donde podían encontrarse todas las contradicciones del ser humano. Marcado por sus taras hereditarias y por su débil salud, Lautrec persiguió con ardor todas las manifestaciones de la vida y, garantizada su situación material por la fortuna de sus padres, nunca buscó el éxito para vivir de la venta de sus cuadros.

En cuanto a la consideración crítica que mereció de sus contemporáneos, excepción hecha de tres o cuatro críticos abiertos, su obra despertó en general indignación, mucha incomprensión y siempre burla. Se le reprochaba, como en el caso del cuadro *Monsieur, Madame et le chien* (1893), que sus obras parecían inacabadas y por tanto inaceptables y sin valor. Reproche al que responderá Lautrec afirmando: «La gente me enerva. Quieren que acabe las cosas. Pero es así como yo las veo y así como yo las pinto.» Lautrec, como Goya y Van Gogh, había comprendido que la deformación de la realidad artística era la lección que iba a revolucionar el arte del siglo XX. En la época de la fotografía, la misión de la pintura ya no era ofrecer una visión objetiva de las cosas y de las personas; la obra de arte debía abrirse a otro mundo: el de los pensamientos y las sensaciones.

Camino de la autodestrucción

Un breve repaso a los últimos años de su corta vida nos permite recuperar la memoria de sus exposiciones en Burdeos, El Havre y Arcachon, en 1896, y en Londres en 1898, así como sus frecuentes viajes a España en 1895 y 1896. También es preciso evocar que hacia 1898 su estado de salud empeoró notablemente debido a su adicción al alcohol, y por ello disminuyó también su producción artística. En 1899 Toulouse-Lautrec inicia un período de autodestrucción que concluirá dos años después con su muerte. En ese año y como consecuencia de una crisis violenta, es internado durante tres meses en una casa de salud de Neully, en las afueras de París, para curarse la sífilis que había contraído; a la salida, el 17 de mayo, fue a reponerse en la costa bordelesa y en El Havre, y aunque era vigilado por su amigo Paul Viaud, volvió a consumir alcohol de manera excesiva.

En 1889 pinta dos de sus últimos cuadros, *L'Anglaise du Star du Havre* y *Au Rat-Mort*, y un año después —en 1890— tiene graves dificultades financieras con su familia. Expone en París y Burdeos y durante el verano reposa en el mar. Pero en 1901 sufre una parálisis de las piernas, lo que no es óbice para que a mediados de abril abandone Burdeos, donde ha pasado el último invierno, y regrese a París para poner un poco de orden en su vida, haciendo una póstuma selección de su propia obra.

Pero el 20 de agosto, cuando se encuentra en su casa de Taussat, sufrió un ataque de apoplejía que le causó una parálisis. Su madre le llevó moribundo a su castillo de Malrome y allí mejoró levemente hasta el extremo de pintar su último cuadro, que quedaría inacabado, ya que murió el 9 de setiembre, rodeado de sus padres, su amigo Viaud y su primo Gabriel. Tenía treinta y seis años.

Aunque célebre por sus carteles, la obra de Lautrec tardó algunos años en ser reconocida y así, después de algunas dudas, el Museo del Louvre aceptó la donación de un cuadro, y a principios de 1904 la familia donó otros cuatro al Museo de Toulouse. También el Louvre fue el destino de varias de sus obras, a la muerte, en 1914, del coleccionista Casmondo. En 1922 se abrió en Albi el Museo Toulouse-Lautrec, que es el que tiene la colección más importante del artista.

Amedeo Modigliani: la pintura estilizada

Como en el caso de Van Gogh y de Toulouse-Lautrec, la leyenda de Amedeo Modigliani se inspira en su muerte prematura y en su tormentosa y desgraciada vida. Ninguno de los tres mereció el reconocimiento de su tiempo y hubieron de morir en plena capacidad creativa, para años después recibir en sus tristes tumbas la admiración de todo el mundo. Tal parece que el desprecio y la ignorancia de sus coetáneos haya sido la mejor garantía para alcanzar la posteridad.

Pero en Amedeo Modigliani se ofrece al observador una singular contradicción: su obra, su afán de belleza y estilización nada tienen que ver con su vida, turbulenta y desgraciada, sumida en la maldición de las enfermedades, la pobreza y la búsqueda permanente de paraísos artificiales, como el alcohol y las drogas. Esta contradicción es un factor de su leyenda y la credencial más firme de su belleza interior y de su anhelo de plasmar en la pintura y en la escultura la poesía de la vida y el misterio de la pureza.

Una precoz vocación artística

Toda la vida de Modigliani es una desenfrenada carrera hacia un fin premeditado, porque muy joven aún, con sólo once años, padeció una pleuresía que le obligó a guardar cama durante muchas semanas, y sólo tres años después, en 1898, contrajo el tifus, enfermedad que en aquella época era casi mortal.

Al igual que Toulouse-Lautrec, que atribuía a su deformación física la vocación de ser pintor, esta última enfermedad de Modigliani marcará su futuro como artista ya que, según han revelado sus familiares y herederos, en pleno delirio, el joven Amedeo —nacido en Livorno, Italia, el 12 de julio de 1884— gritaba su deseo de ser artista y revelaba que en sueños veía sus obras conservadas en las iglesias y museos de Italia.

Esta ensoñación causó tal impacto en sus padres, que le dieron permiso para interrumpir sus estudios y dedicarse a la pintura, inscribiéndole en la Academia de Bellas Artes de Livorno. De engrandecer este suceso y de subrayar la precocidad del artista se encargó, años después de su muerte, su madre,

Eugene Garsin, notable personaje de su tiempo, de nacionalidad francesa, aunque casada con un italiano, Flaminio Modigliani, y a la que la quiebra del negocio familiar obligó a dedicarse a lo que más le gustaba: la crítica literaria y la traducción de poemas de Gabriele d'Annunzio. Desde tan temprana edad, Modigliani no concibe su vida de otra manera que no sea la plasmación de su intuitiva y alucinante mirada del arte y de la pintura. Toda su vida será una lucha por imponer a su pintura su mano febril y su espíritu exaltado.

Modigliani en París

En julio de 1900, Modigliani «celebra» sus dieciséis años cayendo enfermo de nuevo, esta vez de tuberculosis, enfermedad que le llevará a la tumba años después. Los médicos le recomendaron que cambiara de aires y por ello, acompañado de su madre, viajó al sur de Italia, pasando una larga temporada en Nápoles, Capri y también en Roma.

Ya repuesto, en la primavera de 1901 viaja con su amigo Oscar Ghiglia a Florencia, donde se inscribe en la Escuela libre de Desnudo. En 1903 viajó a Venecia y frecuentó sus medios artísticos y literarios. En este tiempo, Modigliani aprendió la técnica pictórica y especialmente la del desnudo femenino, que acabará siendo su seña de identidad; pero sobre todo lo que hace es estudiar la historia del arte italiano, encontrando la espléndida tradición artística de su país y descubriendo lo que él llama «las formas impregnadas de belleza y armonía». También en estos años, Modigliani leyó a los grandes escritores franceses, Baudelaire y Rimbaud, inspiradores del simbolismo, como movimiento paneuropeo de finales del siglo XIX y que englobaba a la literatura y las artes plásticas. Los simbolistas tienen en común crear imágenes en ruptura con la realidad visible, introduciendo una irracionalidad visual y pretendiendo convencer de la existencia de otra realidad, disimulada, que podía al menos insinuarse.

Es en la Bienal de Venecia de 1903 donde Modigliani descubrió a los grandes pintores simbolistas del momento y sus cuadros llenos de onirismo y surrealistas decorados. Modigliani quedó muy impresionado con los cuadros de James Ensor (1860-1949), F. Khnopff (1858-1902), Gustave Moreau (1826-1898), Odilon Redon (1840-1916), Alfred Kubin (1877-1959) y sobre todo con los del pintor noruego Edvard Munch (1863-1944). Todos ellos buscaban en su pintura un símbolo, al servicio de los estados psíquicos de los contenidos espirituales y místicos, y de las sugestivas visiones oníricas.

En los primeros cuadros parisinos de Modigliani de 1908, como *Nudo Dolante*, se aprecia esta influencia simbolista, ya que el cuadro muestra una mujer desnuda con la cabeza hacia atrás y la boca entreabierta por efecto del dolor.

En Venecia permaneció dos años, entre 1903 y 1905, pero al año siguiente su decisión de ir a París es ya firme. En este tiempo, como en otros, París era la capital mundial del arte, desde que en el Salón de Otoño de 1905, los jóvenes talentos fauvistas, como Derain (1880-1954), Maurice de Vlaeminck (1876-1958) y sobre todo Henri Matisse, habían fascinado con su pintura, rica en color y un poco salvaje.

Pero aquel París era también la ciudad de los marchantes de arte abiertos a toda innovación; por ello, es preciso afirmar que entre 1906 y 1914, en la capital de Francia se vive la época más fecunda del arte europeo y la que ha sido el germen de todo el siglo XX. Porque París era en esos años el gran París de Pablo Picasso y Juan Gris (1887-1927) y también la ciudad de los cabarets, los cafés artísticos y literarios, y del esplendor del Montmartre que acababa de perder a su mejor ilustrador: Toulouse-Lautrec.

Cuando Modigliani llega a París, en 1906, la capital francesa acaba de perder a los tres grandes «padres» fundadores del postimpresionismo: Paul Gauguin (1848-1903), Cézanne (1839-1906) y Vincent Van Gogh (1853-1890), y se apresta a conocer la segunda ola de los modernos.

Modigliani se instaló en un hotel confortable de la *rive droite*, llevando una vida de bohemio y destacando pronto por su gran cultura y su gran atractivo físico. En 1907 participó con un cuadro en la exposición del Grand Palais, reservada a la vanguardia, y en 1908 pintó su primera gran obra, *La Juive*, en la que se aprecian influencias de Toulouse-Lautrec y al mismo tiempo del Picasso de entonces; no hay que olvidar que cuando el cuadro se expuso en el Salón de los Independientes, París era el pleno apogeo de los «ismos» y uno de ellos, el cubismo, acababa de nacer con el cuadro de Picasso *Les demoiselles d'Avignon* presentado en 1907. París consagraba a Picasso y a George Bracque como los nuevos héroes del mundo del arte.

Por estas y otras razones, *La Juive* pasó desapercibida para todo el mundo menos para el doctor Paul Alexandre, que fascinado con su pintura le apoyó comprándole muchos de sus cuadros y consiguiéndole varios encargos de retratos. En prueba de amistad, Modigliani pintó *Paul Alexandre sobre fondo verde*, en cuyo fondo se aprecia el cuadro *La Juive*, propiedad del retratado, y en el que es evidente la influencia de Munch.

Aunque hizo varios retratos —uno de ellos, por cierto, rechazado por la baronesa Marguerite de Hasse de Villers, a la que no le gustó el distanciamiento que mostraba—, Modigliani no quiso ser el retratista de la *Belle époque*, sino que a fuerza de tesón y de frenética búsqueda, persiguió su propio estilo. Esto ya se aprecia en el cuadro *El violonchelista*, pintado en 1909, y en el que son evidentes la abstracción mística del artista, la búsqueda de la armonía y la belleza y su autonomía estilística, lograda merced a la estilización de sus personajes. Ésa sería ya para la posteridad su seña de identidad.

Esta estilización hace que la pintura de Modigliani se aproxime a la escultura y en concreto al concepto que de la misma tenía el gran artista rumano Constantin Brancusi, con el que se encontró, precisamente, en este año de 1909. Los cuatro años siguientes, entre 1910 y 1914, Modigliani trasladó su concepción pictórica y de los personajes a la escultura; sólo trabajó la piedra y de sus obras se conservan solamente unas veinticinco piezas. Como hecho curioso, Modigliani dejó su mundo de Montmartre para trasladarse al también cosmopolita quartier de Montparnasse, y en concreto al bulevar Raspail, donde se estaba construyendo una estación del Metro de París y el artista podía surtirse de las grandes piedras empleadas en su construcción. Su escultura muestra figuras alargadas, inspiradas en los ídolos africanos, de carácter altivo y majestuoso. Con su gran delicadeza, Modigliani las definió como «pilares de la ternura».

En 1914 volvió a pintar y ya hasta el final de su vida se dedicó plenamente al retrato; en 1915 pintó uno excelente de Pablo Picasso y al año siguiente realizó otros tres, de Max Jacob, Jean Cocteau y de Jacques Lipchtiz y su esposa. En 1918 inmortalizó al escritor Blaise Cendrars y a su protector, el marchante y poeta polaco Leopold Zborowski. Gracias a él, Modigliani expuso muchas de sus obras en Londres en 1919, que fueron adquiridas por coleccionistas británicos, permitiendo así aliviar su pobre economía. De hecho, es en este año cuando consigue percibir por su larga trayectoria una merecida recompensa económica, porque en sus anteriores exposiciones entre 1911 y 1914 apenas había vendido obra. Además de los retratos, desde 1917, Modigliani perfeccionó sus desnudos, que por fin consiguió exponer en la Galería Bertha Weill, en la que fue su primera exposición individual y que apenas si duró un suspiro, ya que la policía, cuya comisaría estaba enfrente, se presentó en el *vernissage* prohibiéndola por el carácter «licencioso» de sus desnudos, en muchos de los cuales era visible el vello púbico de las modelos.

Sus desnudos femeninos evidencian una comunión espiritual entre el artista y la modelo, y son un testimonio clave para entender el alma poética de Modigliani.

Modigliani, enamorado

En paralelo a su vida artística, Modigliani mantuvo varias relaciones sentimentales, pero todos sus romances tenían siempre un halo espiritual y de camaradería, y en este sentido la proyección amorosa del pintor prevalecía sobre la del hombre. Prueba de ello es que dos de ellas serán también sus modelos favoritas.

En 1910 mantuvo un primer romance con la poetisa rusa Anna Akhmatova; en 1914 conoció a Beatrice Hastings, excéntrica mujer de letras, con la que conviviría hasta 1916 y que sería también su modelo. Con ella vivió en su apartamento de la rue Norvain, en Montmartre, hasta su separación en 1916.

En abril de 1917 conoció a una joven de diecinueve años, Jeanne Hebuterne, que seguía cursos de pintura en la Academia Colarossi. Se instalaron en un apartamento de la rue de la Grande Chaumière y en 1918 —en plena guerra mundial— ante el temor por la invasión alemana, viajaron al sur de Francia, en concreto a los alrededores de Niza; y es en esta bella ciudad donde el 29 de noviembre de 1918, Jeanne dio a luz una niña, que es reconocida por Modigliani y a la que bautizaron Zarain Jeanne. A finales de mayo de 1919, regresaron a París y en julio prometió casarse con Jeanne, que estaba de nuevo encinta.

Trágico final

La relación con Jeanne no evitó que Modigliani continuara sus frecuentes incursiones en el mundo del alcohol y las drogas; pero contrariamente a otros artistas, Modigliani no era un hombre de excesos ni extravertido. Sus «estimulantes» le permitían aislarse del mundo, buscarse a sí mismo; no era capaz de organizar un escándalo ni tenía actitudes provocativas. Amaba la lectura y sentía predilección por Dante y Petrarca, de quienes era capaz de recitar textos de memoria, y por los *Cantos de Maldoror* de Lautréamont. Esta pasión por la poesía se visualizaba en su pintura y escultura, y en la creación de su propio estilo. En este sentido, hay que reconocer que Modigliani abandona mentalmente París, su tiempo y su entorno civilizado, para vivir su arte, su propia creación, ajenas a su tiempo y a las tendencias dominantes. Pero para hacer honor al destino trágico de tantos artistas y a sus románticas enfermedades, Modigliani cae enfermo de tuberculosis a finales de 1919 y muere en París el 24 de enero de 1920, a los treinta y seis años, justo cuando arrancaba una década que el mundo vivió con alegría desenfrenada.

Su vida truncada ensalzó su leyenda; su muerte prematura incitó el interés por su obra y su trayectoria artística, hasta el extremo de que el historiador de arte John Berger escribió que «la pintura de Modigliani se encuentra entre las que habían impresionado a más personas en este siglo xx».

La ya citada contradicción entre su vida bohemia y su obra, medida, casi en exceso formal, es la que ha despertado un interés creciente por su vida y su obra, a través de este siglo. Y por eso, quizá, la leyenda de Modigliani ha despertado tanto interés como su obra. A la leyenda del pintor contribuyó además una última circunstancia trágica, consecuencia inmediata de su muerte en plena juventud. Al día siguiente de su muerte,

Jeanne se suicidó tirándose por una ventana. Estaba embarazada de varios meses. Los dos cuerpos fueron inhumados en el cementerio de Père Lachaise, el mismo en el que años después yacerían Edith Piaf y el cantante de rock Jim Morrison. La hija de ambos quedó huérfana con apenas dos años y fue adoptada por la hermana de Modigliani, que vivía en Florencia. Años más tarde, ya adulta, la pequeña Zarain Jeanne escribiría una muy rigurosa biografía de su padre, el inolvidable Amedeo Modigliani. Sólo unos meses después de su muerte, la Galerie Montaigne fue la primera en reivindicar la categoría artística de Modigliani, organizando la primera exposición antológica de su obra.

Bibliografía

Víctimas de la política

Anderson, Jon Lee, *«Che» Guevara*, Emecé, 1997.

Areilza, José María de, *Así los he visto*, Planeta, 1974.

Chadeau, Emmanuel, *Saint-Exupéry*, Plon, 2000.

Chevrier, Pierre, *Saint-Exupéry*, Gallimard, 1949.

Des Vallières, Nathalie, *Saint-Exupéry: L'archange et l'ecrivain*, Gallimard, 2000.

García Lorca, Federico, *Obras selectas*, prólogo de A. Muñoz Molina, Espasa, 1998.

Gerber, François, *Saint-Exupéry: De la rive gauche à la guerre*, Denoel, 2000.

Gibson, Ian, *El asesinato de García Lorca*, Plaza y Janés, 1997.

Gil Pecharromán, Julio, *Retrato de un visionario: José Antonio Primo de Rivera*, Temas de Hoy, 1996.

Hernández, Miguel, *Poemas sociales, de guerra y de muerte*, Alianza Editorial, 1977.

—, *Poemas de amor*, Alianza Editorial, 1974.

—, *El rayo que no cesa*, Espasa, 1999.

José Antonio: Textos Revolucionarios, prólogo y selección de Ramón Hervás, Ediciones 29, 1996.

El principito, álbum de Mauro Armiño, prólogo de Carmen Martín Gaite, Alianza Editorial, 1997.

Livres de France, Revue Litteraire mensuelle, marzo de 1955.

Prieto, Indalecio, *Convulsiones de España*, tomo I, Oasis, S. A., México, 1967.

Primo de Rivera y Urquijo, Miguel, *Papeles póstumos de José Antonio*, Plaza & Janés, 1995.
Puccini, Darío, *Miguel Hernández: vida y obra*, Losada, 1970.
Puerto, José Luis, *Antología poética*, Biblioteca Edaf, 2001.
Saint-Exupéry, Antoine de, *Carta a un rehén*, Emecé, 2000.
—, *Oeuvres Completes*, Biblioteque de la Pléiade, Gallimard, 1994.
—, *Courrier du sud*, Collection Folio, Gallimard, 1972.
—, *Der kleine Prinz*, Karl Rauch Verlag, 1951.
—, *El Petit Prince*, Emecé, 1994.
—, *El principito*, Anaya, México, 1986.
—, *Le Petit Prince*, Harcourt, Brace and World Inc., Nueva York, 1976.
—, *Le Petit Prince*, Collection Folio Junior, Gallimard, 1980.
—, *Pilote de guerre*, Collection Folio, Gallimard, 1972.
—, *Terre des Hommes*, Collection Folio, Gallimard, 1972.
—, *Vol de nuit*, prefacio André Gide, Gallimard, 1949.
—, *Vol de nuit*, Collection Folio, Gallimard, 1972.
—, *Vuelo nocturno*, Anaya, 1989.
Saint-Exupéry, Collection Genies et Realités, Hachette, 1963.
Saint-Exupéry, Consuelo de, *Memorias de la rosa*, Ediciones B, 2000.
—, *Memoires de la rose*, Plon, 2000.
Saint-Exupéry, Simone de, *Cinq enfants dans un parc*, Gallimard, 2000.
Vila-San-Juan, José Luis, *¿Así fue? Enigmas de la guerra civil española*, Nauta, 1971.
Vircondelet, Alain, *Saint-Exupéry. Verité et légendes*, Éditions du Chêne, 2000.
Webster, Paul, *Consuelo de Saint-Exupéry: La rose du petit prince*, Éditions du Felin. 2000.
Zugazagoitia, Julián, *Guerra y vicisitudes de los españoles*, Librería Española, París, 1968.
www.saint-exupery.org
www.patriagrande.net/chile

El celuloide mata

Anger, Kenneth, *Hollywood Babilonia*, Tusquets Editores, 1984.
Crowe, Cameron, *Conversaciones con Billy Wilder*, Alianza Editorial, 2000.
Dempsey, Amy, *Le mythe de Rudolph Valentino*, Gremese Editore, 1998.
Gasca, Luis, *Marilyn Monroe: toda la verdad*, Plaza y Janés, 1987.
Hamon, Hervé, y Patrick Rotman, *Yves Montand, hojas vivas*, Espasa, 1992.
Huston, John, *A libro abierto*, Espasa Calpe, 1986.
Kazan, Elia, *Une vie*, Grasset, 1988.
Kelly, Kitty, *A su memoria. Biografía no autorizada de Frank Sinatra*, Plaza y Janés, 1987.
McCann, Graham, *Marilyn Monroe. El cuerpo del delito*, Espasa Calpe, 1992.
Mailer, Norman, *Memoires imaginaires de Marilyn*, Robert Laffont, 1982.
Miller, Arthur, *Vueltas al tiempo*, Tusquets Editores, 1988.
Moix, Terenci, *Mis inmortales del cine*, Planeta, 1991.
Shaw, Sam, y Normal Rosten, *Marilyn et ses amis*, Ramsay, 1988.
Signoret, Simone, *La nostalgia ya no es lo que era*, Argos Vergara, 1983.
Spoto, Donald, *Marilyn Monroe: The biography*, Cooper Square Press, 2001.
Summers, Anthony, *Las vidas secretas de Marilyn Monroe*, Planeta, 1986.

Los rebeldes

Beaulieu-Presley, Priscilla, *Elvis intime*, Ramsay, 1986.
Dalton, David, *Janis Joplin, un pedazo de mi corazón*, Ultramar Editores, 1987.
Echols, Alice, *Janis Joplin, las cicatrices del dulce paraíso*, Circe Ediciones, 2001.

Friedman, Myra, *Janis Joplin (Enterrada viva)*, Fundamentos, 1996.
Martín, Joseba, *Diario del Rock*, La Máscara, 1997.
Stockdale, Tom, *Le mythe de John Lennon*, Gremese International, 1997.
—, *Le mythe de Jimi Hendrix*, Gremese International, 1997.
Woodall, James, *John Lennon y Yoko Ono*, Muchnik Editores, 2002.

La angustia de vivir, los pintores

Beaujean, Dieter, *Van Gogh. Vida y obra*, Könemann Verlaggesellschaft gmbh.
Krystov, Doris, *Modigliani, la poesie du regard*, Taschen, 2000.
Lecuw, Ronald de, *Van Gogh*, Planeta Agostini, 2000.
Montero, Rosa, *Pasiones*, Aguilar, 1999.
Stone, Irving, *Anhelo de vivir*, Continente, 1957.
Vallejo-Nágera, J. A., *Locos egregios*, Dossat, 1986.

Bibliografía general

Luján, Néstor, *En la cabecera de los protagonistas de la historia*, Planeta, 1978.
Marías, Javier, *Vidas escritas*, Siruela/Bolsillo, 1992.
Zweig, Stefan, *Momentos estelares de la humanidad*, Juventud, 1998.